W0070787

Norwegen

Alfred Kamphausen

Norwegen

Ein Führer

Prestel-Verlag München

Zweite Auflage 1985
© Prestel-Verlag München 1983
Gesamtherstellung: Passavia Druckerei GmbH Passau
ISBN 3-7913-0623-5

INHALT

Tausend Jahre Geschichte und Kultur

Vorwort

Norwegen ist ein unvergleichlich schönes Land, ja ein Land von geradezu bedrängender Schönheit, und wer es einmal bereist hat, wird nicht nachlassen, es zu preisen. Die Norweger lieben und loben es vor allen anderen Ländern, lassen es aber gern auch von anderen loben. Unter den Deutschen fing der Kieler Johann Christian Fabricius 1779 in seiner »Reise nach Norwegen« damit an, und der Berliner Leopold von Buch folgte 1810 mit seiner »Reise durch Norwegen und Lappland«; inzwischen gibt es begeisterte Verehrer allenthalben und sie nehmen immer noch zu.

Allerdings treten die Norweger erschreckend oder auch schillernd in die Geschichte ein. Sie griffen als Wikinger seit 793 den Westen an: »Auf allen Wegen lagen Tote, Priester und Laien, Frauen und Kinder. Verzweiflung erfüllte die Franken.« Und wenn Ottar aus Hålogarland im 9. Jahrhundert dem englischen König Alfred von seiner Heimat berichtet, er wohne in dem nördlichst gelegenen Land an der Westsee, »aber es ist ganz wüst, alles was seine Bewohner abweiden oder beackern können, liegt nach der See zu und selbst dies ist an manchen Stellen sehr felsig, nach Osten zu liegen wilde Moore«, dann konnte das nicht gerade dorthin locken. Norwegische Dichter und Maler kamen erst vor anderthalb Jahrhunderten dazu, die Eigenart dieses wilden Landes zu schildern und haben es seither immer erfolgreicher getan. Die Zahl der Bewunderer wächst.

Norwegen hat viele gute Straßen, aber keine langen Autobahnen. Der Besucher wird auch von abgelegenen

Zielen gelockt, verliebt sich in dieses oder jenes Tal, steuert Höhen über den Baumgrenzen mit weiten Panoramen an, muß, um die Fjorde recht zu erleben, sich einschiffen; selten kommt man ins Gedränge, die Hotelquartiere sollte man aber doch rechtzeitig vorbestellen. Man wird sich aus vielen Gründen bei einer Norwegenreise Zeit lassen. Niemand wird sie als schnellen Urlaubstrip unternehmen und von Oslo bis Hammerfest durchfahren. Genießer besteigen lieber in Bergen die Schiffe der Hurtigroute und lassen sich von diesen schwimmenden Herbergen in elf Tagen bis Kirkenes und zurück tragen. Sie erleben dann ein ständig sich veränderndes Panorama, durchfahren Fjorde, haben hin und wieder Gelegenheit zu einer Stadtrundfahrt oder einem Landausflug und laufen mehr als dreißig Häfen an, darunter Trondheim, Bodø, Tromsø und Hammerfest. Es ist ein unvergeßliches Erlebnis, aber Norwegen erobert man sich auf diese Weise nicht.

Man bereist das Land anders als Italien, wo manche von Mailand bis Bari nur am Steuer sitzen und es herrlich finden. Deshalb konstruieren wir auch keine großen Touren, als ob es gälte, das Land abzuspulen. Fjorde sind erdgeschichtlich allenthalben gleiche Phänomene, und doch ist jeder eigen und neu, Stabkirchen kann man bei Oslo wie bei Bergen finden, aber die meisten liegen fast verborgen und wollen entdeckt werden. Bilder von Munch wird man in dem Munch-Museum der Hauptstadt, in der Nationalgalerie und in der Rasmus Meyers-Sammlung in Bergen sehen wollen. Die volkstümliche Rosenmalerei stellt sich besonders im Volksmuseum in Bygdøy vor, doch man sollte deswegen nicht die schönen Bestände im Museum in Drammen und andernorts überschlagen, Beispiele findet man in Süd- und Mittelnorwegen allenthalben. In den Souvenirständen der Touristenhotels wird sie angeboten und heute noch in Telemark geübt, ist aber dort nur ein Schimmer des einst Gekonnten.

Wir gehen in den folgenden Kapiteln also gemächlich vor, besehen uns erst einmal die großen Städte, fahren dann auf vielerlei Wegen und Umwegen durchs weite Land und schließen mit kurzen zusammenfassenden Darstellungen der Geschichte Norwegens und seiner Kultur. Abenteuerreisen wollen wir weder beschreiben, noch empfehlen, und Abstecher nach Spitzbergen seien denen anheimgestellt, die Risiken suchen. Wir bleiben auf Straßen und fern hungriger Eisbären.

Woher man auch zureist, voran stehen
Felsen und Schluchten

Die Landschaft

Dunkles Urgestein, aus der Tiefe gestoßene und nun vom
atlantischen Wasser umspülte riesige Felsmassen mit steilen Wänden erheben sich aus dem Meer. An die 350
Millionen oder auch mehr Jahre ist dieses Grundgebirge
aus Gneis und Granit alt, das im Kambrium in großen
Teilen mit Schlamm überdeckt wurde, der sich zu Schiefer verfestigte und wieder Geschiebe aufnahm. Es säumt
den Weg nach Norden, wurde Norwegen. Nächst den
weit jüngeren Alpen scheint es in seinen Kontrasten Europas großartigstes Gebirge, doch seine Wände und
Berge stellen sich nicht als Schönheiten vor, die vielleicht
als kokett empfunden werden könnten, sie suchen wohl
gar keinen Verehrer, sie begnügen sich mit ihrem Alter.
Das Gebirge, das im Norden durch Erosion abflachte
und nach Osten abkippt, hat deshalb wohl nicht von
ungefähr keinen eigenen Namen, wie etwa die Alpen
oder die Anden, denn es war mehr Hindernis als Weg,
und wenn Menschen an seinen angelandeten Rändern als
Fischer leben müssen, wenden sie ihm ohnehin den Rük-
ken zu. Lange, länger als sonst auf dem Kontinent, haben
riesige Eismassen die Gebirge bedeckt und gepreßt; wie
es dabei geschoben und in Adern durchschossen wurde,
kann man heute noch da, wo es nackter Fels geblieben
ist, ablesen. Als das Eis schließlich vor etwa fünfzehntausend Jahren abschmolz, hob sich das Land vom Druck
befreit und tut es heute noch; dabei bildeten sich Rinnen
und Täler, die wie eingefräst sind. Wo der Fels nicht in
Klippen stand und sich der Stein zersetzte, konnte Land-

wirtschaft aufkommen, wo der Abrieb breit genug war, entstanden Städte – im Süden, wo sich das Massiv in einem weithin offenen Feld der Welt öffnet, zuerst Tønsberg und wohl erst später im Schutz von Schären und Inseln Oslo, im Westen Trondheim und Bergen. Andere, mit geringerem Ruf, gewannen im späteren Mittelalter, gar in der Neuzeit, Bedeutung. Hinter ihnen, wo das Eis länger haftete, erheben sich Felsen und hohe Wände, so daß kein Eintritt in das Landesinnere zu sein scheint. Kein Vorgebirge vermittelt, nur kleine Inseln und Schären pflegen davor zu liegen, es steilt schon am Rande bis zu sieben- oder achthundert Meter empor. Wo Sedimentgestein zu Kalk verwitterte oder dünner Humus die Halden bedecken konnte, gewannen Bauern karge Nahrung, doch sie fanden sich selten in Dörfern zusammen. So sieht man kaum die bunte nachbarliche Geschäftigkeit Mitteleuropas. Wer mit dem Schiff entlangfährt, wird von der Stille ergriffen und versteht es, daß hier die Mythen mehr gelten als das Tagesgeschehen. Oberhalb der schmalen Wiesen beginnt der Wald, Fichten mehr als Kiefern machen ihn aus, und selten ist ein Weg hindurchgeschlagen. Darüber stehen dann noch Birken, meist niedrig und verkrüppelt. Aber die Wachstumsgrenze ist bald erreicht, sie kann im Norden schon bei 350 Meter liegen, und dann bleibt nackter, kaum von Beeren und Flechten überzogener Fels. Weil die Baumgrenze niedrig liegt und nach Norden weiter zurückgeht, scheinen die Wände unüberwindlich, doch sind sie nur der Rand mächtiger Plateaus, auf denen der vom Winter gebliebene Schnee mühsam schmilzt, und über den Rand stürzen Wasserfälle in die Tiefe, tosen von Stufe zu Stufe oder lösen sich von den Felsen ab und fallen ungebunden ins Meer oder in das Meerwasser der Fjorde. Der größte Sturz ist der Vettisfoss in Årdal in Sogn mit 271 Meter, davon 220 Meter in freiem Fall.

Diese Szenerie bietet sich auch dem, der mit dem Schiff Norwegen umfährt, etwa von Kristiansand nach Bergen und von dort mit dem Postschiff der Hurtigroute weiter nach Norden, in sechs Tagen bis nach Kirkenes. Dort ist man dann 1250 Seemeilen von Bergen entfernt, aber nur zehn Autominuten von der russischen Grenze. Schon vor Bodø sieht man von Juni bis Ende Juli über den zerklüfteten Felswänden fünf Wochen die Sonne nicht untergehen, sondern um Mitternacht in Röte über den Horizont laufen, und im Winter sieht man die blau-grüne Glorie des Nordlichts in breiten Wellen dahinrollen. »Ein flammendes Firmament, eine Feuersbrunst droben bei Gott« nennt es Hamsun im »Segen der Erde«. Es ist ein Bild großartiger Majestät, das trotz aller Bewegung in sich selbst verhält. Der Atem der Ewigkeit bei allem Wechsel der Form scheint uns das Eigene in Norwegen. Ebenso ist es mit den Küstenfelsen. Ob sie nun noch, wenn der Morgen beginnt, in dunklen Schatten verhangen sind, oder ob sie nachmittags in der Sonne liegen und bis in die Spalten hinein einsichtig werden, das Selbstverständliche der Ruhe bleibt.

Aber hinter den oft senkrecht aufsteigenden Wänden werden schneebedeckte Spitzen sichtbar, denen man von Land her begegnen sollte. Norwegens Berge erreichen keine alpinen Höhen, doch einige Gipfel, die von Süd nach Nord erst einmal anwachsen, um nördlich des Gudbrandstals wieder niedriger zu bleiben, seien genannt: Der Nupseggi erreicht 1674 m, der östlich davon in dem als gemäßigt geltenden Telemark gelegene Gausta 1883 m, der Hardanger Jøkulen erhebt sich 1862 m, der Glittertind steigt mit seiner Gletscherkappe auf 2472 m am höchsten, der Galdhøpiggen auf 2469 m. Weil aber die Grenzen des Baumwuchses niedrig liegen, scheinen die Gipfel mit ihren Schneeköpfen und Gletschern ferne Göttersitze, nur dem Staunen gesetzt, doch in den Tälern reift weithin köstliches Obst. Der Golfstrom, der an Norwegens Westseite entlangzieht, bedingt günstige Temperaturen und bringt die Stadt Molde weit nördlich des weitgreifenden Eisfeldes des Jostedalsbreen gar in den Ruf, eine Blumenstadt zu sein.

In das so vielgestaltige, sich immer neu vorstellende Innere Norwegens führen von Süden und Osten inzwischen gut ausgebaute Straßen, die nicht selten von Seen unterbrochen und mit Fähren überbrückt werden. Vom Westen her sind es die Fjorde, die in ihrem Zuge oft den Namen wechseln. Der Sognefjord zieht sich 203 Kilometer in das Land. Diese durch das eiszeitliche Schmelzwasser ausgewaschenen Fjorde waren als Felsrinnen gegeben, die nicht geradlinig verlaufen, sondern einmal dem Wasser erlauben, sich in mächtigen Weiten auszubreiten, ein andermal aber enge Schluchten bleiben. Die Wände können steil aufragen und gewinnen am Sognefjord Höhen bis zu 1000 Meter über dem Wasser, anderwärts sind sie wieder von breit auslaufenden Hängen gesäumt. Die Fjorde können unglaubliche Tiefen erreichen. Im Sognefjord lotete man bis zu 1250 Meter. Aber weil die einstige Eisdecke an den Küsten eher schmolz, das Innere noch länger unter Druck stand, und weil bei der Schmelze die ablaufenden Wasser Gesteinsmassen vor sich herschoben, entstanden an den Außenseiten der Fjorde Schwellen, die vielleicht 200 Meter unter dem Wasserspiegel liegen, an den Enden der Fjorde weit im Binnenland aber ist das schier Unlotbare.

Das von den Felshängen eingefangene Wasser leuchtet in den verschiedensten Farben, es kann smaragdgrün wie im Sognefjord oder silbrig sein. Je mehr sich die Fjorde in Arme verengen, desto öfter wird das tiefe Blau zum Wunder. Jeder Fjord hat seinen eigenen Charakter. Der Sognefjord ist ernster als der majestätische Hardangerfjord gestimmt. Da ist der berühmteste, der atemberaubende

Geirangerfjord, der nur das innere Ende des Storfjords bildet, mit seinen vielgenannten weitsprühenden Wasserfällen, und dann der Romsdalsfjord, von dem Björnstjerne Björnson sagte, daß »seine launenvolle Lieblichkeit und ruhige Größe über alle Beschreibung« gehe. Man vermag die Fjorde tatsächlich nicht wie ein Panorama mit Worten zu zeichnen, nicht einmal im Sehen ganz zu erleben, denn es ist nicht nur ihre ewige Schönheit, es ist auch das Werden zu befragen, sie sind Bild und Ereignis zugleich. Als am Ende der Eiszeit das Schmelzwasser der großen Tauung dort seinen Weg suchte, wo der Eisdruck geringer wurde, die Wege der Schmelze auch von der Gestalt und Gesteinsart des frei werdenden Landes sehr variabel bestimmt waren, mag es noch die Urweltlandschaft gewesen sein, wie sie sich jetzt auf Spitzbergen finden läßt, aber heute bieten sich die Fjorde im Grün des hochsteigenden Fichtenbewuchses an und haben etwas wohltuend Beschützendes, selbst die Wasserfälle sind ordentlich verteilt und gebunden. Es wird ihnen nur selten zum Schicksal, daß sie, von Rohren aufgefangen, Generatoren betreiben müssen.

Wer dann von einer Fjordstraße in vielen Serpentinen, die immer neue Aussichten öffnen, zu den Fjells emporfährt, gelangt in eine wieder andere Welt. Sie kann tausend und mehr Meter hoch liegen; oft erstreckt sie sich weit. Es sind mit Moos und Flechten bewachsene, wohl auch vereinzelt mit seltsam verkrüppelten Birken durchsetzte Flächen, aus denen sich wieder kegelförmige, meist schneebedeckte Bergspitzen erheben können, Gletscherreste kalben hinein. Siedlungen sucht man vergeblich, einstige Seterhütten – Sennhütten – sind nun für Wanderer eingerichtet. Schafe und besonders Ziegen rupfen ohne Aufsicht das kärglich Gewachsene. Gern liegen sie auf den engen Fahrbahnen, deren Decke mehr Wärme abgibt als das Felsgestein daneben. Schneefetzen bleiben selbst im Sommer, Schnee, der nicht verrußt und grau ist wie an Alpenpässen. Fährt man tiefer in die Fjells hinein, dann rücken die Bergspitzen näher und es mehren sich auch die Gletscherzungen; kleine Seen, denen man die Kälte ansieht, gibt es in dieser Urweltlandschaft allenthalben. Oft ziehen dichte Wolken darüber, lassen manchmal schmale Lichtstreifen hindurchfallen und dramatische Aspekte hervorrufen. Wenn sich aber Nebel ausbreitet, wird man besser nicht von Ossianstimmung schwärmen, sondern an Sicherheit denken.

Doch es wechselt schnell, und man kann in dieser Fjelllandschaft, die in der Eiszeit geschliffen wurde, bei guter Sicht weite Panoramen sehen, in den Fernen Bergspitze an Bergspitze, Gestaltgewordenes teils aus dem Geschehen der Eiszeit, teils aus noch früherem Erdalter. Nicht alle diese Berge sind als Eigenwesen zu sehen, wie wir in den Alpen jeden Berg von der Gestalt her zu benennen gewohnt sind, man wertet sie wohl im Umblick, doch tut man sie nicht damit ab, sie gleichen Jotunheimen, Riesen- und Götterwohnungen, auch dort, wo sie diesen Namen nicht tragen. Die scharfen Spitzen der Bergriesen von Jotunheimen, Majestäten, vor denen man den Atem anhält, mit 253 Gipfeln, sind auch den Norwegern Besonderes. Sie ragten schon, als sonst noch schweres Eis über dem Lande lag, frei darüber hinweg und sind nicht von dessen Geschiebe abgeschliffen worden. Im Norden, in den Lofoten und Vesterålen, scheinen die Berge eigenwilliger in der Form als in Südnorwegen, und der Otertind am Lyngen wird bei bescheidener Höhe von 1360 Meter das norwegische Matterhorn genannt. Vom Matterhorn spricht man aber auch am Romsdalshorn (1852 Meter), und den 1833 Meter hohen Jiekkevarre in Troms nennt man wohl den Montblanc des Nordens, und Innerdalen am Trollheimen vergleicht man mit Zermatt. Man hört wohl auch wie als Aufwertung einige Partien als

»durchaus alpenähnlich« bezeichnet, kann es besonders
auf Vesterålen hören. Doch man sollte durch solche Vergleiche nicht das Unvergleichliche mindern, es sind Welten verschiedenen Alters und sehr verschiedener Breiten,
und vor allem spielt der Himmel mit seinen Lichtphäno-
menen hinein.

Aber es locken nicht allein die Fjorde und Fjells, Berge
und Gletscher, der Folgefonn, Jotunheimen, der Jostedalsbreen, der Nigardsgletscher, der Briksdalgletscher bei
Olden, der Svartisen am Polarkreis, um nur die größten
und meistgenannten zu nennen, die sich allerdings der
Beschreibung widersetzen. Wie gesteht es doch Karel Ča-
pek in seiner »Nordlandreise«: »Ich weiß, mit Worten
läßt sich da nichts ausrichten... Gewiß, man nennt es
phantastische Umrisse, wilde Gipfel, gewaltige Massive
und ähnlich, – aber das ist nicht das Rechte... Ich sage
euch, alles das läßt sich mit den Augen sehen und greifen,
denn die Augen sind ein göttliches Werkzeug, sie sind
empfindlicher als die Fingerspitzen und schärfer als jede
Messerspitze; was läßt sich nicht alles mit den Augen
erfassen, doch Worte, ach, Worte taugen zu nichts.« Es
locken auch die stilleren Täler, durch die die Flüsse einmal schmal wie zum Überspringen, dann zu Seen geweitet ziehen, eben noch gleichmütig, dann wieder über Fel-
senschwellen brausend und von dichtem Wald eingeschlossen. Das Setesdal, das Numedal, das Hallingdal,
Valdres, Gudbrandsdalen und Østerdalen sind die wichtigsten. Wieder steigen Berge beiderseits auf, so daß die
Bauern, wenn sie in diesen Tälern breitere Äcker anlegen
konnten, doch kaum von einem zum anderen gelangten.
So hat jedes dieser Täler nicht nur im Landschaftlichen
seine Eigenheit, sondern auch in der Bauernkultur, in den
Formen der Höfe, in dem in Wohnung und Kirche einge-
brachten Schmuck, in Sitte und Tracht. Das von der Otra
durchzogene Setesdal in Südnorwegen war nach Süden

und Norden bis in das letzte Jahrhundert hinein wie ab-
geriegelt und bewahrte bis in den Dialekt hinein seine
Sonderheit. Das Hallingdal läuft auf den Oslofjord zu
und nimmt mehr Anregungen von den Städten auf. Gudbrandsdalen, von der Lågen durchzogen, ist landschaftlich sehr bewegt, die Massive von Jotunheimen und Rondane erreicht man auf der einen, das Dovrefjell sieht man
auf der anderen Seite.

Schließlich ist Telemark zu nennen. Es ist mit seinen
fünfzehntausend Quadratkilometern mehr als ein Ver-
waltungsbezirk, vielmehr ein Inbegriff Norwegens, im
Süden Schärengebiet, dann folgt viel Wald mit Kiefern,
Fichten und Mischwald, selbst Eichen trifft man an. Eine
Fülle von Seen breiten sich in den Tälern, von denen
einige mit Kanälen und Schleusen untereinander verbunden sind. Schließlich folgt im Norden das Hochgebirge
mit gigantischen Steilhängen und Plateaus bis zu 1883
Meter. Als geologisches Ereignis versteht man Telemark
aus umgekehrter Richtung. Von der Hardangervidda
laufen Täler und Seen in langen Rinnen nah beieinander
bis zum Bandak und Kviteseidvatn, wo die Bergzüge enden. Durch diese wie gefaltet erscheinende Landschaft
liefen die Schmelzwasser der ausgehenden Vereisung ab
und schufen das seltsam bewegte Landschaftsbild, als sei
das, was vor fünfzehntausend Jahren geschah, gestern
gewesen. Zwischen Eidsborg und Seljord am Ost-West-
Straßenzug findet man Gasthäuser genug, von denen aus
man sich umsehen kann, und wenn das Wetter einmal
nicht günstig zu sein scheint, mag man in Seljords Volks-
hochschule einen Kursus für Rosenmalerei mit Unter-
richt und Vollpension belegen.

Immer mehr wird diese so wechselreiche Landschaft
von Telemark, die sich in Wasserläufen und Gebirgszü-
gen erschließt, die die Heimat der Dichter Henrik Ibsen –
der sich zwar dort nicht viel sehen ließ – und Tarjei

Vesaas war und wo die Mehrzahl der norwegischen Volkslieder gesammelt wurde, zum Ziel Erholungssuchender. 1978 hat man im Reisebetrieb eine Übernachtungszahl von fünf Millionen errechnet und davon waren siebzig Prozent Norweger.

Aber es wird vorerst nirgends zum Gedränge. Mit einer Fläche von 324.000 Quadratkilometer ist Norwegen erheblich größer als die Bundesrepublik, doch mit einer Bevölkerungszahl von 4,051 Millionen kommen nur zwölfeinhalb Menschen auf einen Quadratkilometer, während es in der Bundesrepublik Deutschland 248 sind. Es ist Europas dünnstbesiedeltes Land, denn nur 2,9 Prozent der Bodenfläche kann landwirtschaftlich genutzt werden, 23 Prozent sind Wald; aber Berge, Gewässer, Heide und das Ödland der Fjells locken die Touristen. Wie weit Norwegen mit dem Wagen zu durchfahren ist, kann nur unzulänglich gesagt werden. 1752 Kilometer wären es in gerader Linie, aber man muß um die Berggipfel und Fjorde herum. Fähren, auf denen Busse zwar Vorrang haben, kürzen manchen Umweg, doch andererseits hält der Reisende gern an, um rauschende Wasserfälle zu sehen und zu hören, um Stabkirchen und viele, meist als Freilichtmuseen angelegte volkskundliche Sammlungen zu studieren, gelegentlich auch an einer hier oder dort gebotenen Folkloreveranstaltung teilzunehmen. In Bygdøy ist die Folklore Programm. Der Volkskundler kommt also ebenso wie der Landschaftsfreund auf seine Kosten.

Die Straßen sind durchgängig gut, auch wo sie in Felsen eingesprengt werden mußten, oft zwar eng. Aber man wird nicht rasen und kann das Tempolimit 80 selten ausnutzen. Man sollte sich nicht scheuen, auch einmal die Bahn zu nutzen. Die Linie zwischen Oslo und Bergen, die 1301 Meter steigt, vermittelt unwiederholbare Landschaftserlebnisse, und von Narvik nach Abisko kommt man nur über den Schienenstrang nach Kiruna in Schweden. Wenn man eine norwegische Straßenkarte von 1920 und eine heutige vergleicht, sieht man, wie sehr das Verkehrsnetz inzwischen ausgebaut worden ist; es sind bis jetzt 80.000 Straßenkilometer geworden. Aber die Abenteuer, von denen Reisende berichteten, als um 1840 Norwegens Berge zum Ziel wurden, kann man dennoch erleben, wenn man Wanderwege sucht. Da geht es dann noch durch engste Schluchten, über Geröll und durch Bäche. Wer das vorhat, tut gut, sich vorher zu orientieren. Er nimmt das sehr nützliche Heft der Norwegischen Zentrale für Fremdenverkehr »Bergwandern in Norwegen« zur Hand. Sehr empfehlenswert ist auch die Mitgliedschaft in Norges Automobil-Forbund, Oslo, der ein großartiges »Veibok« mit vielen Karten und Wegbeschreibungen herausgibt.

Der Reisende pflegt etwa von Juni an zu kommen. Der Winterschnee schmilzt dann oben auf den Bergen und die Wasserfälle springen und poltern wie lustige Buben von allen Seiten. Auch die höher gelegenen Straßen haben jetzt die Schlagbäume zurückgenommen, die Touristenhotels und die Hütten sind wieder geöffnet und noch nicht überlaufen. Die Museen melden wohl schon den 15. Mai als Wiederbeginn, die kleineren und abgelegenen warten noch zwei oder drei Wochen. Dann blühen in den Tälern die Anemonen und die Obstbäume, besonders die Kirschen in Telemark und am Hardangerfjord, und höher hinauf sind die Fichten im besten Grün, alles strahlt in Frische, und in der Stadt Bergen, wo man gerade noch die jährlichen Musikfeste erreicht, kann man wohl ohne Regenschirm auskommen. Aber bald danach rollen die Autos mit und ohne Wohnanhänger aus aller Herren Länder dicht hintereinander, daß es sich selbst wohl einmal oben auf den Fjells stauen kann und die Norweger in die Minderzahl geraten. Es lockt die Mitteleuropäer gar

bis Bodø, dem Ausgangshafen zu den Lofoten, wo sie
vom 5. Juni bis 9. Juli die tiefrot über den Horizont ent-
langschleichende Mitternachtssonne sehen möchten.
Aber auch in Trondheim wird es dann nachts nicht dunkel, und es liegt auf allem jenes bleiche Licht, das die
Farben wie von Phosphor gelaugt scheinen läßt und den
Menschen eine kribbelige Unruhe geben kann.

Diese Sommermonate schenken dann eine Fülle von
Wachstum, die Wälder werden bald so dicht, daß kaum
noch Sonnenstrahlen hineindringen, das Zweigwerk der
Fichten legt sich tatschend wie wildes Getier über das,
was vom Vorjahr welk geblieben, und am Rand blüht es
nun jubelnd in allen Farben, die Fjorde leuchten aufrei-
zend blau oder grün aus der Tiefe, und oben gibt es,
wenn die Nächte wieder dunkler werden, himmlische
Phänomene: »Wieder ein neuer Morgen im Gebirge. Anfangs hing der Himmel noch tief, aber dann brach die
Sonne durch. Erst als gelber Fleck in der Wolkendecke,
dann als goldene Kugel näher und näher ins graue Licht
rollend. Plötzlich, in jähem Durchbruch, ergoß sie sich
blendend und gewaltig über die ganze Landschaft. Ein
Rentierrudel, unter einem Wald von Geweihen, setzte
sich wie auf ein Lichtkommando hin in Bewegung.
Gleich unterhalb der rentiermoos-weißen Kuppe, wo
mein Zelt steht, fließt ein kleiner Bach mit kaltem, fri-
schen Glucksen durch die Steine. Die Felsen ringsum, mit
grauem Steingeröll hangabwärts, stemmen das Land
hoch empor gegen die blaue Himmelswölbung – hier
oben wahrlich eine Wölbung zu nennen, ein Runddach
über der Erde«, beschreibt Lasse Myrberget das Wild-
land von der Hardangervidda zwischen Bergen und Oslo.

Der norwegische Sommer ist heftig, aber kurz. Viele
Museen schließen schon Ende August wieder ihre Pfor-
ten, aber man braucht sie auch nicht alle zu sehen.
Schlimmer ist es schon, wenn früh im Herbst die Schran-

ken über einige Fjellstraßen niedergehen. Im September kann schon nasser, glitschiger Schnee fallen. Aber eben dann bietet sich das Land in eigentümlicher Schönheit, wenn die Gipfel von Wolken umhangen sind, das Licht milchig wird, knallrote Beeren aus dem ersten Schneematsch herausstrahlen und auch das Resedagrün der Moose zu leuchten beginnt. Die kleinen Seen auf den Fjells, die im Sommer wie Stahl leuchten, schillern, als sei nun Phosphor hineingeworfen. Die Birken, deren Laub ins Chromgelb wechselt, scheinen zu resignieren, aber die rotbraun gewordenen Moose bestimmen desto mehr das Landschaftsbild, es ist eine jubelnde Farbenpracht zwischen schließlich dauerhaftem Schnee, und der Himmel wechselt schnell zwischen Dunkel und Licht. Knut Hamsun weiß zu berichten: »Der Frühling – jawohl, dessen Eile und Ausgelassenheit und Entzücken; aber der Herbst: Der stimmte die Leute anders. Da fürchteten sie sich oft in der Dunkelheit, und sie nahmen ihre Zuflucht zum Abendgebet, sie wurden hellseherisch und hörten Vorboten.« Aber in Oslo kann man auf der Karl Johansgate währenddes noch immer im Freien sitzen und dank des Norwegen so wohlgesonnenen Golfstroms genüßlich sein Bier trinken. Doch das geborgene Oslo ist anders als der Westen. Da kommt der Sturm auf, den Trygve Gulbranssen schildert: »Wilder und wilder griff er an, er schrie und fauchte über die Berge, heulte in Klüften und Schrunden, stürzte rasend die Wände hinunter. Dann fuhr er wieder empor und wirbelte den Schnee zu einem schäumenden Meer auf, das über den Gipfeln zusammenschlug. Und die Gipfel versanken, verschwanden im Gestöber und stiegen wieder auf, Schneerauch um die Flanken, stiegen hoch über allen Sturm mit sonnenfunkelnden Zinnen in den Himmel hinauf.«

Wegen solcher funkelnden Gipfel weiß man in Oslo, in Voss und allenthalben, wo Skilauf möglich ist, nun auch

mit dem Winter zu werben. Der Skisport steht in hohem
Ansehen und wird besonders – weil die Tage dann wieder länger sind – im März empfohlen, einige Sommerski-
pisten bieten sich aber selbst im Juli an. Doch sonst greift
der Winter auf das Gemüt. Im Norden wird es gar nicht
mehr hell, und in Hammerfest brennen die Straßenlater-
nen ununterbrochen. Und wenn auch die Agentur der
Hurtiglinienschiffe mit vergünstigten Preisen wirbt, die
Mitteleuropäer fühlen sich nun in Köln, Zürich oder
Wien wohler. Da hat dann der Norweger mit sich selbst
und mit seinen psychischen Problemen, mit seiner wieder
aufbrechenden Lebensangst viel zu tun – nirgends spielt
der Psychiater eine so große Rolle wie hier – und der
Verzweiflungen gibt es genug. Johan Borgen weiß um
solche Lage zwischen Nichts und Hoffen: »Winter am
Meer. Die Mündung des Fjords mit seinen beiden Land-
zungen und den darauf verstreuten schneebedeckten
Häusern wird im Halbrund von den Schären umschlos-
sen. Die Inseln sind nicht völlig verschneit. Graue und
schwarze Sprenkel unterbrechen das Weiß und deuten
an, daß hier so etwas wie Land ist. Aber auch das Halbrund ist nicht geschlossen und dicht. Offene Spalten weißen, gefrorenen Meeres saugen den Blick hinaus. Jene
Fläche ist wirklich weiß, ohne Unterbrechung. Ganz weit
draußen hängt ein dünner Nebelschleier und läßt vermu-
ten, daß dort vielleicht kein Eis mehr ist. Ein scharfes, an
große Entfernungen gewohntes Auge meint in dem
grauen Nebel die See schimmern zu sehen… Wenn das
Meer Meer und das Land Land ist, kennt er jede Entfernung. Aber jetzt ist das Meer eine starre weiße Fläche
und das Land etwas ungewiß daraus Hervorstehendes,
ein schwer zu unterscheidender Teil dieser Fläche… Dort
ist der Schneidepunkt zwischen dem verfallenen Maschi-
nenhaus des abgerissenen Leuchtturms auf Vassholmen
und dem krummen, vom Sturm zerzausten Vogelbeer-

baum auf Piggen, dem einzigen Baum der Insel, der an einem Sommermorgen mit tiefstehender Sonne und scharfen Schatten auf Abstand groß und deutlich emporragt und jetzt für den, der nicht weiß, daß er dort steht, nicht zu sehen ist… Er spürt, wie ihm ein Schauer der Hoffnungslosigkeit durchfährt.«

Aber er schafft es doch, immer zahlreicher werden die Ansichtskarten, die Schneelandschaften bieten, und schließlich kommt wieder der April, der Hoffnung aufs neue Frühjahr signalisiert. Mit dem 9. Mai 1890 ist Björnstjerne Björnsons Brief an Bergliot datiert: »Und dann eines Tages ganz unvorhergesehene Wärmegrade; anfangs ein Tröpfeln von den Dächern, Rinnsale auf den Wegen, Ballen unter den Pferdehufen; aber dann Schneestürze von den Dächern, daß die Häuser erbeben, Bäche durch die Gehöfte und Wege, der Schnee geht scheffelweise jeden Tag, Schlamm und Eis ein Brei und alles Wasser schwarz. Wo Du gehst ein Gemurmel von Bächen, Gefunkel in der Luft, blauer Dämmer im Schnee und unter den Vögeln eine Lustigkeit. – Die Hühner kommen heraus, die Hähne krähen, die Schweine laufen wie wahnsinnig; die bisher noch nie draußen Gewesenen stehen ganz still, die Köpfe aneinander gedrückt, und getrauen sich keinen Fuß zu rühren, die Pferde wälzen sich und sausen vorüber in rasendem Trab und die Menschen eilen mit Hacken, Spaten, Schaufeln, Äxten, um die Wasserströme zu regulieren und ihnen Wege zu graben, daß sie nicht den ganzen Hof mit fortfegen. Die Luft so stark , daß einem schwach wird, wenn man zu lang drin bleibt…«

Damit beginnt das Leben wieder, stark und stürmisch. Alexander Kielland sieht es von der Stadt aus und mit dem Südwind kommen: »In Norwegen sah es anfangs traurig aus. Bis tief herab in die Täler lag der Schnee und ellenhoch in den dichten Wäldern. Aber der Südwind

war mit Regen gekommen und da ging es mit einem
Schlage, nicht friedlich und allmählich, sondern mit Don-
nern und Krachen und Lawinen und tosenden Flüssen, so
daß das Land einem Riesen glich, der sich wäscht, wobei
ihm das eiskalte Wasser über die sehnigen Glieder fließt.
Und ein leichter hellgrüner Schleier legt sich über die
jungen Birken auf den Hängen, über die stillen Buchten
im Innern der Fjorde, über die Ebenen im Westen am
Meer, über Hochmoore und Höhenzüge, über Ritzen
und Spalten und enge Täler zwischen den Bergen. Aber
auf den Gipfeln blieben Schneefelder und Gletscher liegen, als ob die alten Berge es nicht der Mühe wert erach-
teten, den Hut vor einem solchen flüchtigen Wildfang
von Sommer zu lüften... In die Häfen an der Küste kam
Leben und Geschäftigkeit, und weiße Segel wanden sich
durch das Inselgewirr und verschwanden draußen im
Meer... und wie der Bär, wenn er sein Winterlager verläßt, seinen zottigen Pelz schüttelt, so schüttelt das Volk
seine schweren Glieder, spuckt in die Hände und macht
sich an die Frühjahrsarbeit.« Und der Reisende ist neuerlich da.

Die Reisenden allerdings, die »dieses schönste Land der
Welt« (Hallberg-Broich) suchen, haben sich noch nicht
seit vielen Generationen dort eingefunden. Engländer
eröffneten den Reigen der Hymnen. Der Dozent für dänische Sprache an der Kieler Universität, B. Lange, meinte
1806/07, daß die großartige Natur Norwegens nicht gemalt würde, weil sie so abgelegen sei und sich nicht so
bequem anböte wie die Schweiz. Aber der Holländer Allaert van Everdingen hatte dort schon 1647 die von Tannen und damals noch von mehr Eichen bewachsenen
Berge und Klippen, Wasserfälle und Blockhütten gemalt,
und ein anderer Holländer, Jacob Koninck, war als dänischer Hofmaler 1705 im Oslofjord, um Prospekte zu fer-

tigen. Sonst kamen außer Handwerkern und Handelsleu-
ten auch Forscher wie Johann Christian Fabricius nach
Norwegen, der 1779 seine »Reise nach Norwegen« her-
ausgab, in der er es den undurchdringlichen Gebirgen
zuschrieb, »daß den Norwegern altväterliche Tugenden,
Gastfreiheit und Munterkeit des Gemüts erhalten geblieben.« Man konnte wohl durch das Gudbrandsdalen nach
Trondheim fahren und mußte nur am Dovrefjell den Wagen verlassen, um über gefährliche Stellen zu kriechen;
nach Bergen galt es, durch Sumpf zu waten, und an den
Felsen war oft nur für einen Reiter Platz, das Setesdal
war fast ganz verriegelt. Von einem Tal in das andere
benötigte man Tage über unwirtliche Höhen, Eis und
Schnee hinweg. »Wer es weiß, daß es dort fast gar keine
Wege gibt, nirgends bequeme Ruhepunkte... der wird
die Schwierigkeiten, welche sich zusammenhängenden
Beobachtungen in Norwegens Gebirgen entgegensetzen,
leicht in ihrer ganzen Größe sich vorstellen können,«
schreibt Carl Friedrich Naumann 1824 in »Beyträge zur
Kenntnis Norwegens«. Man lese darüber mehr in Olaf
Kloses und Lilli Martius' Buch »Skandinavische Landschaftsbilder« (Neumünster 1975).

1816 wurde eine erste Schrift über die Landwege und
Verbindungsmöglichkeiten herausgegeben, aber über die
Nachtquartiere schweigt sich der Verfasser noch aus. Ein
anderer Reisebuchherausgeber wagt 1840 schon mehr zu
versprechen. Pferde und leichte zweirädrige Wagen sind
aber die einzigen Verkehrsmittel, und es gibt Schilderungen abenteuerlicher Unternehmen, neben den Freuden
Ängste genug. Ab 1854 entsteht ein norwegisches »Ei-
senbahnnetz«, es war aber nur wenige Kilometer lang.
Noch in Knut Hamsuns »Segen der Erde« und Nachfolgen wie Olav Gullvaags »Es begann in einer Mittsommernacht« vermag man dieses alte Norwegen mit seinen
Unwegsamkeiten zu erleben. Aber es sucht der, den die

Sehnsucht nach dem Norden ergreift, nicht nur die unge-
stüme Natur der steilen Hänge und der einsamen Weiten
der Fjells, der hellen Wasserstürze und der dunklen Kie-
fernwälder – Laubwald kennt man nur im Süden und
dann in schmalen Bändern eingestreut – sondern es lockt
ihn auch die durch Ferne geheimnisvolle Geschichte des
Landes. Die Freunde Peter Christen Asbjørnsen und
Jørgen Moe hatten 1837 begonnen, norwegische Volks-
märchen »Norske Folkeeventyr« zu sammeln, Ibsen findet in ihnen Motive für den »Peer Gynt«. Der Maler
J. C. C. Dahl hatte 1836/37 in Dresden »Denkmale einer
sehr ausgebildeten Holzbaukunst«, die norwegische
Stabkirche, veröffentlicht, und der Leipziger Wilhelm
Schiertz reiste 1836 ihnen nach, um sie in Sogn und Hordaland zu zeichnen, 1850 gibt der Düsseldofer Caspar
Scheuren mit Texten Wolfgang Müllers, gen. von Kö-
nigswinter, einen Band »Norwegisches Bauernleben«
und mit den Wandbildern heraus, die Adolph Tidemand
für die Königsvilla Oskarshall bei Christiania gemalt
hatte. Auf Dahls Bildern gehören die so ungeklärten
Holzarchitekturen der Stabkirchen ebenso zum Bekenntnis Norwegens wie die mächtigen Felsen, die Wasserfälle
und die Birken. Sie wurden dann bald Anlaß gewagter,
wissenschaftlicher Spekulationen, man glaubte, uralt
Heidnisches gefunden zu haben. Der Wiener Josef Strzygowski sah in ihnen die nordischen Wurzeln der abendländischen Kathedralgotik. Ohne solche Spekulationen
anzustellen, eilen ungezählte Scharen von Touristen ihnen zu, um sich über ihre Dunkelheit zu wundern, während die kostbaren Schnitzereien, die in den Osloer Universitätssammlungen aus diesen Stabkirchen geborgen
sind, sehr viel weniger gesehen werden.

Die Städte

Stadt ohne Tradition
doch Hort der Überlieferung

Oslo

»Uusluu« sagte der Osloer und weiß nicht recht, woher der Name kommt. Vielleicht bedeutet es »Götterhain«. Aber dann ist Jotunheimen, der schwer zugängliche und zweitausend Meter hohe Gebirgszug in der Landesmitte als Götterheim den Überirdischen gemäßer. Vielleicht meint der Name auch nur das Os, die Mündung des Lo-elv. Jedenfalls ist Oslo die Hauptstadt, eine absonderliche zwar, der der Dänenkönig Christian IV. 1624 sogar den Namen absprach, um ihr dafür in ›Christiania‹ den seinen zu geben, was drei Jahrhunderte so blieb. Die Einwohnerzahl (465000) ist die kleinste der skandinavischen Kapitalen, aber an Ausdehnung ist Oslo eine der größten Hauptstädte (453 Quadratkilometer) der Welt. Da gibt es zwar mittendrin weite Wälder und Bauernhöfe, und wer die geographische Mitte Oslos sucht, gerät in tiefen Wald, findet wohl da am Schlachter eine bescheidene Kirche, die die Norweger deshalb gerne aufsuchen, weil sie im Frühjahr und Herbst anschließend fröhliche Wanderungen machen, im Winter die Skier anschnallen können. Im Sommer haben sie andere Ziele, aber immer führt der Weg hinaus aus der bebauten Stadt.

Dabei sehen die Osloer gar nicht mehr, wie wenig schön ihre Hauptstadt ist. Sicherlich haben sie ihre Karl Johansgate, die sie vom Ostbahnhof in gerader Linie zum Königlichen Schloß leitet, und das ist nicht nur eine edle Perspektive, sondern eine Laufbahn, die am Dom, Parlament, Nationaltheater und an der Universitätsaula entlangführt, eine breite Straße, auf der man sich trifft, allenthalben einkehren kann und musikalische Unterhaltung in Fülle hat. Aber linker Hand klotzt das neue Rathaus, 1931 übergroß begonnen und 1950 vollendet, leider ohne eine Spur von Eleganz. Man hat ihm zwar ein Glockenspiel angehängt, das stündlich die Melodie einer Volksweise hämmert, die der Verkehrslärm unverzüglich verschluckt, doch abends stehen die Straßen um das Rathaus in Verruf. Vom Alten ist nicht viel geblieben, aus den Resten des 18. Jahrhunderts spricht mehr Holländisches als Amalienborgisches von Kopenhagen. Weitgehend hat das späte 19. Jahrhundert mit der üblichen Spießigkeit und Großmannssucht das Bauen bestimmt. Was das 20. Jahrhundert hinzutat, ist nicht glücklicher, nur höher. Man geht vorüber, der Autofahrer kommt gar nicht erst dazu, sich umzusehen. Wohl gibt es rechter Hand der Karl Johan noch einige gesetztere Backsteinbauten des 18. Jahrhunderts, sie stehen unter Denkmalschutz, aber schauen müde drein, auch die Gardinen an den Fenstern helfen ihnen nicht auf.

Wer sich ergehen will, klettert zur Festung Akershus empor, die zwar auch ein unfreundliches Gemäuer ist, aber befreiende Aussichten über den Hafen gibt, dahinter die Weite der Schärenwelt und die Prächtigkeit des Fjords verspricht.

Als 1624 die Stadt abbrannte, hat Christian IV. sie verlegt; statt östlich von Akershus baute er sie im Rastersystem sich rechtwinklig schneidender Straßen als Musterstadt nördlich der Festung wieder auf und gab ihr seinen Namen. Da Norwegen von Kopenhagen regiert wurde, blieb dieses Christiania bis 1814 eine Kleinstadt. Dann aber gewann die Stadt und mit ihr das ganze Land einen oft hektischen Auftrieb. Schließlich wühlten aber die Bagger, als Mietskasernen fallen sollten, ein Gamlebyen frei, es meldete sich das Mittelalter wieder. Der Ruinenpark bei Oslo-Ladegård zeigt nun die Reste des

I

ANDERS C. SVARSTAD
(1869-1943)

Portrait Sigrid Undset
mit Blick auf Oslo, 1911

Gemälde, 103,5 x 72,2 cm

Rasmus Meyers-Sammlungen,
Bergen

alten Halvardsdoms, der 1667 abgerissen wurde, um
Steine für die Wälle von Akershus herzugeben. Nun ließen sich Fundamente sichern, Grabplatten aus dem Mittelalter und der Renaissance wurden freigeschaufelt, ein
reich skulptiertes Kapitell kam in den heutigen Dom am
Stortorget. Hier war auch die alte Bischofsburg, vor der
hansische Kaufleute sich breitmachten. Man kommt dem
nun immer mehr auf die Spur, wird besonders im Gebiet
des Ostbahnhofs fündig, und wenn man gesagt hat, daß
im modernen Oslo die Traditionslosigkeit zur Tradition
geworden sei, so mag das für das Oslo von morgen nicht
mehr gelten. Schließlich ist ja auch der Steven des Ose-
bergschiffes allen gegenwärtig, und die Könige nennen
sich wieder wie im 10. Jahrhundert Håkon oder Olav.
Das Norsk Folkemuseum in Bygdøy, das großartig in
Volkskundliches und Geschichtliches einführt, bleibt
auch den ganzen Winter hindurch geöffnet, und dann
sind es nicht mehr vorwiegend die Touristen, die kommen, sondern die Osloer selbst fragen nach dem Woher.

Die Museen auf Bygdøy

Das Folkemuseum ist die bedeutendste Dokumentation
norwegischen Volkstums, doch die einzelnen Landschaften bieten auch im Lande selbst eigene eindrucksvolle
Beiträge. Einmalig ist auf Bygdøy das Museum der Wikingerschiffe, das *Vikingskipshus,* deshalb sei es voraus-
gestellt. 1880 entdeckte man unter einem Hügel bei Gokstad nördlich von Sandefjord ein Schiff, das man mit
einem König Olav Geirstad-Alf († 880) in Verbindung
bringen und als dessen Totenschiff erkennen konnte.
1904 kam bei Oseberg südlich von Borre, gleichfalls im
Westen des Oslofjords, ein noch prächtigeres Schiff zutage. Unter den Rasensoden und Steinen, die es überdeckt hatten, war noch die Fülle der Beigaben erhalten.

Die Königin Åsa, im Leben tief geschmäht, soll kurz nach 850 hier beigesetzt worden sein. Noch ein drittes, nur in Resten erhaltenes Wikingerschiff aus Tune auf der anderen Seite des Oslofjords ist in Bygdøy hinzugekommen. Die drei zusammen sind eine Weltsensation und locken ständig große Besucherzahlen an. Wir bewundern die Eleganz dieser fein geschwungenen Schiffe. Auf gotländi-

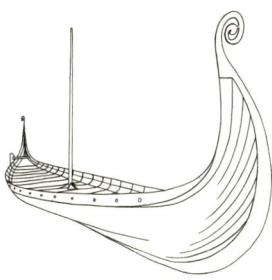

schen Bildsteinen und auf dem Teppich von Bayeux sind sie gedrungener und hochwandiger dargestellt, sie schnitten nicht in die Fluten, sondern müssen auf den Wellen geritten sein. Das Gokstadschiff hat man 1893 nachgebaut, es hat den Ozean überquert und dabei eine Stundengeschwindigkeit von elf Seemeilen erreicht. Das etwas kürzere Schiff der Königin, auf dem sie zusammen mit einer älteren Dienerin bestattet war, die ihr nach dem Tode beistehen sollte, ist wohl nie für große Fahrt gedacht gewesen, aber es war mit allem versehen, was auf dem Weg nach Walhall benötigt wurde. Stühle, Truhe, Bett, Wagen und vier Schlitten, eine Fülle von Gerät, selbst Bildgewebe sind nun in Bygdøy und in der Universitätssammlung ausgestellt. Die Königin selbst war ihres Schmucks beraubt, was aber blieb, zeigt Schmuck in Fülle in der Schnitzerei am Bug des Schiffes bis an den Kiel hinab, an Wagen und Schlitten, wikingische Tierornamentik, kraus durchflochten. So scheint es zuerst, aber dann bieten sich außer den Drachen menschliche Gestalten dar. Wir sehen Gunnar im Schlangenhof, die Sagengestalt aus dem Nibelungenkreis, die auch noch an der Stabkirche von Hylestad erscheint. Doch man muß sich hineinsehen, um die Ordnung der Form zu verstehen, das Ineinanderspiel zooformer Körper und stegartiger Linien, die Disziplin der Wiederholungen, die wir auch noch bei den Schnitzereien an der Stabkirche von Urnes sehen werden. Am Osebergkomplex hat Haakon Shetelig, der die Funde veröffentlichte, auch die Formen analysiert, hat von einem Schnitzer als dem »Akademiker« gesprochen, einen anderen den »Karolinger« genannt, der die kleinen Greiftiere mit Stupsnasen und Glotzaugen zum etwas gekrösten Ziermotiv an einem Drachenkopf nahm; den Genialsten, der die Schlitten-Zugstangen und wieder Drachenköpfe schnitzte, nannte er den »Barockmeister«, der große Formkomplexe meisterte. Am Osebergbett sind die Drachen am Kopf nur in Silhouette ausgesägt und mit dem Messer profiliert. Sie haben viele Nachfolgen bis ins späte Mittelalter und weiter gefunden. Es gibt manche beachtliche Wikingersammlung voller Aktualität, in Oslo selbst in den Universitätssammlungen, in Stockholm, in Visby und andernorts, eindrucksvolle Runensteine stehen in Nord- und Westeuropa, aber an keiner Stelle bietet sich ein großes Erbe so eindringlich dar wie in der Weite dieses Museums in Bygdøy. Wir werden darauf eingehen, wenn wir von norwegischer Volkskunst sprechen.

Schon genannt haben wir auch das erste Museum, das in Bygdøy entstand, das *Norsk Folkemuseum*. 1884 hatte der letzte Unionskönig, Oskar II., in den Park seines Gutshofes die Stabkirche von Gol und einige alte Gebäude übertragen lassen. Schließlich war schon eine Stabkirche, die von Vang, sogar nach Deutschland gekommen und im Riesengebirge wieder aufgebaut worden. Es galt zu retten. Den Plan eines öffentlichen Museums aus überführten Bauten, wie es Artur Hazelius 1891 in Stockholm eröffnet hatte und das als gesamtskandinavische Dokumentation gedacht war, entwickelte in Oslo H. J. Aall, der es als norwegisches Freilichtmuseum 1894 gründete und 1902 eröffnete.

Es wurde bald mit einem ethnographischen Landesmuseum verbunden, das man nicht übergehen sollte. Es zeigt bürgerliche Kultur durch viele Jahrhunderte, eine zwar nicht hinreichende kirchliche Abteilung aus nachreformatorischer Zeit, eine gute Sammlung von Musikinstrumenten, eine reizende Schau von Spielsachen mit vielen Puppen und Puppenhäusern, vor allem aber eine konzentrierte Darstellung bäuerlichen Formschaffens. Da treffen wir auf die charakteristischen Leistungen in den einzelnen großen Tälern des Landes, sehen die Rosenmalerei aus Telemark und Hallingdal, Akanthusschnitzerei des Gudbrandstals, geometrischen Kerbschnitt und Brandmalerei. Aus Gudbrandsdalen kommen auch die meisten der großformigen und starkfarbigen Teppiche und Doppelgewebe. Aber ob dieses oder jenes, ob strenglinig, wie es sich im Setesdal gehalten hat, oder barock, hinter allem sieht man die gültig bleibenden Traditionen. Man bestaunt die großen gedrechselten oder geschnitzten Schalen, die bemalten Bierkannen, die im 19. Jahrhundert noch wie unsere hölzernen »Weineimer« des 15. aussehen, die Bierhühner, die noch den in Schiffsform gebildeten doppelköpfigen mittelalterlichen Trinkgefäßen ähnlich sind. Das Bier in solchen Gefäßen dürfte sicherlich schwerer gewesen sein, als es heute in Norwegen angeboten wird. Besitzerstolz spricht aus den Inschriften, aber auch der Fertiger nennt sich öfter als es sonst in der Volkskunst der Fall zu sein pflegt, und immer wundert es, wie weit das aus der Tradition gespeiste künstlerische Vermögen noch in das 19. Jahrhundert hineinreicht.

Besonders sei an das Bild einer Bauernfamilie von 1699 im Bygdøyer Folkemuseum erinnert, das in der Stabkirche von Gol hing. Breitspurig steht der rotnasige Bauer Bjørn Frøysåk in der Mitte, auf die Stabaxt gestützt, die verstorbene und die nunmehrige Frau zur Seite und umgeben von achtzehn Nachkommen, alle in Tracht, nicht überaus geschickt, aber wandbildhaft gemalt. Solche Männer mögen im Leben Haustyrannen gewesen sein, Wikinger sind sie wohl nicht mehr, aber man muß sie sich vorstellen, wenn man in der Freilichtabteilung des Norsk Folkemuseum die vielen Bauernstuben durchwandert. Bei den bürgerlichen Hinterlassenschaften mag man die Gewichtigkeit der Möbel als beständige Eigenart empfinden, dennoch sieht man die Abhängigkeit von den Moden und Zentren, von Holländischem oder Englischem, Spitzenleistungen sind es allerdings selten. Man fühlt sich an die norwegische Küche gemahnt, europäisch ohne Raffinessen, aber mit vielen Kalorien. Gewichtig und auf Fülle bedacht ist auch die Bauernkunst, dabei trotz aller Variationen unverkennbar eigen.

Daß im Folkemuseum auch eine dem Leben und der Kultur der Lappen gewidmete Abteilung aufgebaut ist – sie wurde 1951 aus der Universität hierher überführt – versteht sich bei dem Bemühen des Staates um dieses unruhig gewordene Volk im hohen Norden; sie heißen in Norwegen Samen. Wer sich eingehender mit ihnen beschäftigen will, täte zwar gut, wenn er das 1939 errichtete Samische Museum in Karasjok besuchen würde. Aber das ist schon jenseits des 69. Breitengrades in der östlichen Finnmark dicht an der Grenze zu Finnland, und eine Fahrt weiter Umwege. Narviks großer Wegweiser zeigt sie mit 774 km an.

Einen Spaziergang durch Norwegens halbe Länge bietet sehr gerafft das Folkemuseum in seiner *Freilichtabteilung* mit Bauten von Setesdal und Telemark bis Trønde-

lag an, und das ermöglicht, die Bau- und Wohnkultur des
norwegischen Bauerntums in allen Variationen zu studieren. Die 170 Bauwerke, die Bygdøy auf 14 Hektar vorstellt, sind allerdings nicht alle bäuerlichen Ursprungs.
Seit 1916 sind, weil man sie vor allem in Oslo rücksichts-
los fallen sah, auch Bürgerbauten aufgenommen worden,
und sie fügen sich zu einem neuen Gamlebyen, einer Altstadt, die das Leben der kleinen Leute wie das des Patri-
ziats im 18. und 19. Jahrhundert zeigt.

Folgen wir dem Strom der Besucher, so kommen wir,
an einigen belanglosen Bauten vorbei, zuerst zu der sich
hochaufstaffelnden Stabkirche von Gol, die glücklich gerettet und gut ergänzt dem Besucher ein Beispiel der Bauwerke vorführt, die die Nationalromantik des 19. Jahrhunderts wiederentdeckte und die heute noch manches
Rätsel aufgeben. Die lechzenden Drachen an den First-
spitzen, die eher gesehen werden als die kleinen Kreuze,
die reich und kunstvoll geschnitzten Portale ohne christliche Embleme, das Dunkle und Enge des Innern, in dem
man erst nach geraumer Zeit die glotzenden Gesichter
hoch oben an den tragenden Ständern sieht, das wiederholt sich, und wir haben deshalb den norwegischen Stabkirchen ein eigenes Kapitel gewidmet (Seite 307).

Wir wandern weiter durch Bygdøy, das die Fülle der
Baulandschaften zeigt. Jede hat ihre Besonderheiten, und
sie zeugen alle von langgewahrten Traditionen. Um sie zu
erfassen, haben wir eine weitere Betrachtung angestellt,
die auch für den Besuch der vielen anderen norwegischen
Freilichtmuseen hilfreich sein möchte (Seite 338).

Das Verschiedenartige der Landschaften zeigt sich auch
im Innern der Häuser, wo sich das Gudbrandstal mit
seiner Schnitzkunst hervortut. Die freundlichen Damen
in jeweiliger Landschaftstracht in Bygdøy und Lillehammer erklären gern, mag zum Beispiel die wechselnde Ge-
brauchsart der Herde oder anderes gefragt sein. Sie wei-

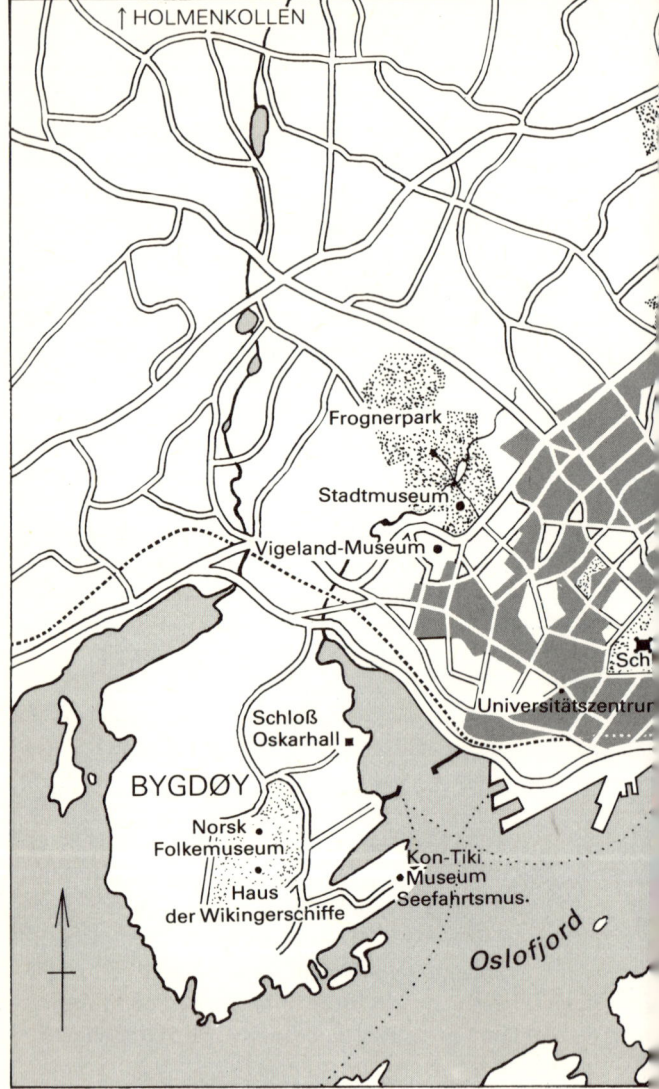

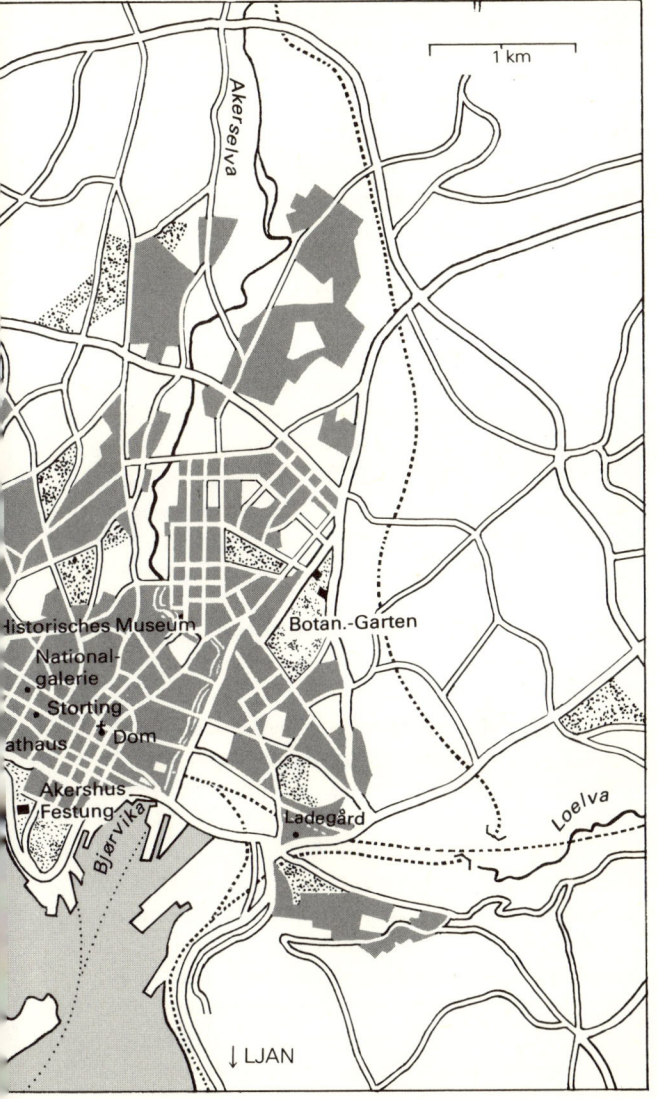

1 km

Akerselva

Botan.-Garten

Historisches Museum

National-
galerie

Storting

Rathaus

Dom

Akershus
Festung

Bjørvika

Ladegård

Loelva

↓ LJAN

sen auf das viele Gerät für Essen und Trinken, auf Hängewiegen und die aus vollen Baumstämmen gefertigten Kubbestühle, in denen man wie gefesselt sitzt. Im Haus von Nes aus Varaldsøy, nun auch in Bygdøy, kann man den nach einer Beschreibung, die vor 150 Jahren ein Pastor gab, gedeckten Tisch für eine Hochzeitsfeier antreffen, in anderen tätigen Hausfleiß. Es gibt in Bygdøy durch das ganze Jahr hindurch sehr wechselnde Programme, der Volkstanz steht obenan.

Wenn ein umfassendes Freilichtmuseum ein Spiegel des Landes auch im Hinblick auf die Tätigkeit der Menschen sein soll, fehlt allerdings in Bygdøy einiges. Das Bäuerliche ist stark vertreten, auch die Weidewirtschaft ist durch einige Sennhütten dargestellt, aber kaum die Fischerei, die ja nicht nur im Nordland und in Troms Lebensgrundlage ist. Vielleicht hat es bei solchem Verzicht eine Rolle gespielt, daß es in Norwegen von Tønsberg bis Moskenes auf den Lofoten in Nordland eine ganze Reihe von Fischereimuseen gibt, und in Bygdøy selbst besteht seit 1914 das Seefahrtsmuseum mit einer Bootsgalerie und einer Fischereiabteilung, Walfang eingeschlossen. Es finden sich dort Modelle und Sachgut zum Schiffbau. Eine eigene Abteilung ist der Arktis-Erforschung gewidmet, und vor dem Museum liegt das Polarschiff »Gjøa«, mit dem Roald Amundsen fuhr.

Von hier sind es nur einige Schritte zum »*Framhus*«. Da steht die dickleibige »Fram«, die Fritjof Nansen sich 1893 bauen ließ und mit ihr die Suche nach dem Unbekannten auf dem Weg zum Nordpol wagte. Diesen holzgezimmerten Dreimastschoner lieh sich Amundsen aus, um den Südpol, »das menschenfeindlichste Gebiet der Erdoberfläche« zu erreichen. Nun kann man hineinsteigen, das Durchdachte der Einrichtung, aber auch die Enge sehen, sollte dabei auch bedenken, daß Fritjof Nansens vergebliche Fahrt zum Nordpol drei Jahre dauerte, so daß die Welt ihn schon verloren wähnte, und daß Amundsen 1928 beim Rettungsunternehmen für Umberto Nobile mit einem Wasserflugzeug im nördlichen Eismeer umkam.

Gegenüber dem »Framhus« liegt das *Kon-Tiki-Museum*. Es bewahrt jenes Holzfloß, mit dem sich der norwegische Zoologe Thor Heyerdahl mit fünf Gefährten 1947 in 101 Tagen über 4200 Seemeilen von Peru nach Polynesien treiben ließ, um darzutun, daß weißhäutige Altperuaner schon vor einem Jahrtausend den Stillen Ozean überkreuzten und sich dadurch die Ähnlichkeit von Götterbildern, Tempeln und dunklen Mythen hier wie dort erklären könnte. Später fand Heyerdahl in ägyptischen Gräbern Bilder von Booten aus Papyrus, er band also Papyrusrohr mit Seilen zusammen, um damit den Ozean zu durchfahren. Der erste Versuch scheiterte, der zweite führte ihn 1972 von Marokko zu den westindischen Inseln der Kleinen Antillen. Er setzte dabei die Flagge der Vereinten Nationen, um für die Gemeinsamkeit der Menschen, die überleben wollen, zu werben. Das Schilfboot RA II und der gebliebene Rest von RA I sind nun auch im Kon-Tiki-Museum bewahrt. Nansen, Amundsen und Heyerdahl, sind sie norwegische Wikinger unserer Zeit? Sie wagten solche Unternehmen nicht des Gewinns wegen, sie setzten auch keine Drachen an den Steven, aber der Wagemut dem Unbekannten gegenüber lebte in ihnen weiter. Der Menschheit neue Perspektiven zu eröffnen, war ihr Ziel. Björnstjerne Björnson hielt 1896 vor einer unüberschaubaren Menge jubelnder Menschen die Ansprache anläßlich der Heimkehr Nansens von seiner Nordpolfahrt: »Nicht ein Einzelner, auch nicht eine einzige Generation vermag solche Eigenschaften aus dem Nichts herauszuholen. Es ist vielmehr, daß die Arbeit, die Redlichkeit und die Selbstbeherrschung, die sich ein Volk in der Stille erwirbt, irgendwann einmal in einer Großtat ans Licht kommen.« Oslo hat zu Recht keinen Arc de Triomphe und hat seinen Mythen keine Bronzen gesetzt, den riesigen Fridtjof von Vangsnes am Sognefjord ließ Kaiser Wilhelm II. durch seine Matrosen aufstellen, aber die Wanderung durch Bygdøy gibt nachdrücklich mehr, als solche Monumente vermögen.

Museen in der Stadt

Bygdøy ist gemeinhin der Museumshöhepunkt, und oft drängen sich die Menschen hier zuhauf. Die Museen in der Stadt nahe der alten Universität, die um Generationen älter sind – Universitetets Oldsakssamling, die Objekte aus Vorgeschichte und dem Mittelalter bietet, ist schon 1811 gegründet – sind nicht überlaufen, und die Universitätssammlungen, die nun die Bezeichnung *Historisches Museum* führen, sind zwar täglich, aber nur für drei, sommerzeitlich vier Stunden geöffnet. Sie bieten neben beachtlichen ethnographischen Sammlungen aus Borneo, dem Kongo und von kanadischen Eskimos – Roald Amundsens Eskimosammlung ist dabei – und dem Münzkabinett dem Besucher, dem es besonders um Norwegen zu tun ist, die Vorgeschichte mit Schwerpunkt Ostnorwegen und Mittelalter. Da treffen wir auf die reich geschnitzten Portale von im Lande abgebrochenen Stabkirchen, Möbel und figürliche Plastik auch aus noch bestehenden, kirchliche Malerei und Kultgerät. Zuerst fesselt wohl das Portal der Stabkirche Hylestad, es zeigt teils in medaillonhafter Einzelrahmung, teils ineinanderübergehend die wesentlichen Ereignisse der in der Edda gesungenen Sigurdsaga, das Lied des Drachentöters. Aber Sigurd begnügt sich nicht wie der heilige Georg oder Michael mit dem Tod des Drachens, sondern er lernt, als er das Drachenblut leckt, die Sprache der Vögel verstehen und ersticht den Schmied Regin, von dem die

Vögel ihm zwitscherten, daß dieser ihn um des Drachens
Fafnir Goldschatz prellen wolle. Auch Gunnar erscheint
in den Schnitzereien. Diese sehr heidnische Geschichte ist
hier noch zu Anfang oder in der Mitte des 13. Jahrhunderts so erzählt worden, daß sie der Leserichtung wider-
sprechend auf der rechten Seite beginnt und links fortge-
setzt wird. Sigurd ist dem König Gunnar zu Diensten; im
Nibelungenlied, dem Mythischen schon ferner, sind es
Siegfried und Gunther. Gunnar in der Schlangengrube
schließt sich im Portal von Hylestad den Sigurdszenen
an, und Gunnar erscheint wieder am Portal der Stabkirche von Austad, das gleichfalls in der Universitätssammlung geborgen ist. Sonst ist das Szenische an den Stabkir-
chenpforten gering und Christologisches kommt gar
nicht vor. Immer wieder sind es an den Portalgewänden
die sich windenden Drachen. Mögen sie sich auch ineinander verbeißen, droht doch oft im Sturz ein freigewor-
dener Drachenkopf in Aggression, oder es erscheinen
grimmige Löwen. In den Sagen bewachen Drachen ver-
borgene Schätze, hier schrecken sie an den engen Zugängen und mögen so das Sakrament im Dunkel der Chor-
räume behütet haben.

Aus einem solchem Chor, dem der Stabkirche von Ål,
übertrug man in das Museum das gänzlich bemalte Holz-
gewölbe. Es zeigt Bilder aus der Genesis und dem Ma-
rienleben, an der Stirnseite die Kreuzigung mit der Ekkle-
sia und der unterliegenden Synagoge, um 1300. Ein wohl
etwas früheres Antemensale aus Heddal bietet die häufi-
gere Darstellung des triumphierenden Christus in der
Mandorla, wie wir sie auch an der Chordecke der Stabkirche Torpo in einer hierarchischen Strenge finden können, die an Romanik gemahnt, obwohl auch hier das
späte 13. Jahrhundert als Entstehungszeit angenommen
werden muß. Es ist eine ebenso bunte wie herbe Frühgo-
tik, gemalt und geschnitzt als stünde der Horror vacui

dahinter. Wir wissen, daß mit der 1349 in Norwegen ausgebrochenen Pest das eigene künstlerische Schaffen weithin abbrach und erst im beginnenden 17. Jahrhundert sich auch in den Stabkirchen wieder Neues meldete.

Aber mit der Pest, dem Schwarzen Tod, war nicht alles Leben erloschen, in Bergen wurde weiter gehandelt und von den Lübeckern nicht nur Salz gegen Fische getauscht, sondern schließlich auch von den Hansen Kunst gebracht. Nicht allein der Hochaltar der ihnen dienenden Marienkirche zeigt lübisches Schnitzwerk, sondern die Osloer Universitätssammlungen bewahren das von der Finnmark gekommene Figurenwerk aus Hasvåg und eine Gruppe Maria mit Kind und Josef aus Torsken in Troms, die völlig einer gleichen lübischen Darstellung in Dassow (Mecklenburg-Strelitz) entspricht.

Die Welt blieb nicht stehen. Die Kalmarer Union hatte Norwegen an Dänemark gebunden, und da durch das große Sterben 1349/1350 viel Boden verwaist und billig zu erwerben war, zogen Dänen ein. Als gar König Christian IV. im 17. Jahrhundert die Bodenschätze in norwegischen Bergen erkannte, kamen deutsche Bergleute ins Land. Es entstand ein Kulturstrom, der von Holland und Friesland bis nach Norwegen zog.

Das dreigeschossige Osloer *Kunstindustriemuseum* in der St. Olavsgate gibt darüber Auskunft. Seine »norwegische Galerie« bietet aber Möbel, Silber, Glas, Keramik, Eisen und Textilien schon vom Mittelalter an, darunter als berühmtestes Stück den von ca. 1180 stammenden Baldishol-Teppich aus Hedmark im östlichen Norwegen. Die europäischen Abteilungen voller prächtiger Stücke beginnen mit Zeugnissen der Renaissance und zeigen verschiedene Interieurs in zeitlicher Folge. Man mag dabei im Treppenhaus einen hansischen Barockschrank mit vergoldeten Schnitzereien barbarisch finden –, eindrucksvoll ist er jedenfalls.

Europäische Verflechtung norwegischer Kunst, die offenbarer als im Mittelalter ist, zeigt Oslos 1837 gegründete *Nationalgalerie*. Sie zeigt auch alte Kunst aus anderen Bereichen, russische Ikonen der Nowgoroder Schule, Niederländer, unter denen Theodor van Baburens († 1624) »Christus unter den Schriftgelehrten« und Jacob Jordaens (1593-1678) »Allegorie über den Westfälischen Frieden« hervorzuheben sind, eine Skizze für Rubens' »Löwenjagd«, die als eigenhändig angesehen wird, Italiener und selbst einen Greco, Franzosen des 19. Jahrhunderts von Corot bis Cézanne und Bonnard. Picasso-Bilder trifft man in Norwegen häufiger, die Nationalgalerie besitzt eine Fassung des »Paar im Café« von 1903. Aber diese Meister und Schulen lassen sich auch an andern Orten studieren, in Oslo wird man eingefangen, wenn man die Entwicklung der norwegischen Malerei verfolgt, die eigentlich mit dem uns als Freund von Caspar David Friedrich bekannten Johan Christian Claussen Dahl (1788-1857) beginnt. Da wir Dahl und seinen Nachfolgern aber auch in Bergen, Lillehammer, Trondheim und anderenorts begegnen, stellen wir, um Wiederholungen zu vermeiden, das Thema der norwegischen Malerei in einem eigenen Kapitel gesondert dar (S. 279).

Karl Johansgate

Wenden wir uns aus der Ruhe der in der City gelegenen Museen der Gegenwärtigkeit der norwegischen Kapitale zu. Es sind nur Schritte vom Historischen Museum der Universität oder der Nationalgalerie bis zur Karl Johansgate, und diese Straße ist die Schlagader der Stadt. Hier hielt Björnstjerne Björnson seine großen vom Gedanken des Nordischen getragenen Reden, und Knut Hamsun spielte, wenn er Geld in der Tasche fühlte, im Grand Hotel den souveränen Gastgeber, Ibsen bohrte von dort seine Blicke durch den Herbstnebel, Frits Thaulow malte 1881 an der Karl Johan Schmutz und Trübsal der Schneeschmelze, Christian Krohg 1888 den »Kampf ums Dasein«. Edvard Munch, der die Karl Johan mehrfach zum Motiv nahm, malte sie am Abend: Menschen mit stierenden Augen bewegen sich in nicht abreißender Schlange wie im Leichenzug über den Bürgersteig, einer nur verlassen in Gegenbewegung. Für Munch sind das Ich und die Welt einander feindlich, und wenn er ein Jahr vorher den Frühlingstag in der Karl Johan malte, ist es auch im pointillistischen Vortrag kein Jubel, sondern Gebanntsein, die Straße erscheint als Szene sozialer Probleme und psychischer Ängste. Andere Künstler haben wohl den frohen Trubel, das bunte Treiben in den Biergärten in der Mitte der Karl Johan gemalt, aber ein Pissarro ist nicht darunter, für einen Toulouse-Lautrec hätten sich trotz aller Zylinder ohnehin keine Motive ergeben. Als Claude Monet hier war, wollte er von seinen Kathedralbildern Abstand gewinnen und malte Schneelandschaften. Heute beansprucht hier flanierende Jugend mehr Raum als besitzbewußtes Bürgertum, und abends stehen wohl in den Seitenstraßen auch Einsatzwagen der Polizei. Jedenfalls ist die Karl Johan eine bannende Straße, in der Schlingen zu liegen scheinen, und sie ist immer aktuell.

Verfolgen wir sie von Ost nach West oder richtiger von Südost nach Nordwest, dann ist das der wirkliche Verlauf der Osloer Lebensachse. Man betritt sie vom Ostbahnhof her, dem man wie den meisten Bahnhöfen den Rücken zuwendet, es sei denn, man muß dort noch den Zimmernachweis, die Innkvarteringssentrale, aufsuchen, um eine Unterkunft zu erfragen. Zur Zeit der Niederschrift entsteht ein neues Bahnhofsgebäude als Hochhaus, aber ob es schöner als das alte wird, ist noch nicht zu erkennen. Vom Ostbahnhof sind es nur zwei Hausblöcke rechter Hand in der Karl Johan bis zur *Domkir-*

che, ein Stück alter, schier holländisch verhaltener Architektur im sie umgebenden, so vorlauten 19. Jahrhundert. 1694-1697 ist diese Kirche mit zentralem Turm in Backstein gut abgestimmt zum davorliegenden Platz errichtet worden. Die Turmbekrönung läßt es trotz manch unnötiger Veränderung noch erkennen, daß dieser Dom zum Konzept König Christians IV. gehörte, der Holländisches favorisierte, obwohl der Bau erst unter seinem Nachfolger errichtet wurde; immerhin hat man dem gewichtigen König noch 1874 vor der Kirche durch Carl Ludvig Jacobsen ein Denkmal gesetzt. 1849/50 restaurierte Alexander de Chateauneuf, als erfolgreicher, aber seine Stilformen oft wechselnder Stadtbaumeister in Hamburg bekannt, den im ganzen bescheidenen Dom und tat ihm keine Gewalt an. Damals wurde er auch neu ausgemalt, Emanuel Vigeland, ein Bruder des Bildhauers Gustav Vigeland, schuf 1910-1916 die Glasgemälde, und 1938 kamen die von Dagfin Werenskiold modellierten Bronzetüren mit Szenen aus der Bergpredigt hinzu, 1936-1950 die Deckengemälde. Was aber des Kunstfreundes Aufsehen erregt, sind Altarwand und Kanzel, die noch dem 17. Jahrhundert angehören. Sie stellen sich als reiche barocke Akanthusschnitzereien vor, die damals wohl allenthalben in Deutschland und Dänemark Mode waren, in der Osloer Kirche aber doch eigenwillig verdichtet ein besonderes Ereignis wurden. Die Schnitzer des Gudbrandstales nahmen sie als Anregung ihres nun über ein ganzes Jahrhundert gültig bleibenden Volkskunstschaffens.

Dieser Dom gehört also zu den Planungen Christians IV. für das neue Oslo nach dem Brand von 1624, der Stadt, die nun Christiania hieß. Nördlich der Feste, im Schutz von Akershus, mit fünfzehn Meter breiten, sich rechtwinklig schneidenden Straßen feuersicherer angelegt, wurde Christiania eine typische weiträumige Plan-

stadt. Solche Opulenz war bei des Königs erster Stadt-
gründung 1617 in Glückstadt an der Elbe noch nicht
bedacht worden, in Kristianstad im schwedischen Schonen aber besonders deutlich und in Kopenhagens Nybo-
der wieder vergessen. Als Zeugnis vom ersten Aufbau der
neuen Stadt steht bis in unsere Tage hinein nur ein Haus
von 1626, Rådhusgate 19, nun im Besitz des Osloer
Kunstvereins. Doch auf der Nordseite hinter der Karl-
Johansgate trifft man noch auf einige breit gelagerte
Häuser des 18. Jahrhunderts, die zwar nicht mehr glän-
zen, aber doch eine Vorstellung geben, wie seriös sich bei
aller Schlichtheit diese zweigeschossigen und verputzten
Bauten gaben, die sich nur am Portal einigen Aufwand
leisteten. Kaufmannshöfe waren es einst, nun beherber-
gen sie hier und da bescheidene Gaststätten.

Kehren wir zur Karl Johan zurück, so wird es lauter,
denn hier wollte sich das selbstbewußte und politisch
engagierte 19. Jahrhundert vorstellen, das auch durch
seine Bauten die Massen engagierte. Da ist zuerst das
Parlamentsgebäude, das *Storting,* 1857 bis 1866 errichtet, nach dem Kriege erweitert. Es ist eine etwas finstere
Architektur in italienisierender Neugotik, die bei dem
Betrachter keinen starken Eindruck hinterläßt. Bei der
Einweihung gab Henrik Ibsen Wünsche mit: »Dies Haus
baut sich nicht aus toter Erden / Jahrein, jahraus muß
Geist hier Geschichte werden.« Später ergriffen ihn
Zweifel, ob Demokratie und Geist sich überhaupt finden
könnten, als er vergeblich für das Recht der Frau (Nora)
eintrat. Doch das Storting, vor dem zwei mächtige Stein-
löwen Wache halten und das von Stinius Fredriksen aus-
geführte Standbild des Stortingpräsidenten Johan Sver-
drup »alle Gewalt der Legislative« mahnt, steht dem königlichen Schloß und dem Reiterdenkmal König Karl Johans gegenüber. Das Storting hat Geschichte gewollt und
hat Geschichte gemacht. Am 17. Mai 1814 hatten sich

die Norweger in dem kleinen Eidsvoll nordöstlich von
Oslo eine sehr demokratische Verfassung gegeben, frei-
heitlich wie die der Vereinigten Staaten, und an diese
Versammlung in Eidsvoll erinnert im Storting ein großes
Gemälde von O. Wergeland, gemahnen die dazu aufbe-
wahrten Dokumente. Vielleicht ist es sinnvoll, daß dieses
Haus sich architektonisch nicht großartig in Pose setzt,
wie es Parlamente sonst gern zu tun pflegen.

Mehr als das Storting stellt sich an der Karl Johan
hinter dem Studenterlunden-Park mit seinen vielbesuch-
ten Biergärten das 1895 bis 1899 erbaute *Nationaltheater* heraus, damals ein Theater comme il faut, im Stil
klassizistisch gedämpfter Renaissance, davor in mächtigen Bronzen Björnson und Ibsen, die doch hier durchaus
nicht ihre Heimstatt gefunden hatten. Es war der Vor-
gänger, das 1837 gegründete Christiania Theater, in dem
der eine, Björnson, um Befreiung vom immer noch nach-
wirkenden Dänischen, der andere, Ibsen, um Freiheit von
allen Bindungen warben. Ein zweites Haus, das seit 1912
bestehende Norske Theatret, pflegt ein internationales
Repertoire und spielt in Nynorsk. Ein drittes, das Nye
Teater, liegt in der benachbarten Rosenkrantzgate. Das
kulturelle Leben hat sich also hier angesiedelt. Nahe der
Anlagen steht dann auch das umfängliche Denkmal für
Ludvig Holberg (1684-1754), dem in Bergen geborenen
»dänischen Molière«, der in Kopenhagen als Professor
der Metaphysik sein Brot fand, aber nur als Dichter überlebte. Doch das Nationaltheater, das auf das Jahr 1827
zurückgeht, spielte zuerst keineswegs Holberg, sondern
Kotzebue und hatte zu seiner Eröffnung dessen »Deutsche Hausfrau« auf dem Programm. Das Holberg-Denk-
mal von 1935, das den Dichter mit seinen Komödienfigu-
ren Henrik und Pernille zeigt, ist von Dyre Vaa, der noch
1939 um Spenden reiste, um das Werk finanzieren zu
können.

Der hier nun in Oslo vorgestellte Holberg blickt zur *Universität* hinüber, denn schon zu seiner Zeit kam der Wunsch nach einer eigenen norwegischen Universität auf, die aber erst 1811 gestiftet wurde und mit fünf Professoren und siebzehn Studenten 1813 in der alten Kathedralschule begann (heute: 1200 Lehrkräfte und 15000 Studenten). 1833 erhielt sie erste eigene Gebäude und 1841 entstand der etwas zurückliegende repräsentative Universitätsbau an der Karl Johansgate in gemessenem Klassizismus. Baumeister war Christian Heinrich Grosch, der in Kopenhagen geborene Sohn des Lübecker Malers Heinrich August Grosch, der 1811 nach Christiania gezogen war, um norwegische Landschaften, von denen man viel sprach, zu malen. Christian Heinrich Grosch war in Kopenhagen der gelehrige Schüler des Baumeisters C. F. Hansen geworden, und er hatte in der norwegischen Hauptstadt schon mit dem Bau des Observatoriums Beifall gefunden. Beim Universitätsbau mußte er zwar den Ruhm mit dem Berliner Baumeister Schinkel teilen, denn als diesem Weitgerühmten 1838 Groschs Pläne zur Begutachtung vorgelegt wurden, schlug er eine würdigere Ausführung vor und wollte Portikus und Eingangshalle in norwegischem Marmor errichtet wissen. In Oslo zögerte man angesichts der Kosten, entschloß sich schließlich doch zur Ausführung in behauenem Granit, und Schinkels Portikus gibt dem sonst sparsamen Bau nun einen machtvollen Akzent und mehr Gewichtigkeit, als der Mittelrisalit sie dem nahen Schlosse verleiht. Sinnerfüllt hat er sich zwar erst, als man der Universität 1911 in der Fortsetzung des feierlichen Treppenhauses eine neue Aula anbaute, die Edvard Munchs großartigen, die Sonne preisenden Wandbilder aufnahm. Man sollte aber auch die rechts gelegene amphitheatralisch gebaute alte Aula im Rektorengebäude als Beispiel guter Raumgestalt nicht übersehen. Vor dem Mittelbau der Universität stehen glücklicherweise nur zwei Denkmäler, das des Rechtsgelehrten Schweigaard (1872 von Julius Middel-thun) und das des Historikers P.A. Munch (1931 von Stinius Fredriksen), die beide das von der Romantik genährte Selbstbewußtsein der Norweger noch zu verstärken wußten.

Seine Stellung in Oslos Baugeschichte dankte Christian Heinrich Grosch auch H.D.F. Linstow, einem geborenen Dänen, der 1812 nach Oslo kam und eine Menge befähigter Handwerker und Künstler um sich sammelte, die sich für große Aufgaben in der erneuerten Hauptstadt bereitfanden. Linstow (1788-1851), Jurist, Bergingenieur und Offizier, baute vielseitig engagiert wie ein Barockbaumeister vor allem 1825 bis 1848 das hoch über der Karl Johansgate gelegene *Schloß*, das als Residenz des nur zeitweise anwesenden Unionskönigs diente. Der nüchterne Bau zeigt auch Linstow im Gefolge von C.F. Hansen, denn unverkennbar hat dessen Neubau der Christiansborg in Kopenhagen Pate gestanden. Aber Linstow hat gebräuchliche Repräsentation noch vereinfacht und auch den englischen Klassizismus studiert. Der Weg zur schließlich schlichten Blockform ging über mannigfache Stufen. Am Anfang hatte noch ein sehr geschachteltes Gefüge gestanden. 1835 bis 1837 machte Linstow eine Studienreise nach München und Berlin, wo er Schinkel kennenlernte und dessen Bauweise für ihn fortan Geltung erlangte. Sie bestimmte vor allem die etwas eklektizistische Innenausstattung des Schlosses. Der Tourist muß sich zwar mit dem äußeren Bild des Baus begnügen, doch der weitläufige Schloßpark mit manchem Denkmal ist zugänglich. Vor dem Schloß steht das Reiterstandbild König Karls XIV. Johan von Brynjulf Bergslien (1875), im Park die klargeformten Statuen der Königin Maud von Ada Madsen (1959) und der Schriftstellerin und Frauenrechtlerin Camilla Collet von Gustav Vigeland, sowie das

eigenwillig von Vigeland konzipierte, 1903/05 aufge-
führte und dann lang umstrittene Denkmal des Mathe-
matikers N. H. Abel.

Im allgemeinen ist es still vor dem königlichen Schloß,
die Wachablösung findet um 13.40 Uhr statt, mit Musik
nur, wenn Majestät zugegen ist. Aber einmal im Jahr, am
17. Mai, dem Tag der Unterzeichnung der Verfassung in
Eidsvoll, füllt sich der Schloßvorplatz, daß kein Apfel zur
Erde fallen kann. Dann werden zwar keine Militärpara-
den geboten, aber ungezählte Kinder ziehen singend und
fähnchenschwenkend mit bunt uniformierten Schulor-
chestern drei und mehr Stunden lang an ihrem mit Geh-
rock und Zylinder bekleideten König vorüber. Die Alten
laufen mit, und es ist gleich, wie es das Wetter meint und
ob es auch einmal in Maßlosigkeit ausufert – es ist für die
Norweger der wirkliche Frühlingsbeginn.

Die Norweger haben ihren König, der ja seit 1905 ein
landeseigener ist, gern, und Håkon VII., der die von den
Deutschen 1940 geforderte Kapitulation ablehnte und
den Widerstand verordnete, wird deshalb von ihnen verehrt. Ob das Bronzedenkmal, das sie ihm 1972 am Platz
des 7. Juni, dem Tag der Rückkehr Håkons aus England,
am Drammenweg errichteten, königlich oder zu sehr
Floskel ist, sei dahingestellt. Die verwehte Gestalt wurde
von Nils Aas modelliert. Die Palette der Osloer Denkmäler ist jedenfalls weit gefächert.

Kehren wir zur Karl Johan zurück, deren Nordseite
mit Geschäften und Gastwirtschaften dicht besetzt ist, so
treffen wir dort noch einen gewichtigen Herrn in Bronze,
sitzend, an, 1960 von A. Borgfelt und Per Hurun hier
plaziert: Christian Krohg, der nicht nur Maler und Akademiedirektor war, sondern sich auch in der Schriftstelle-
rei übte. Sommerzeitlich ist er dicht bedrängt durch einen
Biergarten. Das wäre seinem Altersgenossen Max Lieber-
mann ein willkommenes Motiv gewesen. Krohg suchte,

freilich aus gemessenem Abstand, sozialkritische Themen, und es ging dabei nicht ohne Pathos ab. Aber nun
muß er jugendliches Geschnatter unter und über sich ergehen lassen.

Wir wenden uns dem bulligen *Rathaus* zu. Dieser
mächtige Backsteinklotz, ein Riegel mit zwei Türmen wie
eine Sperre vor der Stadt, ist mit erstaunlicher Brutalität
in ein bis dahin unauffälliges Straßengewirr, das nicht
mehr Christians IV. Rechtwinkligkeit besaß, von 1931
bis 1950 von A. Arneberg und M. Poulsson hingesetzt
worden. Während das Stockholmer Stadthaus trotz aller
Größe von einer fast schwebenden Leichtigkeit ist und
die Apologeten des Backsteinbaus in Hamburg auch bei
riesigen Dimensionen noch guten städtebaulichen Zuschnitt fanden, ist hier nun alles übertrieben. Im Innern,
in dem sich 28 Maler und Bildhauer betätigten, wahl-
weise aus nordischen Mythologien, aus Geschichte und
Gegenwart ihre Themen suchten – sozialistische Tendenzen sind dabei deutlich – ist es überbunt und nicht immer
geschmackvoll. Die in Scharen hindurchgeführten Besucher mögen sich wie Ameisen empfinden und über die
Hypertrophie der Verwaltung sinnen. Wie zart ist dem-
gegenüber das gleichzeitige Rathaus im dänischen Århus,
das sich seinerseits mit norwegischem Marmor verkleidete, oder das Innere der ebenfalls gleichzeitigen Erweiterung des Göteborger Rathauses. Vor dem Rathaus gibt es
wieder zahlreiche Plastiken, an der Westseite das von
Anne Grimdalen geschaffene Reiterstandbild des Harald
Hårdråde, des Gestrengen, der 1048 Oslo gegründet haben soll, an der Südseite der von Harald gekürte heilige
Halvard, wohl als Stadtpatron, im übrigen sind es füllige
Nuditäten, die Lebensfreude signalisieren sollen, aber oft
lange unter Schnee liegen müssen.

Immerhin wird im Rathaus auf Geschichtliches verwiesen, und das findet sehr nahe dabei in Akershus seine Dokumentation. Diese hochgelegene Burg hat Håkon v. in den ersten Jahren des 14. Jahrhunderts gebaut. Es ist oder war eine turmbewehrte Palasburg, wie sie nach 1300 Brauch wurde, kein übermäßiges Werk, weniger imposant als die Stadtburgen in Stockholm und Kopenhagen, doch Rittersaal, Kemenate und Kapelle waren da, und der Nord- und Westflügel zeigen heute noch am ehesten alte Gestalt. 1527 brannte Akershus ab und wurde sehr zögernd wiederhergestellt und dabei teilweise umgestaltet; mit der Errichtung des »blauen Turms« erhielt es 1623 einen neuen, nun mehr dekorativen als fortifikatorischen Akzent. Wichtiger schien es Christian iv., der sich die grimmige Feindschaft der Schweden eingehandelt hatte, daß das Vorfeld seiner Stadt nach Süden längs Fjord und Bucht neuzeitlich befestigt wurde. Akershus bewahrte aber seinen Kern von mittelalterlichem Ansehen und wurde kein Schloß von der Opulenz der seeländischen Königsbauten. Immerhin widerstand es dem nun folgenden kriegerischen Jahrhundert und wurde nie erobert. Aber schließlich residierte auch kein König mehr in ihm, und nach 1815 stand es beinahe leer. Von 1915 bis 1922 wurde es restauriert und wird nun gern zu offiziellen Empfängen genutzt. Es zeigen sich würdige, mit dunklem Paneelwerk ausgestaltete Säle, darunter der Margaretha-Saal, der Christian iv.-Saal und der Romerike-Saal. In der Königskapelle wurden Håkon vii., Königin Maud und Prinzessin Mårta beigesetzt.

Am Eingang zum Burgkomplex findet sich »Norges Hjemmefrontmuseum«, das anhand vieler Dokumente und Modelle den Widerstand Norwegens während der deutschen Besetzung von 1940 bis 1945 zeigt, und auch das »Hærmuseet«, das Armeemuseum, ist in Akershus untergebracht. Nun liegt Frieden hinter den Wällen und das ragende Mauerwerk der Burg wird als Relikt ferner Vergangenheit gesehen. Kein König will mehr wie einst Harald Hårdråde »von dort aus Dänemark gut angreifen«; auf den alten, nun bunt bemalten Kanonen klettern Kinder herum, man schaut zu den Fährschiffen im Hafen hinüber, und in den Straßen, die zum Akershus gehören und deren biedermeierliche Häuser tatsächlich noch militärische Dienststellen und auch den Reichsantiquar aufnehmen, meint man Verwunschenes wie im Märchen zu spüren. »Akershus, dein grau Gemäuer träumt von Tagen, die entflogen.« (Ibsen)

Wandert man dann vom Festungskern ostwärts durch die Bischofsgate, kommt man zu einer noch älteren Schicht in Oslos Geschichte, zum *Ruinenpark* und *Ladegård*. Ladegård ist zwar ein Barockpalais aus dem beginnenden 18. Jahrhundert, aber die mittelalterlichen Kellergewölbe zeugen von anderer Bedeutung. An dieser Stelle stand die frühe Bischofsburg, und das Trümmerfeld nahebei weist auf das alte, hier gelegene Oslo. Es ist nicht gerade ein Pompeji zutage getreten, immerhin sind die Grundmauern des Sankt Halvardsdoms, in der Håkon V. 1299 gekrönt wurde, des St. Olavsklosters und der Kreuzkirche gefunden worden. Man wird sich dieses Ruinenwerk aus dem 12. und 13. Jahrhundert erläutern lassen, um zu anschaulichen Vorstellungen zu kommen. Eine als Kapitell gebundene Steinplastik, die man hier aufstöberte, »der Teufel von Oslo«, ist in dem neuen Dom versetzt. Oslo war kirchliches Zentrum und Bischofstadt, dahinter standen die Zisterzienser, die früh zu einigen Gründungen in Norwegen gekommen waren. Nahe diesem Alt-Oslo finden sich auf der Insel Hovedøya die Ruinen der Zisterzienser-Abtei, die 1147 noch zu Lebzeiten Bernhards von Clairvaux als Tochter des großen englischen Klosters Fountains Abbey gegründet wurde; ein Jahr zuvor war gleichfalls von dort das Lysekloster bei Bergen besetzt worden.

Außerhalb der damaligen Stadt, nördlich des nunmehrigen Vår Frelsers Gravlund, dem Friedhof der Dichter Wergeland, Ibsen und Björnson, steht ein anderer in den Kernmauern alter und stattlicher Kirchenbau noch aufrecht, die durch einen Chorturm ausgewiesene dreischiffige Gamle Aker Kirke. Ihr wird sogar das 11. Jahrhundert zugestanden, und sie ist damit Norwegens älteste noch benutzte Steinkirche, denn die Mosterkirche in Sunnhordland an der Westküste, mit der der Name Olaf Tryggvason und das Datum 996 verbunden sind, hat ihre nunmehrige Gestalt wohl erst um 1100 gewonnen. Die Osloer Akerskirche zeigt in der Anlage bei aller Schlichtheit einen anglo-normannischen Zuschnitt. Sie ist im 19. und 20. Jahrhundert mit viel Verständnis restauriert worden, und ihre Akanthuskanzel hat hohe Qualität.

Die neuen Kirchenbauten des letzten Säkulums, das Oslo wieder zur Hauptstadt werden ließ, können wir übergehen, den gotisierenden Kuppelbau der Dreifaltigkeitskirche nur deswegen erwähnen, weil er wieder auf Intentionen des Alexis de Chateauneuf zurückgeht und von seinem Assistenten, dem Hamburger A. F. W. von Hanno, ausgeführt wurde. Bedeutsamer zwar war der Leipziger H. E. Schirmer, der aus Anlaß der Restaurierung des Trondheimer Doms nach Oslo kam und dann hier nach einer Studienreise nach England und zur Normandie viel und mit großer Anerkennung auch im Kirchenbau beschäftigt war. Der Kritiker Gunnar Heiberg allerdings sprach etwas abfällig von einer »deutsch-norwegischen« Architektur.

Aber Heiberg erwärmte sich für Gustav Vigeland (1869-1943), der als phantasievoller Bildhauer begann, 1892 in Paris Rodin aufsuchte und sich dann in Berlin und Florenz umsah. Vielleicht hat er zuviel gelesen und griff zu hoch. Es waren zuerst lockere Kompositionen und bewegte, an Rodin gemahnende Formen. Der junge Vigeland wußte seine Themen noch psychisch zu durchdringen und war deshalb auch ein guter Porträtist. Man erwartete viel von ihm. Er war unermüdlich fleißig, das *Vigelandmuseum* in der Nobelgate mit 1550 Skulpturen und tausenden von Skizzen beweist es. Bald wurde er aber von der Idee besessen, einen gigantischen Brunnen zu errichten. Er sollte das menschliche Leben in all seinen Phasen zum Thema haben und vor dem Parlament Aufstellung finden. Die Aufgabe beschäftigte Vigeland sehr, aber mit dem immer umfänglicher werdenden Plan wurden die Formen immer leerer. An die Stelle des Brunnens vor dem Storting trat die Vorstellung von einem Park: Eine Brücke führt nun zum »Labyrinth« mit dem Brunnen in der Mitte, weiter geht es über Terrassen zum siebzehn Meter hohen Monolithen aus 121 in sich verschlungenen menschlichen Gestalten und schließlich zum Lebensrad. Das ist die von 1923 bis 1945 entstandene Vigeland-Anlage im *Frognerpark*, die die Stadt Oslo guthieß. Über sechshundert Meter Wegstrecke häuft sich Figurenplastik aus Stein, Eisen und Bronze. Eine großgedachte Apotheose des Menschseins von der vorbewußten Kindheit bis zur nachsinnenden Ruhe oder Senilität des Alters? Dem in einem engen Pietismus und puritanisch erzogenen Vigeland, der eigentlich Gustav Thorsen hieß und sich nach seinem Heimatort bei Mandal Vigeland nannte, galt in diesem Glauben die Frau als unrein und dem Bösen verbunden; die Apotheose ewiger hellenischer

Schönheit lag ihm fern, die Nacktheit, die er hier vor-
führte, ist auch kaum die des Paradieses, eher die eines
überfüllten Hallenbades. Sein Freund aus den Berliner
Tagen, der Pole Przybyszewski, auch mit Munch be-
freundet, deutet es von der norwegischen Herkunft her,
»vom Land eines furchtbaren Ernstes und einer harten
schweren Melancholie, es ist das tragischste Land von
Europa«. Aber Edvard Munch nahm doch einen ganz
anderen Weg, obwohl es ihm schwerer gemacht worden
war. Die Unmenge der Figuren im Frognerpark sind
Männer, wie Berufsringer mit viel Nacken und niedriger
Stirn, die Frauen sehen vollends ins Leere, Kinder werden
wie lederne Bälle geworfen. Es ist viel Gebolze, und in
der Lebenssäule, die sich wie ein Phallus reckt, Gekröse.
Vigeland selbst glaubte, »zum Licht empor« zu führen.
Aber die plastische Form verliert nun allen Reiz und de-
gradiert zur Dicklichkeit. »Une sorte de Rodin de Néan-
dertal« meinte Sylvain Pivot von Vigeland, andere haben
sich zum Titel eines »Michelangelo des 20. Jahrhunderts« verstiegen, doch es ist kein Archaisieren, um zu
stärkerem Ausdruck zu gelangen. Oder meinte Vigeland,
Aristide Maillol übertrumpfen zu können? Die Mammut-
idee Vigelands und die Gigantomanie, die in ihm angelegt war, haben offensichtlich die Formkraft krankhaft
überwuchert. Aber wir erinnern uns des Osloer Rathauses. Ist solche Übersteigerung der Maße norwegisch oder
ein Fluch Oslos? Der Vigelandpark wird gern als etwas
Einmaliges angepriesen; es genügt wohl auch, ihn ein für
alle Male aufzusuchen. Es empfiehlt sich dann aber, auch
das dabei gelegene Vigeland-Museum zu besuchen, um
den Weg des Künstlers zu verfolgen, den man zu früh als
Genie bewundert hat.

Vom Frognerpark nimmt man die Richtung auf den Holmenkollen, der 1892 erbauten und wiederholt erweiterten Skisprungschanze, die sich auch im Sommer als Ausflugsziel empfiehlt, denn unter der Schanze ist das *Skimuseum,* das die Skier aus aller Welt gesammelt hat, die Polarausrüstung von Nansen und Amundsen zeigt und

mit einer Felszeichnung aus Rødøy darauf hinweist, daß das Skilaufen schon dem bronzezeitlichen Norweger bekannt war.

Der als kostbare Reliquie gezeigte Ski von Øvrebø, ein Moorfund, ist auch bereits 2500 Jahre alt. Das wird den Sportsfreund hell begeistern, aber auch andere Besucher finden am Holmenkollen, der aus uraltem vulkanischen Gestein besteht, Außergewöhnliches. Einige sehr gute Aussichtsmöglichkeiten, etwa vom Grefsenkollen, über den Oslofjord und die Berge ringsum bieten sich an. Da laden zwölf Tafeln zu einem Spaziergang am Westufer des Sognsvatns ein, und wenn man sich an die blauen Markierungen an den Bäumen hält, findet man sie leicht. Sie berichten von der Geologie dieser Landschaft und geben Hinweise auf Sehenswertes. Da erfährt man von den 350 Millionen Jahren, als Kalkstein und Schiefer aus dem Kambro-Silur entstanden, von den Eruptionen im Perm vor 200 Millionen Jahren, von dem Entstehen der heutigen Landschaft vor 10000 Jahren und manches mehr. Wer fragt in Norwegen nicht danach, wie das Wunder der uns umgebenden Schönheit entstanden ist?

Die Texte sind zwar norwegisch, aber der Automobilclub KNA, dessen Büro sich im KNA-Hotellet am Parkveien nahe dem königlichen Schloß befindet, gibt sie auch in deutsch.

Eine stumme Stadt

Damit sind wir wieder in der Stadt, von der nicht nur Knut Hamsun gesagt hat, sie sei seltsam und entlasse keinen, ehe er nicht von ihr gezeichnet worden sei. Außerhalb der Karl Johan ist es eine stumme Stadt, die Türen der langen grauen Häuserreihen scheinen verschlossen. Man hat die Wohnklötze des 19. Jahrhunderts zwar in ganzen Folgen abgerissen, aber die Betonburgen des zwanzigsten sind nicht freundlicher und ohne alle Originalität. Doch man muß die Schwierigkeiten sehen, die sich in dieser Stadt mehr als anderswo ergaben. Da war die Wohnungsnot. 1950 fehlten nach den Erhebungen der Behörden 250 000 Wohnungen, und immer mehr Menschen, die bisher draußen an den Fjorden wenig ertragreiche Landwirtschaft betrieben hatten, drängten in die Hauptstadt. Der Ingenieur Olav Selvaag predigte deshalb einfache Bauart, um mit dem knappen Geld der Kommune und der Wohnungsreflektanten ein Maximum von Wohnungen zu schaffen. Er brachte es mit Standardhäusern, die nicht Jahrhunderte, sondern vielleicht nur zwanzig oder dreißig Jahre halten sollten, zustande, Wohnraum zu schaffen. Nicht Schönheit galt, sondern Ökonomie. Selvaag blieb dabei vielleicht in der Osloer Tradition, wenn er dazu meinte: »In hundert Jahren werden unsere Nachfahren sowieso mit großem Eifer alles abreißen, was dann noch steht.« Es verlohnt sich also nicht, durch Oslos Straßen zu flanieren, so wie man es in Kopenhagen tut, und auch Stockholms Trabantenstädte sind deutlicher auf attraktive Gesamtform hinzielend angelegt worden. Ausnahmen in Oslo sind das stille

Bergfjerdingen-Viertel und das Damstredet. Der Osloer verbringt seine Freizeit lieber in der freien Natur. Die Stadt, deren Boden ohnehin mehr als zur Hälfte noch aus Wald besteht, macht ihm das nicht schwer. Dichte Besiedelung machen nur zwanzig Prozent aus. Der Tourist wird auf die Museen verwiesen, die zum Teil schon mehr als hundert Jahre bestehen. Die Sammlungen der Museumshalbinsel Bygdøy sind zwar etwas jünger, aber zu gewichtig, um sie nicht voranzustellen. Im Villenort Bygdøy empfiehlt sich auch ein Spaziergang durch die Straßen, und sonntags kann man sogar das um 1850 erbaute neugotische Königsschloß Oscarshall und seine Gemäldegalerie besichtigen.

Nochmals Museen

Deshalb seien noch diejenigen Museen genannt, die wir auf unseren Spaziergängen noch nicht berührt haben. Wohl haben wir uns schon mit Edvard Munch beschäftigt, seine Bilder in der Nationalgalerie und das große Werk in der Universitätsaula gesehen, aber sein eigenes *Munch-Museum* in der Tøyengata noch nicht besucht, das inmitten eines Viertels der kleinen Leute und Arbeiter liegt, in dem Munch mit seinen Problemen und Erlebnissen zuhause war. Munch hinterließ seine Bilder, von denen er sich zu Lebzeiten schwer trennen konnte, der Stadt Oslo, und diese errichtete dafür 1963 ein sehr modernes und bis in die späten Abendstunden geöffnetes, frei zugängliches Museum. Die etwa 1100 Bilder, 4500 Zeichnungen und an die 15000 Graphiken können nur in Auswahl und im Wechsel gezeigt werden. Es fasziniert die Erlebnisweite, und aus der großen Schar der Munchverehrer findet sich hier immer eine größere Besucherzahl als in der Nationalgalerie, von der wohl die Meinung umgeht, daß sie mehr den Traditionalisten gilt. Eine

11

EDVARD MUNCH

(1863-1944)

Oslofjord von Ljan aus gesehen
(»Eisenbahnrauch«) 1900

Gemälde, 84 x 109 cm

Munch-Museum, Oslo

große Sammlung von Munchs Graphik findet man auch in dem Studentenhotel in Blindern.

Nahe dem Munchmuseum liegt im Botanischen Garten auch das Mineralogische und das schon 1813 gegründete Zoologische Museum. Mit dem Mineralogischen Museum ist das Paläontologische Museum mit Belegen sehr seltener Tiere und urzeitlicher Fische verbunden. Man wird diese Sammlungen aber kaum am gleichen Tage wie das Munch-Museum besuchen können. Auch die Sammlung der Landschaftsbilder von Amaldus Nielsen (1838-1932), eines gelehrigen Schülers von Hans Gude, die als Stiftung der Familie an die Stadt Oslo neben dem Munchmuseum untergebracht ist, wird man für eine andere Gelegenheit aufheben müssen.

Wir nennen weitere Museen. Oslos Stadtmuseum ist in dem alten Haus von Frogner, also nahe dem schon erwähnten Vigelandmuseum eingerichtet. Es zeigt in einer ganzen Raumfolge die Entwicklung des Wohnens und Lebens in Oslo vor allem vom endenden 18. bis zum beginnenden 19. Jahrhundert, und wer daran Gefallen findet, mag anschließend die Bogstad-Stiftung besuchen. Dieses schöne Haus hat noch sein originales Inventar der gleichen Zeit, es wird vom Folkemuseum Bygdøy betreut, liegt aber in Sørkedalen, zehn Kilometer vom Stadtzentrum entfernt. Natürlich gibt es auch ein Theatermuseum. Das wieder ist in einem alten Haus in der Slottsgate untergebracht. Es gibt ferner ein Norsk Filminstitut mit Museum, es ist das einzige in dem kinofreundlichen Norwegen. Viel besucht wird auch das 1914 gegründete Technische Museum in der Frystikkalléen, das von Industrie und Handwerk berichtet; ein Neubau in Frysja ist im Gange. Schließlich seien als weitere Museen das Postmuseum genannt, wo man sich über alle norwegischen Briefmarken informieren kann – die Zahl der ausländischen Briefmarken, die nicht übersehen werden, erhöht sich täglich um fünf Neuausgaben – und wo man auch etwas darüber erfährt, wie lange vor der Einrichtung der Hurtigroute die Post in Norwegen, besonders zur Winterzeit, brauchte, bis sie den Adressaten erreichte; es konnten Monate sein. Das Norwegische Zollmuseum wäre zu nennen, und dann gibt es in diesem Land, das sich lange mit der Prohibition schwertat, weil der Alkohol in den langen Wintermonaten zu einer Volksgefahr wurde, ein Weinmonopol-Museum, für dessen Besuch man sich aber vorher anmelden muß. Doch der Kampf gegen den Alkohol ist nun nicht mehr heftig, das Norwegen unserer Tage reguliert die Nachfrage über den steigenden Preis.

Bergen

Sie nennt sich die Hauptstadt des Fjordlandes, dabei war sie, um 1070 gegründet, bis 1932 ohne jede Straßenverbindung mit dem übrigen Norwegen. Die Könige, die hier im 12. und 13. Jahrhundert residierten, blieben auf ihre Schiffe angewiesen. Der Dichter Holberg, der Maler Dahl und der Musiker Grieg waren eher in Kopenhagen, Dresden und Leipzig als in Christiania zu Hause. Wird der Bergenser nach seiner Identität befragt, ist er zuerst eben Bergenser. Die Leute aus dem Osten des Landes glauben die Bergenser sofort zu erkennen, etwas schlaksig, mit einem redseligen Mund und den leicht vorstehenden Backenknochen, immer auf Geschäftigkeit aus und mit Lust schlagfertig. Mißgünstige erklären sie als ein Produkt aus Norddeutschen, Holländern und Schotten.

Doch der civis bergensis liebt seine Stadt und hält sie für die schönste – nicht nur Norwegens. Sie ist schließlich auch die einzige Stadt Norwegens, die Braun und Hogenberg Ende des 16. Jahrhunderts in ihrem Großwerk »Civitates Orbis Terrarum« im Bilde aufgenommen haben. Sie, das Bjørgvin, liegt *zwischen* den Bergen – die der Stadt also nicht den Namen gaben und deren man sieben von ihr aus zählen kann –, sie ist ganz dem Meer zugewandt und durch Inseln geschützt. Sie hat einen äußerst günstigen Naturhafen, den Vågen, an dessen Kais sich einst die Hansekaufleute den besten Platz aussuchten, die aber auch dem täglichen Fischmarkt genügend Raum boten, auf dem heute die Blumen eine fast ebenso wichtige Rolle spielen. Es gibt Parks mit Springbrunnen und breiten Promenaden, es gibt alte Baudenkmäler, Kirchen vom Mittelalter bis in das 18. Jahrhundert, mehr als in Oslo, es gibt interessante Museen, und einmalig ist, daß aus diesen Museen die Universität erwuchs. Man kann mit Recht Bergen als die verlockendste Stadt Norwegens ansehen. Am Marktplatz hat sie Ludvig Holberg als ihrem Dichter ein Standbild gesetzt, bescheidener als das in Oslo, und nahebei am Torgalmenning weniger bescheiden ein blockhaftes Denkmal zu Ehren der pragmatischen Bergenser, der Seeleute, Fischer und Kaufleute, die im Laufe der Jahrhunderte auf See geblieben sind. Es ist 1948 von Dyre Vaa geschaffen worden.

Bergen steht in dem Ruf, Norwegens regenreichste Stadt zu sein, statistisch aber wird es darin von Masfjorden übertroffen. Doch es ist eine böswillige Übertreibung, daß in Bergen die Droschkenpferde vor jedem scheuten, der keinen Regenschirm trägt. Der Regen ist der Preis für Bergens schöne Lage, der Westwind treibt die Wolken vor sich her, und sie kommen dann über die 700 bis 1300 Meter hohen Berge nicht hinweg. Aber während des internationalen Kunstfestivals zur Wende des Mai zum Juni und auch im Juni selbst pflegt die Sonne herrlich zu scheinen. Im übrigen hat der Regen in Bergen eine eigene Philosophie hervorgebracht; ein solcher Wahrheitssucher hat siebenundzwanzig Arten von Regen herausgefunden. Wir nennen nur wenige. Er kann, bei Staub- und Sprühregen so warm und weich rieseln, daß man ihn bald gar nicht mehr achtet, er kann als Guß-, Sturz- oder Platzregen kundtun, daß er sich nicht lange aufhalten will, er kann schließlich im Herbst ungehalten prasseln. Wenn die Dichte dann nachläßt, spürt man ihn kaum noch. Der Regen ist vielleicht Anlaß, daß es in Bergen eine Unzahl von Cafés gibt, viel dichter beieinander als in Oslo. Da kann man dann das species bergensis studieren und finden, daß dieses aufgeschlossen zur Un-

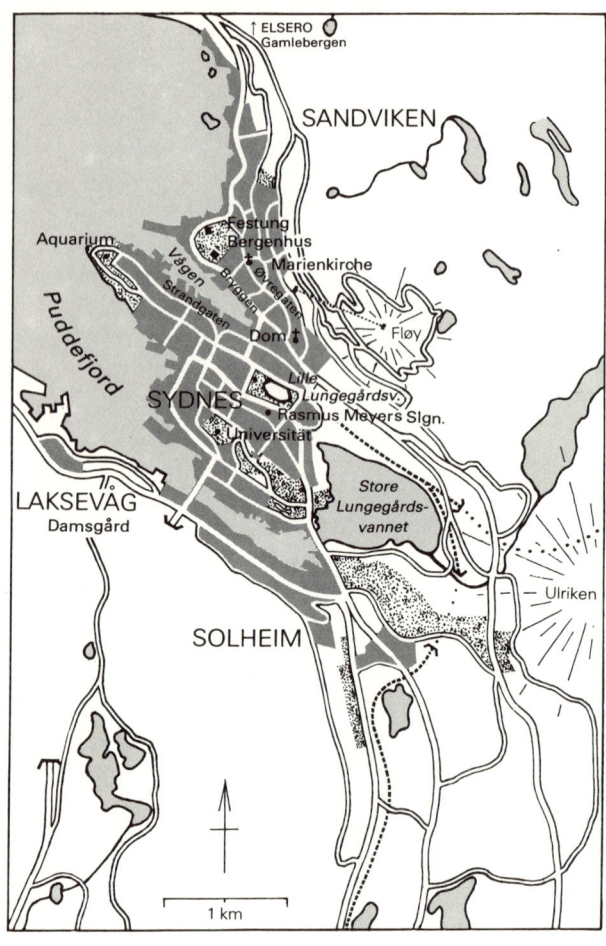

Die Lage Bergens

terhaltung mit jedwedem ist, was man sonst vom Norweger nicht gerade behaupten kann.

Bergenhus

Schon die alte Festung Bergenhus, mit der Fremdenfüh-
rungen in Bergen zu beginnen pflegen, ist nun der Unterhaltung gewidmet. Bergenhus ist zu einem eindrucksvollen Konzertsaal hergerichtet, und auch große Bankette
mit und ohne königliche Anwesenheit finden hier statt.
Diese Festung, offener als Oslos Akershus, obwohl älter,
umschließt die 1247/48 erbaute Håkonshalle (Håkon IV.
1217-1263). Diese ist ein großer Saal mit hohen und
weitläufigen Kellerräumen darunter. Schon die breit ge-
öffneten spitzbogigen Fenster und besonders das mit
netzartig gedoppeltem Maßwerk vertiefte Westfenster
des Saales zeigen die englischen Voraussetzungen dieser
Architektur, die Baumeister dürften von der britischen
Insel herübergekommen sein. Die Håkonshalle, schon oft
restauriert, was 1880 besonders gründlich geschah,
wurde 1944, als ein Schiff mit deutscher Munition im
Hafen explodierte, arg zerstört, ist aber dann 1957-61
mit viel Takt wieder aufgebaut worden. Der davor sich
aufreckende und den Zugang zu Bergenhus flankierende
Rosenkrantzturm birgt noch einen auf Håkon zurückge-
henden Kern, aber er wurde 1562-68 verbreitert und
fünfgeschossig aufgestockt, damit er dem Lehnsherrn
Erik Rosenkrantz als sichere Wohnung dienen konnte.
Auch dieser verschrieb sich noch Maurermeister und
Steinhauer aus Schottland. Bauten des 18. Jahrhunderts
runden das Ensemble ab.

Håkon IV., unter dem Norwegen seine größte Ausdehnung erreichte, Island und Grönland gewann, und bei
dessen Krönung der päpstliche Gesandte, Kardinal Wilhelm von Sabina, über die vielen Schiffe und fremden

Kaufleute in Bergen staunte, schloß 1250 einen Handelsvertrag mit Lübeck und öffnete damit der Hanse den
Weg zur Macht an den nordischen Küsten. Zwar hatten
die Deutschen neben den Engländern schon vorher in
Bergen gehandelt, Salz und Getreide gebracht und Fische,
Heringe und Kabeljau als Stockfische mitgenommen. Sie
kamen im Frühsommer und kehrten bald heim. Nun aber
wurde der Handel schlüssig organisiert. Die Hansekaufleute, die in Lübeck als ›Bergenfahrer‹ schließlich eine
ganze Gilde darstellten, garantierten den Fischern, die
von den Lofoten und dem Nordland Bergen anliefen,
nicht nur das Salz, das zur Konservierung unentbehrlich
war, sie gaben auch Vorschüsse auf künftigen Fang und
bekamen dafür Handelsmonopole. Es war Geschäft auf
Gegenseitigkeit. 1294 erhielten sie einen weiteren königlichen Freibrief, der ihnen auch einige Steuern erließ. Sie
erwarben von den Eingesessenen die Häuser am östlichen
Hafenufer, die schön auf aufgeschüttetem, in das Wasser
vorgeschobenem Boden standen, bauten sie zu Lagerhäu-
sern aus und besetzten sie mit den eigenen »Kopgesellen«. Das waren die gebretterten Giebelhäuser von achtzehn bis zwanzig Meter Breite und hundert Meter Tiefe,
eines neben dem anderen. Diese Straße, die nach Bränden
mehrfach wieder aufgebaut wurde, führte den Namen
»Tyskebryggen«; heute begnügt man sich mit der kürze-
ren Bezeichnung »Bryggen«. In der Nähe der Kaufleute
siedelten dann auch deutsche Handwerker, es sollen
schließlich am Ende des Mittelalters an die zweitausend
Deutsche in Bergen ansässig gewesen sein, viel in einer
Stadt mit damals kaum mehr als zehntausend Einwohnern.

Daß solche Massierung Widerstand weckte, ist verständlich. 1264 schon und 1284 wieder suchten die Norweger die ausgehandelten Rechte der Hansekaufleute zu beschneiden, worauf die Lübecker die Getreidezufuhr drosselten, bis die Norweger nachgaben. Bei neuerlichen Differenzen, diesmal mit der Stadt Brügge, unterstellten sich die Hansekaufleute 1356 der Fürsorge ihrer Städte, aus der Kaufmannshanse wurde eine Städtehanse, und das bedeutete konsolidierte Macht. Zwar haben die norwegischen Könige die deutsche Brücke in Bergen nie als exterritorial anerkannt, aber doch zusehen müssen, daß hier lübisches und nicht norwegisches Recht galt und das Hansekapital regierte. 1559 begann der königliche Lehnsherr die Privilegien der Deutschen einzuschränken, was aber die Handelsbeziehungen erst mit großer Verzögerung traf. Doch es gab der Einwände genug. Die Bewohner der deutschen Brücke unterstanden den auf Lebenszeit gewählten Oldermännern und schließlich dem Rat von Lübeck. Die Kopgesellen mußten unverheiratet bleiben, um nicht durch Ehen mit Norwegerinnen die unabhängige Stellung des Kontors in Bergen zu gefährden. Es war also eine rüde Männergesellschaft, bei der Neuankömmlinge rohe Aufnahmeriten durchzustehen hatten, in der Biergelage ohne Ende stattfanden und die Bordelle rund um den Hafen sich mehrten. Regierung und Kirche protestierten immerzu, aber erst 1671, nachdem es 1559 bei Halbheiten geblieben war und um 1630 das »teutsche Contor« wieder drei Kompanien zur Verteidigung der Stadt ausrüsten konnte, kam es zu Verboten der immer mehr ausartenden Gebräuche, und 1754 schließlich wurde das Hansekontor norwegischem Recht unterstellt und der Besitz privatisiert. Der Bergener Poet Ludvig Holberg blickte noch mit Entsetzen auf die

»Bergener Spiele« der Bryggenbewohner und war auf die
Deutschen schlecht zu sprechen. Doch 1599 hatte Christian IV. den »Burg- und Staupspielen« der hansischen
Kaufmannsgesellen belustigt zugesehen. Sie führten damals auch »Comedien und Tragedien«, Narren- und My-
sterienspiele auf, um die dunklen Tage zu füllen.

Tyskebryggen ist – das Schicksal von eng gestellten
Holzhäusern – oft abgebrannt, aber immer der Tradition
gemäß wiederaufgebaut worden. Das, was nun noch
museal gezeigt wird – die letzten Brände brachen 1955
und 1958 aus – entstand auch erst nach einem Brand von
1702, nämlich der Finnegård, der immerhin am besten
erhalten war. 1872 wurde das Haus als instruktives Han-
seatisches Museum eingerichtet, ihm zugehörig ist die
Skøtstue (Schüttingstube), Øvregaten 50, an der Marienkirche, das »Klubhaus«, das bis 1840 genutzt wurde. Der
Stil beider Häuser ist der des späteren 16. Jahrhunderts,
als der Glanz der Hanse schon verblaßte, da ihre Privilegien in Bergen durchlöchert waren. 1438 hatte sich in
Amsterdam eine nichthansische Gruppe von Bergenfah-
rern gebildet und 1535 war auch in Hamburg eine Ber-
genfahrer-Kompanie gegründet worden, die beide an den
ohnehin beschnittenen hansischen Vorrechten zehrten.
Allerdings so viele Königsbilder, wie im Hanseatischen
Museum hängen, gab es in einem echten Hansekontor
wohl zu keiner Zeit. Doch das Haus vermittelt mit seinen
engen und niedrigen unbeheizten Wohnräumen im Obergeschoß, mit den kargen, dunklen Schlafstellen, aber seinen weitläufigen Lägern und der dargebotenen Opulenz
außerhalb der Kammern eine Vorstellung vom Leben der
jungen Hanseaten, die, um vollberechtigte Kaufleute zu
werden, erst einmal die Lehre in Bergen absolvieren mußten. In der Skøtstue gibt es noch manchen Hinweis auf
das rauhe Regiment im »gemütlichen« Beisammensein,
für Feinfühlige eine wahre Tortur.

Hinter Bryggen liegt die »Tyske Kirke«, 1408 vom Bischof Bergens als Kirche der Deutschen bestimmt und dies bis 1766 geblieben. Aber sie stammt schon aus dem 12. Jahrhundert und war als *Marienkirche* wohl die erste Pfarrkirche der Stadt. Vor ihr lag die Siedlung, die heute ausgegraben wird. Diese besteht aus kleinen, eng benachbarten Holzhäusern aus der Jahrtausendwende, so bemessen, wie die Baumstämme es bedingten, die man zu Blockbauten schichtete und verklammerte, und das reichte nicht weit, ergab nur jeweils einen Raum. Über solchen geduckten und dunklen Häusern erhob sich, für die Ewigkeit geltend, der Steinbau der Kirche mit einer Zweiturmfront von besonderem Anspruch. Die Anlage als dreischiffige Basilika kam ihr als Stadtkirche zu. Aber während die Dome in Trondheim und Stavanger im 12. Jahrhundert, und auch Oslos bescheidenere Gamle Aker Kirke, vom Englischen her inspiriert waren und auch die ersten Mönchskonvente von der britischen Insel kamen, fällt in Bergens Marienkirche Verschiedenes auf. Anstelle der im Englischen üblichen Säulen tragen hier kreuzförmige Pfeiler den Obergaden des Mittelschiffes, und das prächtige Portal zum südlichen Seitenschiff ist in der Folge von Pfeilern und eingestellten Säulen deutlich ein Stufenportal, das vielleicht erst am Ende des 12. Jahrhunderts seine Form gewann. Man will es als eine Nachfolge der Portale am Dom zu Lund verstehen und spricht von Lombardischem. Aber die Steinmetzen in Lund kamen von den Bauhütten in Speyer und Mainz, und Stufenportale sind im allgemeinen ein Hinweis auf deutsche Romanik; die Pfeiler im Innern deuten auf Gleiches. Zum anderen ist aber auch Englisches am südlichen Seitenschiff nicht zu übersehen. Offenbar war an Bergens Marienkirche eine nach Herkunft sehr gemischte Arbeits-

gruppe am Werk. 1198 und 1248 trafen Feuersbrünste
die Kirche, und vielleicht erhielt sie schon um 1200 das
Gewölbe mit den breiten burgundischen Rippen und sehr
massigen Schalen. Aus Anlaß dieses Gewölbebaus im
Langhaus ist sicherlich auch der Obergaden in seiner un-
gewohnten emporenartigen Form entstanden. So kam es
zu diesem eigentümlich gedrungenen Raum, den schließlich die deutschen Kaufleute als ihre Kirche übernahmen.

Sie bestimmten dann auch die Ausstattung. Aus dem
Ende des 15. Jahrhunderts stammt der Flügelaltar. Er ist
mit der verherrlichten Madonna in der Mitte, mit den
Heiligen Olav, Antonius, Katharina und Barbara im
Schrein und den Aposteln in den Flügeln ein buntes
Schnitzwerk lübischer Herkunft. Norwegische Forscher
sahen in Berndt Notke, der damals den Drachenkampf
des St. Georg in Stockholm schnitzte und vorher den
Hochaltar der Nikolaikirche in Reval geliefert hatte, den
Meister. Der Marienaltar in Bergen ist sicherlich nicht
von Notke, sondern einem anderen und zunftgebunde-
nen Lübecker Schnitzer um 1470. Auch die mächtige
Kanzel stifteten 1676 Kaufleute der Deutschen Brücke
und achteten darauf, daß sie ein exklusives Werk mit
Schildpatteinlagen und Lackarbeit bekamen. Epitaphien
zu Ehren der Kaufherren hängen an Pfeilern und Wänden, bieder norddeutsch gemalt. Auch anspruchsvollere
Maler, wie der aus Stralsund gekommene Salomon von
Haven (†1670) und seine Söhne Lambert (†1695) und
Michael (†1683), von denen Lambert später in Kopenhagen zu Ruhm kam, haben die deutschen Kaufleute und
Theologen gemalt, und ihr Zeitgenosse Elias Fiigenschoug bringt Farbe und Pathos eines Rubens in die sonst
so steif-seriös sich vorstellende Gesellschaft hinein. Obwohl viele dieser Malwerke aus Anlaß der Restaurierung
der Marienkirche in den sechziger Jahren des 19. Jahrhunderts abgehängt wurden, um das Mauerwerk wieder

sichtbar zu machen, ist es eine Dokumentation der Deutschen an der Bryggen geblieben. Ihre Grabsteine vom 15. bis 17. Jahrhundert sind nun im Chor zusammengetragen, und auch auf dem Friedhof rund um die Kirche kann man noch deutschbeschriftete Stelen lesen.

Die beiden anderen mittelalterlichen Kirchen Bergens sind nicht von gleichem Interesse. Die im 13. Jahrhundert errichtete *Kreuzkirche,* an der Nordecke des Marktes versteckt, ist von Christian IV. völlig umgebaut und erweitert worden, sein Signum steht über dem Spätrenaissanceportal von 1632, das eine gute Steinmetzarbeit ist und von dem Lehnsherrn Jens Juel gestiftet wurde. Die andere, die *Domkirche,* wurde 1536 Bischofssitz. Vorher war die dem heiligen Olav geweihte Kirche Teil des Franziskanerklosters. Sie ist auf der Grundlage eines einschiffigen romanischen Baues errichtet, der bei dem Stadtbrand von 1248 unterging. 1610 wurde ein südliches Seitenschiff angefügt und 1725 wurde der heutige barocke Turmhelm aufgesetzt. Es sei schließlich noch die an der Südseite des Hafens gelegene *Nykirken,* »die neue Kirche«, erwähnt, die 1622 im alten Bischofsgarten erbaut wurde, im Jahr darauf abbrannte, 1702 wiederaufgebaut und erweitert wurde und 1756 wiederum in Flammen aufging. 1758-1761 wurde sie von dem Hamburger Architekten J. J. Reichborn, der in Bergen bald mehrere Aufträge fand, als kreuzförmige Anlage mit hohem Mansarddach und mit einem von Ecklisenen gebundenen Turm an der Südseite neu errichtet. Dieser gewichtige Bau, der selbst vor den ihm näherrückenden Hochhäusern noch bestehen kann, hätte auch in Hamburg-Altona Heimatrecht gewonnen.

Braun-Hogenberg bieten in den »Civitates Orbis Terrarum« 1580 das Bild von Bergen als eines stattlichen
Gemeinwesens, aber von den siebenundzwanzig Kirchen
und Klöstern des Mittelalters sind nicht mehr viele zu
sehen. Eine mächtige Martinikirche ist nahe der Kreuzkirche noch sichtbar, und eine »alte Kirche« beim Dom
wird als Stadtgefängnis angegeben. Die ganze Stadt ist
von einer mächtigen Palisadenwand umzogen. Von dieser Stadtbefestigung sind heute noch ein Stadttor von
1628 und das Haus »Muren« von 1562 erhalten. In diesem hatte Lehnsherr Erik Rosenkrantz einen Festsaal eingebaut; man nahm es also mit der Fortifikation nicht
allzu ernst, obwohl beide Bauten sehr unwirtlich aussehen. Da ist das Alte Rathaus von 1550 besser anzuschauen, von dem danebenstehenden Neuen bleibt nicht
viel in Erinnerung. Doch wer sich Muße nimmt, trifft in
der Stadt noch auf manche stattlichen Bauten des
18. Jahrhunderts, breitgelagerte aus Stein, kleinere aber
aus Holz, beide in trautem Verein stehend. Daß sich die
Stadt im 19. Jahrhundert wirtschaftlich wieder fing, war
ihr zu gönnen, daß sie architektonisch dabei Greuel ein-
handelte, ist allerdings nicht zu übersehen.

Doch es gibt einen Trost. 1934 bildete sich ein Verein
»Gamle Bergen« und nordwestlich hinter Bergenhus entstand in Elsero, dem parkartigen Besitz der Reederfamilie
Rolfsen, ein Freilichtmuseum bürgerlicher Bauten des
18. Jahrhunderts, etwa fünfzig sollen zusammenkom-
men, in der Mehrzahl Holzhäuser und weiß gestrichen,
wie es damals üblich geworden war, sehr unterschiedlich
zum dunklen Kolorit der Bryggenhäuser. Aber es sind
nicht nur zu Straßenfluchten geordnete Schaufronten mit
großen Fenstern und lustigen Dachausbauten, wie man
sie schließlich auch in der Altstadt Bergens noch sehen

kann, sondern sie sind beispielhaft eingerichtet. Da ist nicht nur im fünfachsigen Haus des Stiftsamtsschreibers Lambrecht ein Saal mit französischen Tapeten, das Spinett geöffnet, und im »Lusthaus« des Kaufmanns Krohn die Tafel hochfestlich gedeckt, sondern da sieht man auch die untapezierte trübselige Kammer der Näherin. Man kommt in die Werkstatt des Glasermeisters, in die Backstube des Bäckers, dessen Tagesarbeit um ein Uhr nachts begann. Etwas versteckt findet man den Barbiersalon, der einst bei der Marienkirche lag. Er war bis eine Stunde vor Mitternacht geöffnet und bot mit Sicherheit den neuesten Stadtklatsch. Gamle Bergen zeigt also nicht nur die »gute alte Zeit« in wechselnden Moden, mit viel Nippes und Plüsch, sondern dokumentiert auch die sozialen Verhältnisse, die heute schockieren, damals aber unabänderlich schienen, als der Arme hungerte und der Reiche auch verzichtete, um den Ruf seines Wohlstandes noch seinen Enkeln zu erhalten. Gamle Bergen ist im Sommer bis 19.00 Uhr geöffnet.

Die Museen

Damit sind wir wieder bei den Museen und wollen das jüngste in Bergen vorwegnehmen. »Gamle Bergen« führt zu dem selbstgerechten Bürgertum des 19. Jahrhunderts, das schon erwähnte *Hanseatische Museum* an Bryggen zeigt den Lebensraum der anspruchsvollen Hanseaten an der Wende vom Mittelalter zur Neuzeit, über deren wirklichen Beginn die Gelehrten noch streiten. Das *Bryggens Museum* neben der Marienkirche birgt die Funde aus den Anfängen Bergens und vergegenwärtigt den Alltag um das Jahr 1000 und später, also wiederum die harte Realität und nicht den künstlerischen Glanz des Lebens. Dieses Museum ist über den 1955 bis 1974 ausgegrabenen Blockhäusern errichtet und 1975 eröffnet worden. Es

versteht sich als Forschungsinstitut für Mittelalter-
archäologie, berichtet über Wohnen, Essen und Trinken
im damaligen Abendland, über die Verhältnisse in Bergen, noch bevor Olav Kyrre es 1070 mit Stadtrechten
begabte. Daß das Bryggens Museum, in dem auch stets
Sonderausstellungen verschiedenster Art stattfinden, ein
sehr besucherfreundliches, ausgesprochen kommodes
und doch mit allen Raffinessen der Pädagogik arbeiten-
des Museum ist, macht es besonders anziehend.

Wir haben erwähnt, daß Bergens Museen, deren ältestes 1825 gegründet wurde, sehr früh schon wissenschaftliche Themen bearbeiteten und die Voraussetzung
für die 1948 gegründete Bergener Universität waren.
Während sonst aus den Universitäten Museen hervorgin-
gen, war es hier umgekehrt. Da gibt es am Muséplass das
Geologische Museum, das umfassend die Erdkunde Norwegens behandelt, das *Botanische Museum,* in dem man
sich von der nicht vermuteten Vielfalt der Flora des Landes überzeugen kann, und das *Zoologische Museum,* das
seine Exponate, darunter das schon ausgestorbene Lofo-
tenpferd und die vom Aussterben bedrohten Wale, nicht
nur auf Norwegen beschränkt. Am Sydneshaugen liegt
das *Historische Museum.* Gemeinsam umrahmen sie nun
die Universität. Das Historische Museum birgt Schätze
aus dem Mittelalter und ist darin wohl noch bedeutender
als die Osloer Universitätssammlung. Auch hier finden
sich gerettete Stabkirchenportale und viel andere frühe
Plastik aus Holz und Stein, nachmittelalterliche Kirchen-
kunst – die Kanzeln hängen reihenweise –, aber auch hier
ist der sozialhistorische Aspekt deutlich. Man findet auch
bürgerliche Möbel und Gegenstände. Was aber besonders anspricht, ist die umfangreiche volkskundliche Abteilung mit manchen herrlichen Arbeiten, bei denen Telemark und Hordaland besser belegt sind als Gudbrandsdalen. Aber die Gemeinsamkeit der westnorwegischen

Landschaften erhellt sich doch. Ähnlich wie wir im Blick auf das 12. und 13. Jahrhundert die englischen Züge in der Architektur hervorhoben und als bedeutsamstes Dokument dieser Beziehungen den Dom von Trondheim nannten, so sehen wir im Historischen Museum Bergens nun einen holzgeschnitzten Reliquienschrein von Kinsarvik am Sørfjorden in Hardanger aus dem 14. Jahrhundert, der noch immer die Form einer verkürzten englischen Kathedrale mit Vierungsturm zeigt.

In einer Seestadt darf das *Schiffahrtsmuseum* nicht fehlen. Es liegt dem Historischen Museum gegenüber, wurde 1921 gegründet und hat internationalen Ruf. Es behandelt das Thema an Bildern und Modellen in ganzer Breite von der alten nordischen Zeit bis zur Gegenwart. Ein ergänzendes *Fischereimuseum* liegt in der Nordahl Brunsgate, zugleich mit dem *Vestlandske Kunstindustriemuseum* der Permanenten, das norwegisches und ausländisches Kunstgewerbe, Bergener Silber und chinesische Kunst pflegt. Dem Freund der Meereswelt bietet schließlich das 1965 gebaute *Aquarium* an der Spitze von Nordnessen in einundfünfzig Becken zahlreiche und auch seltene Arten von Fischen und anderem Seegetier aus europäischen und nordamerikanischen Gewässern.

Schon durch ihre Lage am Kleinen Lungegårdssee, Lille Lungegårdsvatn, ausgezeichnet und den Ausblick auf den immer von Promenierenden belebten Festplatz, findet der Bergenbesucher leicht die beiden Gemäldegalerien, die *Rasmus Meyers-Sammlungen* und das Städtische Kunstmuseum.

Rasmus W. Meyer (1858-1916) kam aus einer angesehenen Kaufmannsfamilie, sein Vorfahr G.H. Meyer hatte in der Bryggen seinen Aufstieg begonnen. Rasmus Meyer, der im Getreidehandel tätig war, zeigte von Jugend auf künstlerisches Interesse, hielt mit Malern und Kunsthistorikern Kontakt und begann 1905 eine Sammlung der norwegischen Kunst im 19. und 20. Jahrhundert, wie er sie ähnlich für die dänische Kunst in der Hirschsprungsammlung in Kopenhagen gesehen hatte. Besonders wollte er den in Bergen geborenen J.C.C. Dahl vorstellen. Als 1909 Edvard Munch im Bergener Kunstverein ausstellte, kaufte Meyer dort die ersten sechs Munchbilder; er besaß schließlich 32 und über hundert Graphiken. 1910 begann Gerhard Munthe nach langen Vorbereitungen mit der Ausmalung der Håkonshalle in Bergen, die 1944 dort zugrunde ging. Meyer *erwarb* die Skizzen und Entwürfe dafür, aber auch andere Gemälde, 173 Arbeiten von Munthe allein. Zu den Bildern der Meyer-Sammlung, deren Katalog 962 Werke aufführt, kommen Möbel aus dem 17. bis 19. Jahrhundert, die er zur Hauptsache aus Bergener Privatbesitz erwarb. Nach dem Tod des Sammlers schenkten die Erben den umfänglichen Schatz der Stadt Bergen, und 1924 konnte in dem dafür errichteten Gebäude am Kleinen Lungegårdssee die in sich geschlossene Sammlung als nächst der Osloer Nationalgalerie zweitgrößte Gemäldegalerie Norwegens der Öffentlichkeit übergeben werden.

Zwar hat Meyer spät zu sammeln begonnen, in Oslo und Trondheim war man weit voraus, dennoch ist es keine Nachlese geworden, mag auch J.C.C. Dahl nun in seiner Heimatstadt Bergen weniger eindringlich als in Oslo repräsentiert sein und mögen die großen Formate fehlen. Aber das »älteste, früheste Ölbild von J.C.C. Dahl, gemalt ungefähr 1809 in Bergen, was ich von ihm habe« wie es Siegwald Dahl 1897 in Dresden bestätigt, konnte Meyer neben vielen anderen erwerben, Bildern mit italienischen, sächsischen, aber auch norwegischen Motiven. Natürlich sind auch viele der Dahl immer beschäftigenden Wolkenstudien darunter. Fearnley ist zwar nur mit bayerischen und italienischen Motiven vertreten, während die beiden norwegischen Düsseldorfer Tide-

mand und Gude auch ihr Heimatland vorführen. Von
Erik Werenskiold, der Meyer bei dem Aufbau der Sammlung beriet, konnte die Galerie neben anderen Bildern die
Björnson- und Ibsen-Porträts erwerben. Christian Krohg
ist mit einigen großen Werken, darunter »Kleinstadt in
der Normandie«, 1882, und »die eingeschlafene Mutter«
von 1883 gut dargeboten. Von Munch sehen wir vornehmlich frühe Arbeiten, immerhin sind das »Mädchen
auf der Bettkante«, die später als Lithographie bekannter
gewordene »Eifersucht« von 1890, der bedeutsame
»Abend auf der Karl Johan«, schließlich das große Porträt von Walter Rathenau, 1907, darunter. Bis zu Sørensen und Revold – eine Generation jünger als der Sammler
selbst –, die später zu Ruhm kamen, hat Meyer seine
Sammlung geführt.

Aber er wandte sich auch der Vergangenheit zu. Er
erwarb das prächtige Interieur, das kurz nach dem Stadtbrand von 1756 von dem Konsul H. Jansen Fasmer in
Bergen bei Mathias Blumenthal in Auftrag gegeben war
und mehrfach seinen Besitzer wechselte, bevor es, wieder
geheilt, in das Haus am Lungegårdssee kam. Mathias
Blumenthal, als Sohn eines deutschen Arztes 1749 nach
Bergen gekommen, malte Porträts und Ausstattungsbil-
der; hier nun sind es große Panneaux mit Allegorien und
Supraporten mit farbenfrohen Blumenstilleben. Seine
künstlerische Herkunft ist schwer auszumachen und sein
Stil widersprüchlich. Es ist der Bruch zwischen Rokoko
und Klassizismus, wie wir ihn auch bei Januarius Zick
finden. Immerhin vermochte der eingewanderte Blumenthal muntere und zugleich festliche Töne in das damals
trübe Bergen hineinzutragen.

Rasmus Meyers-Sammlungen werden in unmittelbarer
Nähe und bester Weise durch das Städtische Kunstmu-
seum, die 1825 gegründete *Bergen Billedgalleri,* ergänzt.
Wieder hat sie ihren Schwerpunkt in der norwegischen

Malerei des 19. und 20. Jahrhunderts. Hier trifft man
Dahls »Birke im Sturm«, mit der er Norwegens Stand-
haftigkeit darstellen wollte. Auch hier sind Krohg und
Munch vertreten. Aber die Galerie zeigt in ausgewählten
Beispielen auch norwegische Kunst unserer Tage, und
eine bemessene Schau übriger moderner europäischer
Kunst ist angeschlossen. Da findet man sowohl Picasso
als auch Klee, Konstruktivisten und Abstrakte, geschickt
arrangiert, so daß das eine das andere nicht stört.

Edvard Grieg

Aber der Bergenbesucher vernimmt im allgemeinen mehr
von Musik als von Malerei. Schon in den Rasmus Meyers-Sammlungen wird täglich um vier Uhr nachmittags
ein Pianist Grieg interpretieren. Grieg steht auch im Mit-
telpunkt des jährlichen großen Kunstfestivals, und 1978
wurde die große Grieg-Halle eröffnet, ein sehr sachlich
gehaltener, aber doch fast durchsichtiger moderner Bau,
der 1500 Plätze bietet und als Musikhalle und als Opern-
bühne dient. Konzert und Oper haben in Bergen eine
lange Tradition, 1850 erhielt Bergen das erste ständige
Theater. Die Grieg-Halle fügt sich dem Stadtbild gut ein;
man wird bei Spaziergängen immer darauf hingeführt.
Auch Standbilder sind den Musikern gewidmet. Ein von
Stephan Sinding 1901 sehr lebendig modelliertes und
auch in der Gestik sehr vitales Denkmal stellt den in
Bergen geborenen, in ganz Europa und Amerika gefeier-
ten Geiger Ole Bull (1810-1880) dar. Ole Bull hat Edvard Grieg entdeckt und ihm zu einem Platz am Leipziger
Konservatorium verholfen. An Grieg brauchte das Denkmal von J. Vik in Bergens Park nicht eigens zu erinnern,
er ist allenthalben gegenwärtig. In Gamle Bergen steht
der Flügel, mit dem er seine Karriere begann, auf ihm
wird nun für die Besucher »Den gamle mor« (Die alte

Mutter) oder »Jeg elsker deg« (Ich liebe dich) gespielt.
Etwas außerhalb Bergens liegt dann »Troldhaugen«.
»Zauberhügel« hat Grieg den Platz selbst benannt und
sich dort seine viktorianische Villa aus Holz gebaut; den
»Hochzeitstag auf Troldhaugen« komponierte er hier
1892 aus Anlaß seiner silbernen Hochzeit. Heute wird
hier noch, wo alles so erhalten bleibt, wie Grieg es hinterlassen hat, musiziert, vornehmlich Nachromantisches,
was er, aus norwegischer Volksmusik und aus dem Klang
der Hardangerfiedel herausgehört, an eigenen Tönen
fand. Besonders während des Bergen-Festivals kann man
hier inmitten eines gepflegten Parks Kammermusik hören, doch ist der Park selbst das ganze Jahr hindurch
geöffnet.

Kunstwanderungen in der Umgebung Bergens

Da wir auf dem Weg nach Troldhaugen schon das Stadtgebiet von Bergen über Fantoft hinaus verlassen, wollen
wir in *Fantoft* die Stabkirche des 12. Jahrhunderts nicht
übersehen. Sie steht dort erst seit 1884 auf einem zu
ersteigenden Hang neben einem vorgeschichtlichen
Grabhügel. Ein vermögender Bergenser, der amerikani-
sche Konsul F. G. Gade, hat sie im abgelegenen Fortun
am Ende des Sognefjords gekauft und mit umfangreicher
und vieles ergänzender Restaurierung in Fantoft wieder
errichtet. Sie bietet im Innern ein gutes Beispiel einer
noch nicht von Steinarchitektur beeinflußten hochräumi-
gen Stabkirche mit ihren mächtigen Masten, die durch
zwischengehängte Rundbögen und Andreaskreuze gesichert sind. Ausgemalt wurde sie im 18. Jahrhundert. Das
Äußere hat allerdings durch den neu hinzugefügten Umgang, den Svalgang, eine zur Fehldeutung führende Form
erhalten, und die Drachenköpfe auf dem Dachfirst sind
nach dem Vorbild der Stabkirche Borgund aufgesetzt

worden. Wer Borgund, Heddal oder Hopperstad gesehen hat, nimmt Fantoft deshalb nur mit einiger Einschränkung zur Kenntnis.

Sonst trifft der kunstgeschichtlich interessierte Wanderer in der näheren Umgebung Bergens kaum noch auf baugeschichtliche Ereignisse. Südlich der Stadt stand zwar das 1146 von Fountains Abbey in Yorkshire aus gegründete Zisterzienserkloster Lyse, dessen Schwestergründung wir in Oslo trafen. *Lysekloster* hatte am Ende des Mittelalters den größten Landbesitz in Norwegen, aber die gewichtigen Gebäude sind untergegangen, eine kleine Holzkapelle wurde inmitten der verbliebenen Mauerreste 1663 errichtet. Eindrucksvoll aber ist der verbliebene Kreuzgang, dessen Arkaden von Doppelsäulen getragen werden und dessen Bögen mit Zickzackdekor die englische Herkunft nicht verleugnen, für die es in den Ruinen von Foutains Abbey Vergleiche gibt. Gegen 1200 dürfte dieses prächtige Architekturwerk entstanden sein. Die Kirche des Klosters, ein langgestreckter Saalraum mit auf Chorhöhe ansetzenden Nebenräumen, die ein Querhaus vorgeben, aber nur durch enge Türen mit dem Langraum verbunden waren, hatte Waverley, die erste Gründung Bernhards von Clairvaux auf englischem Boden, zum Vorbild genommen. Der in der Nähe gelegene Steinbau der *Fana Kirche* aus dem 13. Jahrhundert bietet architektonisch kaum Wesentliches, aber es fahren im Sommer von Bergen aus Busse dahin, weil bei ihr dann Folklore-Veranstaltungen stattfinden, Tänze in Volkstrachten und norwegische Mahlzeiten angeboten werden. Schließlich liegt hier noch in Stend das *Hordaland Folkemuseum,* das mit einem agrarwissenschaftlichen Museum verbunden ist und das Miteinander von Bauernwirtschaft und Fischerei veranschaulicht. Ein Lekkerbissen für Architekturfreunde ist aber das *Gutshaus Damsgård* in Laksevåg Bergen gegenüber. Die Anlage ist

1708 um einen vierseitigen Gutshof herumgebaut worden. Im dritten Viertel des 18. Jahrhunderts wurde der
Hauptbau halb gemauert, halb geschnitzt neu errichtet,
mit vielen geschwungenen Gesimsen und Dachausbauten, ein seltenes Beispiel des Rokokos in Norwegen, bei
beschränkten Ausmaßen phantasiereicher als Stiftsgården in Trondheim. Auch die reiche Innenausstattung ist
vom Rokoko und Empire bestimmt.

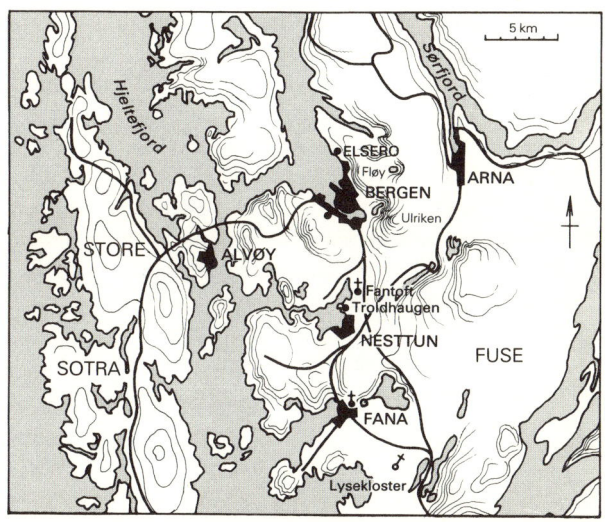

Die Umgebung Bergens

Blick aus der Vogelschau

Bevor man das so vielgesichtige Bergen verläßt, sollte
man mit der Kabelbahn, die hinter Bryggen ihren Bahnhof hat, zum *Fløy* (320 m) hinauffahren oder mit der
Drahtseilbahn *Ulriken* (640 m) erreichen, dann liegt die
ganze Stadt mit den silhouettenreich umgebenden Bergen

und Wäldern zu Füßen, dazwischen der sich weit hinzie-
hende und allenthalben in das Land hineingreifende
Fjord. Das Wasser glitzert blau und silbern, und es ist, als
ob die Bergenser, die die Inseln und Ufer zu ihrer Siedlung wählten, sich vorsichtig an das Wasser herangetastet
hätten. Die naseweisen Hochhäuser sind glücklicherweise in der Minderheit geblieben, der Blick hinunter
kann also noch ein freudiges Erlebnis sein. Die Aussicht
kann bedeutende Züge annehmen, wenn Wolken aufzie-
hen, sogar dramatisch werden, wenn sie sich schwarz
und drohend vorwälzen. Märchenhaft ist es aber, wenn
am Abend überall unten in der Stadt und an den Hängen
hoch hinauf die Lichter angehen, vielleicht gar zu wandern beginnen. Wann es auch sei, ob bei heller Sonne am
Tage, in leuchtenden Nächten, ob bei Nieselregen oder
frisch gefallenem Schnee, der Blick von Fløyen wie von
Ulriken ist hinreißend. Das ist schon im 18. Jahrhundert
von einem Trondheimer Bischof empfunden worden, der
sich hier zum Dichten getrieben fand:

>Jeg tog min nystemte Cithar i Haende
Sorgen forgik mig paa Ulrikkens Top..«

Wenn die Bergenser es jetzt singen, pflegen sie sich dabei
zu erheben.

Trondheim

Obwohl Trondheim, wie alle Plätze an Norwegens Westküste, Hafenstadt ist und der Handel gilt, wobei zwar der Hafen nicht wie in Stavanger und Bergen bis an den Marktplatz stößt und mit ihm eins wird, bestimmt das nicht das Urteil. Trondheim ist die von der Geschichte her ehrwürdige Stadt Norwegens. Man denkt nicht zuerst an Handel, der Schritt wird hier gemessen, keine Hast wie in Oslo, nicht das Quirlige Bergens. Trondheim, aus einer Wikingersiedlung um 995 von Olav Tryggvason zur königlichen Residenz erhoben, ist seit 1152 der Sitz des Erzbischofs von Nidaros, und der Dom erhebt sich mit seinem Vierungsturm so über der Stadt, daß er von allen Seiten als das Ziel ausgemacht werden kann. Er ist das bedeutsamste Bauwerk Norwegens. Er steht mit den skandinavischen Kathedralen Lund, Roskilde und Uppsala ranggleich da, kann sogar Priorität beanspruchen, denn während der Dom zu Lund erst nach der Erhebung Lunds zum Erzbistum und der kirchlichen Unterstellung Norwegens in neuer Pracht entstand, die Krypta des Neubaus 1123 geweiht wurde, war ein steinerner Neubau in Trondheim schon 1093 geweiht worden. Der König Olav III. Kyrre (der Stille) wollte dem als Märtyrer verehrten hl. Olav aus sehr politischen Gründen eine gewichtige, nicht nur eine hölzerne Gedenkstätte schaffen. Von dieser von Olav Kyrre errichteten Kirche ist am heutigen Bau nichts mehr sichtbar, sie gab aber für den späteren gotischen Chor die Fundamente ab, und von ihrem Bauschmuck findet sich noch einiges im

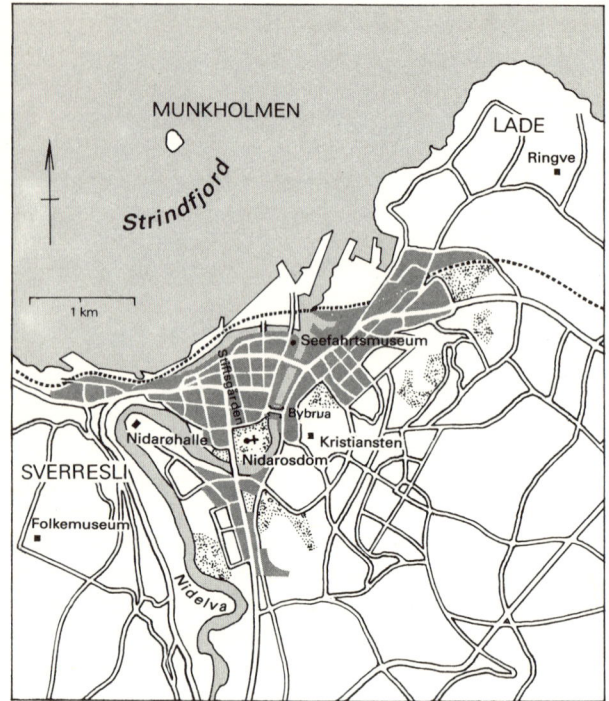

Trondheim

Dom-Museum, Drachen und Löwen, wie sie die Phantasie der Norweger damals beschäftigten. Als dann aber
1152 Norwegen römische Kirchenprovinz wurde und einen eigenen Erzbischof in Nidaros erhielt, ging man an
eine Erweiterung, die schließlich zu einem Neubau
führte, dem Nidarosdom, wie er heute noch genannt
wird, denn die Stadt am Ufer der Nidelva ist erst in dänischer Zeit in Trondhjem umbenannt worden, in unserem
Jahrhundert schließlich in Trondheim.

Es entstand aus dem im Süden Trondheims gebrochenen blau-grünen Kleberstein eine dreischiffige Basilika mit einem ausladenden, nicht am Vierungsquadrat bemessenen Querhaus, an dessen Ostseiten Kapellen ansitzen. Dem langen, gleichfalls dreischiffigen Chor, dessen Seitenschiffe sehr eng sind, folgt abschließend ein achtseitiger »Hochchor«, der einst den Schrein des hl. Olav behütete. Dieser ungewöhnliche »Hochchor« gemahnt an »Bekket's Crown« in der Kathedrale von Canterbury. Dort entstand 1184 ein runder Anbau, in dem der Schrein des Thomas Becket aufgestellt wurde. Das dürfte auch im Nidaros-Dom die Bauform erklären. Englisches bestimmt die Architektur dieses Doms in jeder Weise. Das gilt für das 1152 begonnene dreigeschossige Querhaus des Erzbischofs Jon Birgersson, das dem in Winchester von 1079 entsprach, das gilt für das in der zweiten Hälfte des 13. Jahrhunderts begonnene neue Langhaus, das dem der Kathedralen von Lichfield und besonders Lincoln entspricht. Lincolns Langhaus war 1233 vollendet worden, sein Engelschor, dessen Formen offenbar noch mehr als das Langhaus auf Trondheim wirkten, wurde 1256 begonnen. Besonders die Ansätze des Gewölbes unter dem Fenstergeschoß finden sich ähnlich in Lincoln und in Trondheim, auch die traubenförmigen Konsolgehänge treten in Lincolns Engelschor und am Hochchor von Trondheim auf. Aber auch alle sonstigen Zierformen, ob sie nun dem 12. oder 13. Jahrhundert entstammen, also dem Querhaus und seinen Kapellen oder dem Chor und dem Langhaus zukommen, sind englisch-normannischer Provenienz, »Transitional« oder »Early English«. Wenn manches in Trondheim schon an den nachfolgenden, aber in Lincoln erst beginnenden »Decorated Style« gemahnt, ist das mehr von den Restauratoren des 19. Jahr-

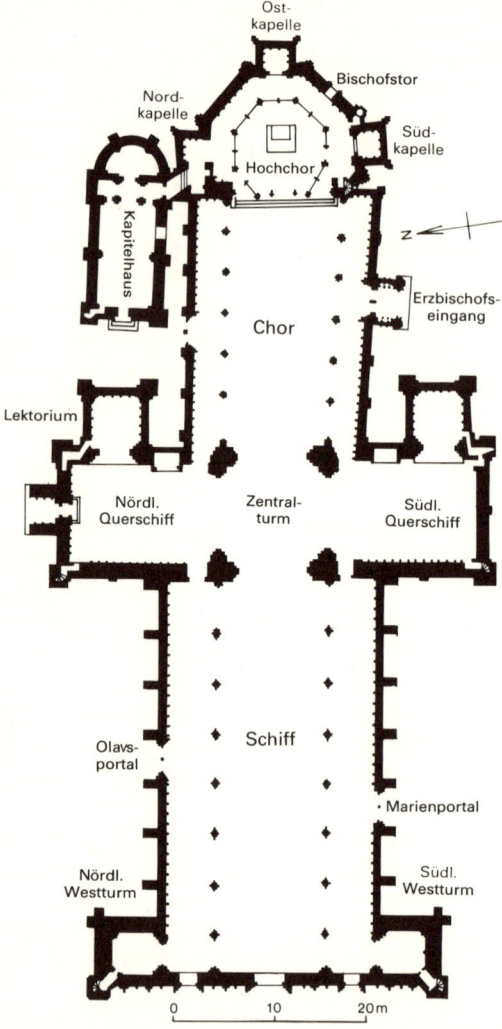

Ost-
kapelle

Bischofstor

Nord-
kapelle

Süd-
kapelle

Hochchor

Kapitelhaus

Z

Chor

Erzbischofs-
eingang

Lektorium

Nördl.
Querschiff

Zentral-
turm

Südl.
Querschiff

Olavs-
portal

Schiff

Marienportal

Nördl.
Westturm

Südl.
Westturm

0   10   20m

Nidarosdom, Grundriß

hunderts hineingebracht worden. Aber trotz aller englischen Verwandtschaften der mauerschweren frühen Teile, wie etwa der Lektoriumskapelle im nördlichen Querhaus, die von Zickzack-Bögen durchspielt werden, dem energischen Aufstreben des holzgedeckten südlichen Querhauses mit den »normannischen« Laufgängen vor den Fenstern, den jubelnd die Materie vergessenden und sich erhebenden Formen des Langhauses mit seinen Strahlgewölben, wo allenthalben die übergreifenden Linien die Skandierung geben, trotz alledem ist der Nidarosdom keine Kopie, sondern ein eigener Beitrag zur abendländischen Baukunst des Mittelalters. »Sie ging dahin wie in einem Wald – die Säulen gefurcht wie alte Bäume –, und in diesen Wald herein sickerte das Licht durch die farbigen Glasfenster, bunt und klar wie ein Gesang. Hoch über ihr regten sich im Steinlaub Tiere und Menschen, und Engel spielten auf Instrumenten – noch viel weiter oben, in schwindelnderer Höhe spannten sich die Gewölbe und hoben die Kirche zu Gott empor«, schreibt Sigrid Undset in Kristin Lavranstochter. Die Bemessenheit, sogar Enge, gegenüber den durch Addition immer weiterlaufenden Raumfolgen englischer Kathedralen, ist keine resignierende Beschränkung, sondern willentlich. Wenn die norwegischen Zisterzienserklöster auch in Fountains Abbey ihre Mutter hatten, so lang wie deren Kirche und so verwirrend vielräumig wie diese Klosteranlage in Yorkshire war, nach den Resten zu urteilen, keine norwegische Abtei. Wenn um 1300 Kölner Baumeister am Nidarosdom Beschäftigung fanden – der Name des 1316 gestorbenen »Matias Cais filius de Colonia« steht für deren zwei –, dann mußten sie sich dem gestellten Programm unterwerfen; die Maße standen fest, als um 1248 die Westfront begonnen wurde.

Die Westfront ist heute wie das meiste des Langhauses Neubau, denn der Dom verfiel, als der letzte Erzbischof

Olav Engelbriktsson 1537 vor der Reformation geflohen und das Reliquiar des heiligen Olav geraubt war. Vorher hatte die Kirche schon dreimal gebrannt, nun diente sie als Steinbruch. Erst mit dem im 19. Jahrhundert wieder kräftig aufstrebenden norwegischen Nationalgefühl fanden sich genügend Stimmen für den Wiederaufbau, mit dem man endlich 1869 begann. Der Leipziger Heinrich Ernst Schirmer nahm sich dessen an, nachdem er sich auf einer Reise durch England und die Normandie gründlich vorbereitet hatte. Ihm folgte Christian Christie, der Chor und Langhaus restaurierte, und dann Helge Thiis, der 1972 starb. Nun sind besonders die Probleme zu lösen, die sich aus der Wiederherstellung der Westfront und des Vierungsturms ergeben.

Von der Westfront standen statt vier nur noch zwei Geschosse, aber ihr englisch gearteter Charakter war zu erkennen, die Fronten der Kathedralen Salisbury und Lichfield hatten eine ähnliche Anlage. Doch in den Nischen standen in Trondheim nur noch fünf Figuren. Diese zeigten nicht die Überlänge und die Spitzgesichter englischer Kathedralplastik, sondern gemahnten an französische Plastik; Vergleichbares fand sich in Reims und an Chartres' Querhausportalen. Was sich an Skulpturen fand, ist heute in dem unmittelbar südlich gelegenen Dommuseum zu sehen. Die Wiederherstellung der großen Schauwand brachte einer großen Zahl norwegischer Bildhauer Aufträge, auch Gustav Vigeland war darunter, der aber das Gotisieren nicht schätzte. Die Lösungen, zu denen die Bildhauer bis in unsere Tage hinein kamen, sind sicherlich interessant, aber begeisternde Kunstwerke wurden es nicht.

Glücklicher war der Auftrag an Gabriel Kielland, Fenster und die große Rose an der Westfront zu schaffen. Auch dabei ist besonders an den Fenstern viel Historisierendes, aber die edle, auf Durmoll gestimmte Farbigkeit

gibt dem Raum Bindung, wenn auch mehr Dunkelheit als
sie wirklicher Gotik zukommt. Die große Orgel baute der
schwäbische Orgelbauer Steinmeyer in Öttingen, sie
wurde 1930 aufgestellt. Der Dom geht nun also seiner
Vollendung entgegen. Helge Thiis schlug zusammen mit
der Errichtung der flankierenden Fronttürme eine Auf-
stockung des Vierungsturmes vor, der sich über allem
erheben, aber ohne eine Helmpyramide bleiben soll. Damit mag der Dom noch mehr über die Nordsee zu den
Mutterbauten der britischen Insel hinübergrüßen. Das
Storting hat diesem Plan erfreulicherweise zugestimmt,
später die Ausführung aber aufgeschoben. So werden
noch einige Jahre vergehen, bis der Bau fertig sein wird
und die Stadt damit eine neue Silhouette erhält.

Doch neben dem vielen Neuen ist auch einiges kostbare Alte im Dom bewahrt. Da wird im Oktogon die
Quelle noch gepflegt, die möglicherweise der Anlaß für
die Errichtung des Olavheiligtums war. Sie soll nach dem
Tode Olavs gesprudelt haben und lockte sicherlich Wall-
fahrer an. Quellen oder Brunnen haben auch in den Do-
men von Dalby und Lund ihre Bedeutung. In der Olavs-
kapelle sieht man das bemalte Antemensale, das den heiligen Olav mit seinem Kampfbeil und Bilder aus seinem
Leben und Sterben zeigt; in der gotischen Überdehntheit
der schwanken Gestalt hat es wieder die englische Spiel-
art des Hochgotischen. Der Schrein auf dem Oktogon-
altar ist zwar zu neugotisch ausgefallen, dennoch ist man
auch heute noch angesprochen und nicht verwundert,
daß hier sieben norwegische Könige beigesetzt sind und
daß die später in Oslo residierenden Könige hier gekrönt
wurden.

Aber so feierlich und feingliedrig der Dom ist, so verschlossen und abwehrbereit erscheint der südlich des
Doms gelegene *Erzbischöfliche Palast*. Er wurde während der Bauzeit des Doms Ende des 12. Jahrhunderts

(1160?) errichtet. Erzbischof Eystein gilt als Bauherr,
doch der östliche Teil dieses damit ältesten Profanbau-
werks Skandinaviens ist früher als der westliche; Umbauten fanden also schon im Mittelalter statt. Nach der
Reformation beanspruchte der Statthalter des dänischen
Königs den Bau, bis er 1670 zum Kornmagazin degra-
diert wurde. Schließlich wurde er Arsenal und diente
auch der Intendantur eines Artillerieregiments. Nun wird
die Rüstkammer mit Waffen und Hoheitszeichen vom
16. bis 20. Jahrhundert als Museum geführt. In einem
rückwärtigen Flügel ist ein Heimatfrontmuseum eingerichtet worden, das die Erinnerung an den Kampf gegen
die deutsche Besetzung von 1940-45 wachhält.

Überraschend gering sind Hinweise auf weiteres Mittelalterliche in der Stadt. Während sich sonst selbst an
aufgehobenen Bischofssitzen Pfarrkirchen und Klöster
drängen, ist hier sehr wenig geblieben, obwohl es außer
dem Dom in Trondheim einst neun Kirchen und fünf
Klöster gab. Eine Brandkatastrophe von 1681 und der
Wiederaufbau mit breiteren Straßen hat sicherlich viel
zerstört. Es blieben erkennbare Teile der gotischen Lieb-
frauenkirche, die verlängert wurde und ihren Turm dann
im 18. Jahrhundert bekam. Der barocke Altar stammt
aus dem Dom. Unter einem Bankgebäude, Kongensgate
4, Eingang Søndregate, sind (während der Geschäftsstun-
den des Hauses) die Reste einer mittelalterlichen Grego-
riuskirche zu sehen. Sonst muß man sich mit auf Mönche
hinweisenden Namen wie Munkegata und dem auf einer
Insel gelegenen Munkholmen begnügen; auf dieser Insel
finden sich noch bescheidene Reste eines längst vergangenen Klosters.

Doch Trondheim kehrt damit nicht wie Oslo seiner Geschichte den Rücken. Es ist nicht nur die Allgegenwärtig-
keit des Nidarosdomes, unübersehbar steht auch an der
Kreuzung von Munkegata und Kongensgate auf hoher
Säule seit 1923 das Denkmal des Stadtgründers Olav
Tryggvason. Besonders ist der Besucher von dem Beieinander der neuen Steinbauten und der gepflegten Holzhäuser des 18. Jahrhunderts angetan. Holzbauten finden
sich in würdiger Breite am Südende Munkegata und auch
östlich davon, wo dann über die neugotisch geschnittene
Zugbrücke, den Gamle Bybru, der Blick auf die als Pfahl-
bauten aufgeführten und noch fleißig genutzten Speicher
am oberen Elvhafen fällt und davon gefesselt wird. Darüber baut sich Trondheim in die Höhe und gipfelt in der
Festung Kristiansten (1682-1684). Bescheidener, aber
doch auch sympathisch nehmen sich die alten hellgestri-
chenen Holzhäuser an der Sandgata aus. Das prächtigste
dieser Holzhäuser und von beachtlicher Ausdehnung ist
der 1774 erbaute *Stiftsgården*. Drei zweigeschossige Flügel ordnen sich um einen Binnenhof. Über beide Geschosse greifen Ständer vom Sockel bis zum Dach. Die
großen Fenster haben teils geschwungene, teils in Ädiku-
laform gebildete Übergiebelung und geben dem Bau in
klugem Wechsel eine die Länge unterbrechende Rhyth-
misierung. Das Palais wurde für die Kammerherrin
Schøller gebaut, ihr Schwiegersohn, General G. F. von
Krohg, soll sich dabei als Architekt bewährt haben, aber
auch D. J. Berlin war mit von der Partie, und Johann
C. C. Michaelsen aus Rendsburg in Holstein führte die
Stuckarbeiten im Innern aus und malte die Tapeten.
Heute dient das Haus dem König zur Residenz, wenn er
Trondheim besucht. Von Juni bis August kann der gut
ausgestattete Stiftsgården wochentags besichtigt werden.

Einige Altonaer Möbel hoher Qualität fallen auf. Weniger raffiniert ausgestaltet ist der benachbarte *Hornemansgården,* der heute das Polizeipräsidium beherbergt. Auch die Schwanenapotheke lohnt die Betrachtung.

Die Museen

Aber nun bieten sich die Museen an. Das älteste und auch bedeutendste wurde von der 1760 gegründeten Königlich-Norwegischen Wissenschaftsgesellschaft eingerichtet. Es ist das *Naturgeschichtliche Museum,* das heute mit der Universität verbunden ist und sich der ganzen Landschaft Trøndelag widmet. Es betreut nicht nur Flora und Fauna und unterhält eine biologische Station, es pflegt in der ersten Etage auch Vorgeschichte und mittelalterliche Archäologie. Da finden wir Holzplastiken aus verschiedenen Kirchen, einen Michael mit dem Drachen schon aus dem 12. Jahrhundert, gotische Madonnen, Altäre lübischer Provenienz, auch solche aus der Renaissance und dem Barock. Eine Abteilung ist der Stadt Trondheim gewidmet. Ausgrabungen, Bilder, Porträts und viel jüngeres Sachgut geben hier Auskunft über das, was beim Gang durch die Straßen Fragen aufwirft. Die archäologische Abteilung hat gut geordnetes Fundgut von der Bronzezeit bis zu den Wikingern. Der Wikingerschmuck aus Gold und Bernstein fesselt hier wie im Historischen Museum in Stockholm die Besucher am stärksten. Aber das Museum beschränkt sich nicht auf Trøndelag, sondern hat auch eine Lappländische Abteilung, die vom Lappenzelt über Kleidung und Gerät bis zu den magischen Trommeln tief in die Eigenart der Menschen, die heute zur Randgruppe geworden sind, hineinleuchtet.

Der professionelle Touristenbetreuer pflegt sich mit diesem Museum Trondheims zu begnügen. Dabei würde

er sicher Lob ernten, wenn er auch die kleineren und
weniger strapazierenden Sammlungen empfehlen würde.
Da ist die neben dem Dom gelegene, von der Trondheimer Kunstvereinigung geführte Trøndelag Kunstgalleri.
Sie besitzt beachtliche Werke von Dahl, Gude, Tidemand, Bilder von Chr. Krohg und Werenskiold. Man trifft
auf ein sehr gutes Porträt J. C. C. Dahls, das der dänische
Meister C. W. Eckersberg 1818 vor Dahls Übersiedelung
nach Dresden malte und bei dem er, der von Jacques-Louis David geprägte Realist, in Dahls leuchtendem, aber
nach innen gerichtetem Blick den Romantiker erkannte,
der unmittelbar darauf sich für Caspar David Friedrich
begeisterte. Eine Anzahl Porträts der Galerie stammen
von Gabriel Kielland. Neben norwegischen Malern sind
auch alte Niederländer wie Jan Brueghel und Henrik van
Balen und neuere Franzosen wie Degas, Utrillo, Bonnard,
Picasso, Léger und andere ausgestellt. Moderne Maler
werden im Wechsel gezeigt. Das Munchmuseum in Oslo
lieh Lithographien und Holzschnitte von Edvard Munch
aus. Ebenso locker und abwechslungsreich wie diese
Kunstgalerie gehängt ist, bietet sich das bei der Bevölkerung beliebte Kunstgewerbemuseum (Munkegt. 5) dar.
Auch hier finden sich einige Gemälde, aber die Prunkstücke sind norwegische, englische und französische Möbel des 18. und 19. Jahrhunderts. Auch der Jugendstil
wird mit Möbeln, z. B. von van de Velde, repräsentativ
gezeigt. Silberarbeiten, Porzellane und Gläser ergänzen
die Sammlung, Wandteppiche vornehmlich von Hannah
Ryggen bringen Wohnlichkeit in die modernen Räume.

Mit diesen Sammlungen ist Trondheims Museumsangebot aber nicht erschöpft. Auf dem Weg zum Hafen
treffen wir im ehemaligen Zuchthaus Trondheims an
Fjordgata das *Seefahrtsmuseum,* das an Bildern, Modellen und Sachgut die maritime Bedeutung der Stadt vorstellt, denn die Trondener sehen ungeachtet des alten

Doms und neuer Industrie ihre Stadt als Hafenstadt, und ihr Heros aus jüngerer Zeit ist Peter Wessel (1671-1720), der als Seeheld im Nordischen Krieg 1716 als Tordenskjold geadelt wurde und ein Denkmal bei der Marienkirche erhielt.

Vor allem aber ist das 1909 gegründete und im Programm 1913 erweiterte *Trøndelag Folkemuseum* auf der Sverresborg im Westen der Stadt anzuführen. Es zählt mit zwanzig Hektar zu den großen Freilichtmuseen Norwegens und hat zur Zeit 55 alte, gut gruppierte Häuser, darunter zwei vollständige Hofanlagen mit der Fülle der dazugehörigen Bauten aus Meldal und Oppdal, zwei Kirchen, die einschiffige Stabkirche von Haltdalen und die größere Lo Kirche, Handwerker- und Fischerhäuser und eine Abteilung, die Alt-Trondheim gewidmet ist. Die in diese hineingenommene Taverne wird als Gaststätte geführt. Das alles – einschließlich einer Lappenabteilung – gruppiert sich um die inmitten des Geländes erhöht liegenden Ruinen der 1184 erwähnten Königsburg Sverresborg. Vom Burgplateau hat man eine herrliche Aussicht über die Fjordlandschaft. Am Eingang des Freilichtmuseums sind in einem größeren Ausstellungsbau reiche Bestände zum Thema der Volkskultur im nördlichen Norwegen geboten, obwohl der alte Hinweis, daß das Trondheimer Folkemuseet das nördlichste Freilichtmuseum sei, längst überholt ist.

Das *Musikhistorische Museum* in Ringve Gård, Lade, ist in der großen Gutsanlage der Familie Bachke untergebracht und insbesondere der musikbegeisterten Victoria Bachke zu danken. In den Raumfluchten sind bekannte und sehr exzeptionelle Musikinstrumente so aufgestellt, daß sie sich zum Stil des jeweiligen Raumes fügen und sich nicht zu Reihen häufen. Da gibt es also einen Mozartraum, ein Beethovenzimmer, der obligate Flügel von Chopin steht in einem Biedermeiersalon, Tschaikowskij ist wiederum ein eigenes Ensemble gewidmet. Dennoch ist es eine Sammlung von Musikinstrumenten aus aller Welt. Eine Führung durch diese Schätze ist mit Demonstrationen verbunden. Der Blick in den großen Park und auf das Meer macht den Besuch zu einem doppelten Erlebnis. Dieser Besuch schließt das *Tordenskjoldmuseum* ein. Der Seeheld Peter Wessel ist in Ringve aufgewachsen, und das Haus, in dem das Museum 1950 eingerichtet wurde, ist sein Vaterhaus.

Wer dann nach ausgiebigem Museumsbesuch sich wieder sammeln möchte, um von Trondheim nach Norden oder nach Süden zu reisen, der sollte den Rundblick über die ganze Stadt vom Dom bis zum Hafen mit sich nehmen. Ihr Eingebettetsein in die schön konturierte Fjordlandschaft und ihre Lage in der Schleife der Nidelva ergeben ein Bild der Harmonie. Diese großartige Ansicht bietet sich von Südwesten her von Sverresli hinter dem Folkemuseum, von Osten her von der Höhe der alten Festung Kristiansten.

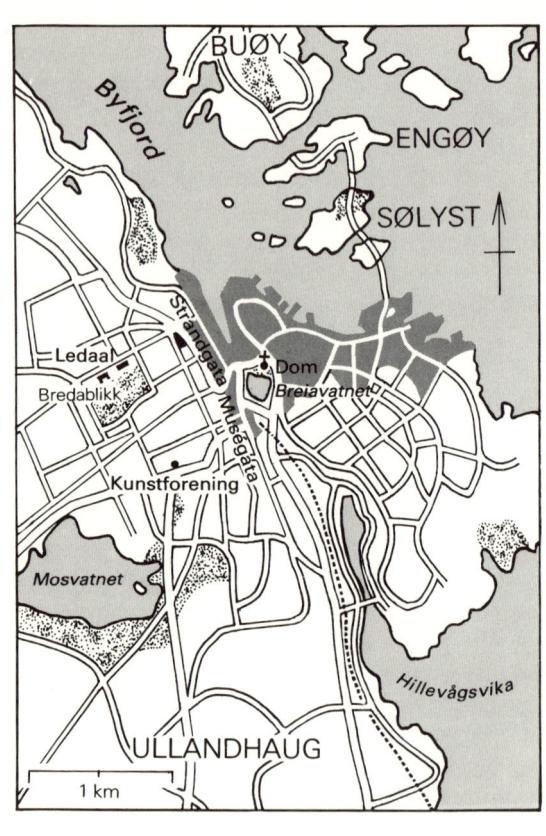

Stavanger

Stavanger

Es scheint, wenn man sich vom Hafen aus umsieht, eine niedliche Kleinstadt, es ist aber mit 88 000 Einwohnern Norwegens viertgrößte und weiter wachsende Stadt. Vernimmt man gar, daß der Wikingerkönig Harald Schönhaar in der nahen Bucht von Hafrsfjord 872 eine Seeschlacht gegen mehrere Kleinfürsten gewann und sich damit den Weg zur Herrschaft über ganz Norwegen erkämpfte, daß 1125 Bischof Reinald von Winchester den Dom Sankt Svithun zu bauen begann, dann möchte man große Geschichte unterstellen; dennoch ist lange Zeit nichts Rechtes aus Stavanger geworden. Erst 1425 wurde dem Ort das Stadtrecht verliehen. Die die Stadt bewohnenden Fischer kamen, weil sie abseits des Hansekontors von Bergen lebten, erst um 1600 zu einem auskömmlichen Dasein. Um 1800 zählte die Stadt 2400 Köpfe. Doch neuerdings ist es schlagartig anders geworden. In der Nordsee vor Stavanger ist Öl gefunden worden, Amerikaner stellten sich mit waghalsigen Spekulanten ein, und Stavanger, aus welchem der 1849 hier geborene Alexander L. Kielland noch kleine Familiengeschichten, oft humorisch, jedenfalls menschlicher als Ibsen, erzählt, ist nun Norwegens zukunftsträchtigste Stadt, aber auch – weil Norweger bedächtig sind – zu einem Problem geworden. Weiß man das, dann entdeckt man hinten im Hafen die bereitliegenden voluminösen Montageteile der Bohrinseln und versteht, daß man in diesem Boom Bedrohliches sieht. Im Atlantic-Hotel spricht man kaum noch von Harald Schönhaar, wohl eher von Marylin Monroe, die hier für den Film »Bus-Stop« posierte.

Immerhin hat das Parlament entschieden, daß Norwegen bei der Öl- und Gasgewinnung ein »moderates Tempo« einhalten soll, um die Wirtschaftsstruktur des Landes nicht in Unordnung zu bringen. Den Laien mag es überraschen, daß wegen einer bis zu siebenhundert Meter tiefen Rinne vor der südnorwegischen Westküste, die noch nicht überbrückt werden kann, die Rohrleitungen von den Bohrinseln quer durch die Nordsee nach England und Emden verlegt werden mußten.

Doch neben solch Modernstem stehen in Stavanger Norwegens älteste Häuser. Am Ullandhaug liegt eine Hofanlage, die zwischen 350 und 550 nach Christi Geburt datiert wird. Sie besteht aus sehr langgestreckten Bauten, deren niedrige, fensterlose Wandungen aus übereinandergehäuften Feldsteinen gebildet sind; die Dächer haben nur geringe Neigung und sind mit Astwerk und Rinde gelegt, eine dichte Grasdecke darüber. Betritt man diese nicht enden wollenden Häuser durch die niedrigen Zugänge, dann erkennt man im Halbdunkel hintereinander gelegene Schlafstellen und am Ende die Stallungen. Diese Häuser sind natürlich Rekonstruktionen, aber sie fußen auf Ausgrabungen des archäologischen Museums, die weitere Fundstellen erschließen, und sie entsprechen den auf Island noch vorhandenen Häusern, die von den norwegischen Emigranten gebaut wurden. Die norwegischen Bauernhäuser, die ein halbes Jahrtausend und noch jünger sind, kennen solche Längen nicht mehr, denn nun sind sie aus Holz in Blockbauweise gefügt. Das Maß wird jetzt von der Länge der Baumstämme zwischen Wurzel und Zweigwerk bestimmt; Steine konnte man dagegen beliebig auslegen. Als der Dom in Stavanger entstand, war er sicherlich von ebensolchen kleinen Holzhäusern umgeben.

Daß er entstand, danken die Stavanger dem König Sigurd Jorsalfarer, dem Kreuzfahrer, dem der Bischof Rei-

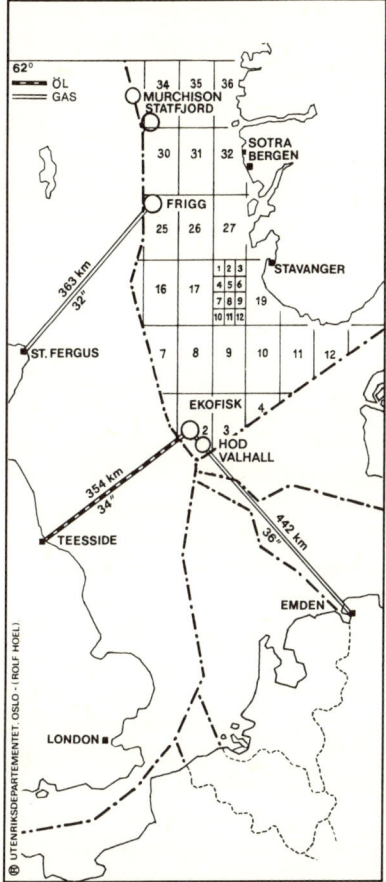

Die Einteilung des südnorwegischen Kontinentalsockels mit den fördernden sowie den im Bau befindlichen Bohrinseln und den Rohrleitungen für Erdöl und Erdgas nach Großbritannien und Deutschland. Wegen der bis zu 700 m tiefen Norwegischen Rinne um die Süd- und Westküste ist es vorläufig noch unmöglich, Rohrleitungen zum norwegischen Festland zu verlegen.

nald von Winchester sehr zu Diensten gewesen war und der dafür 1125 die Kirche erhielt. Reinald endete zwar im Streit um Sigurds Nachfolge am Galgen, aber der mit einem Westturm markierte *Dom* wuchs zu einem prächtigen Bau, einer dreischiffigen Basilika, deren Arkaden von schweren Rundsäulen getragen werden. Die Fenster stehen über den Säulen, nicht über den Scheiteln der Bögen, was baulich vernünftiger wäre. Doch das war auch bei dem etwas jüngeren Dom zu Hamar am Mjøsasee so, es findet sich weiter in Jütland und Norddeutschland. Es gibt dem Raum mehr den Eindruck des Stehens als des in die Tiefe Fließens. Gewölbe hat der Bau noch nicht. Daß Englisches ihn bestimmte, zeigen die Kapitelle der Säulen und die Ornamente der Portale. Als 1272 ein Brand die Kirche traf, wurde der Chor in verlängerter Form und nun in gotischer Gestalt wiederaufgebaut. Dabei vernimmt man das Englische jetzt stärker. Die eingetieften, mit viel Stäbung gebildeten Fenster zeigen es ebenso wie die auf abgefangenen Diensten sitzenden schwerrippigen Gewölbe. Es ist am eindrucksvollsten wieder in der Bildung der Fenster an der platten Ostwand, die Englisches als Dekor umspielt, und in dem mit Köpfen besetzten Vierpaßfries darunter. Der Westturm mußte einem großen Westfenster weichen, statt dessen wurden dem Chor flankierende Türme hinzugefügt. Die Restaurierung des Stavanger Doms 1867-68 hat zwar alle Zierformen zu sehr erneuert, doch das Innere des imponierenden Steinbaus hat noch den vollen Atem des Geschichtlichen, zu dem auch das prächtige Barockinventar, besonders Kanzel und Epitaphien, beiträgt, das zwischen 1660 und 1680 durch den Bildschnitzer Anders Smiths eingebracht wurde.

Unmittelbar südlich des Domes wurde der *Bischofshof* aufgeführt, ein rechtwinkliger Steinbau, der unter Bischof Arne gegen Ende des 13. Jahrhunderts die Form erhielt, die sich in der noch erhaltenen Kapelle zeigt, die die gleichen Fenster wie der Domchor hat. Ein anderer Teil des Komplexes, der nach der Reformation zum »Kongsgård« wurde und dem Statthalter Wohnung gab, ist die nun weiß dastehende Domschule geworden. Von dort sieht man wohl junge Menschen kommen, die im Dom musizieren; es mutet dann wie in die Gegenwart herübergerettete Kurrende an.

Herübergerettet ist erfreulicherweise auch das nah daran gelegene Häuserviertel an der *Øvre Strandgate*. Man steigt von Strandkaien hinauf, unten liegen am Hafen die tristen Stapelhäuser, aber die dazwischen sich öffnenden Gassen führen zu den kleinen weißgestrichenen Häusern, in denen Kaufleute, Handwerker und Kapitäne wohnten. Die Mehrzahl dieser bemessenen Holzhäuser gehört dem 18. Jahrhundert und der Zopfzeit an. Viele besitzen prächtige geschnitzte Haustüren mit Messingbeschlägen. Durch die kleinen Fenster mit biedermeierlich gesteckten Gardinen und mit Blumen oder Porzellan auf den Fensterbänken kann man einen Blick in das Innere tun; putzige Hängelampen beleuchten da die schönen Mahagonimöbel, Bilder und Handarbeiten. Auch ist hier und dort Raum für einen Ziergarten ausgespart. Aber nicht alte Großmütter wohnen in Gamle Stavanger, sondern Menschen, die im Leben stehen und Freude am Gepflegten haben.

Gepflegt ist das Stadtbild von Stavanger allenthalben und etwas Humoriges gehört dazu. Für Letzteres spricht schon der *Wachturm Valberg* hinter dem Markt. Weil jedes ausbrechende Feuer die ganze Stadt mit ihren vielen Holzbauten in Gefahr brachte, saß hier hoch oben eine Wache, die die Bürger durch einen Böllerschuß alarmierte, wenn irgendwo ein Brand aufloderte. Was dann aber sehr bald brannte, war der Valbergturm selbst. Der Hafen darunter wird nun international, was die Norweger zwar mit gemischten Gefühlen, doch auch mit Stolz erfüllt. Am Kai bei Sjölyst liegt aber noch die 150 Jahre alte Yacht »Anna« und wird von den Stavangern wie eine junge Maid verehrt. Donnerstags ist am Hafen Markt, dann sind dort Buden mit ausgespannten bunten Schirmen aufgestellt, Kleiderständer findet man daneben, und die Jugend sitzt in langen Reihen auf den Stufen, die eigentlich zum Dom führen, und nimmt an dem nun fast südländischen Treiben teil. Im Wasserbecken tummeln sich Fische, und das Denkmal für Alexander L. Kielland, der als begnadeter Dichter gesellschaftskritisch sein wollte und war, steht in der Mitte des alle erfassenden Trubels. Seine Romane schildern das Leben der Herrnhuter und Haugianer, die im vorigen Jahrhundert in Stavanger sehr zahlreich waren, und die auch jetzt noch dort in größerer Anzahl als anderswo in Norwegen vertreten sind.

Stavanger ist überhaupt eine bunte Stadt und zeigt es schon an seinen Häusern, nicht nur in der Altstadt. Der Norweger liebt es, die Holzhäuser, die nicht mehr aus geschälten Stämmen geschichtet, sondern seit dem Aufkommen der Sägewerke mit Brettern vertikal oder häufiger horizontal verkleidet werden, unter Farbe zu setzen, und er tut es im Norden noch mehr als im Süden. Aber so wohl abgestimmt wie in Stavanger ist es kaum an einem anderen Ort, denn es werden hier Pläne für die Farbgestaltung in den Straßen entworfen und ihre Beachtung überwacht. So dominiert nicht wie sonst das Dunkelrot, sondern es herrscht eine reiche und freundliche Palette. Aber es sind nicht nur die Farben allein, die auch dort aufhelfen, wo dem Haus Pilaster vorgesetzt sind und Monumentalität vortäuschen wollen. Da erfreut man sich an Konsul Hansens Haus am Markt auch an den gut profilierten Fensterrahmungen, an sparsamen Rokoornamenten und an schönem Schmiedeeisen. Der nun

als Geschäftshaus genutzte und doch weiterhin gepflegte
Bau birgt einen Kern von etwa 1720 und dürfte seine
Front um 1760 bekommen haben. Dann liegen in der
Stadtmitte die Häuser Breidablikk und Ledaal, das eine
ein Holzgebäude von 1880, das andere ein Ziegelbau von
1799. Im *Ledaalhaus* wohnte die wohlhabende Familie
Kielland. Hier ist Alexander Kielland aufgewachsen, der
es unter dem Namen Sandsgaard liebevoll beschreibt.
Beide Häuser werden heute als Museum gezeigt, und Ledaal dient der Königsfamilie zur Residenz, wenn sie Stavanger besucht.

Damit sind wir wieder bei den *Museen*. Im Ledaalhaus
ist es nur die Einrichtung, die aber immerhin sechs Jahrzehnte umfaßt, in Breidablikk gilt das Jahrhundertende,
aber beide sind, wie wir es aus Kindheitstagen kennen,
allumfassend und dichtgefüllt. Dann besucht man das
1877 gegründete Museum in der Muségate. Naturkundliches, Vorgeschichtliches mit bedeutsamer bronzezeit-
licher Sammlung findet man vor, Geschichtliches und
Volkskundliches, das letztere nicht überbelegt, aber mit
einigen aufschlußreichen Stücken, die noch ihre echte Pa-
tina haben. Alles ist beieinander. Unmittelbar daneben
liegt das reich beschickte und hervorragend geordnete
Seefahrtsmuseum. Stavangers Bedeutung als Seefahrts-
stadt und Fischereihafen in alter und neuer Zeit kann
hier anschaulich erfahren werden. Außerdem gibt es
noch wie vielerorts in Norwegen, aber hier wie in Oslo
und Trondheim bedeutsam, ein Schulmuseum, das sich
mit Pädagogik und dem damit nicht immer konformen
Schulbetrieb befaßt.

Die *Kunstgalerie am Madlaveien,* nicht weit vom Museum entfernt, bietet norwegische Malerei, Bildwerke
und Graphiken. Es sei angemerkt, daß sie besonders die
Werke des Stavanger Malers Lars Hertervig herausstellt.

Nun, Hertervig war zu Lebzeiten arm und vergessen und ist in geistiger Umnachtung 1902 in Stavanger gestorben. Er wurde erst dann als Vorläufer des Surrealismus oder vielleicht auch des Jugendstils entdeckt. Er gehörte zusammen mit dem ihm nahen, aber früh verstorbenen August Cappelen noch zu der Düsseldorfer Schule des Hans Gude, kehrte dann gemütskrank bald nach Norwegen zurück. Er malte phantastische Landschaften wie Traumbilder, mit meist steilen Konturen der Kiefern, Felsen und Wolken, neigte zum Monochromen, liebte besonders ein lichtes Blau – er war dabei romantisch und wohl auch theatralisch. Offenbar hat die Generation der nach 1900 Geborenen sich von Hertervig gefangennehmen lassen, denn allenthalben, ob in den Galerien in Oslo, Bergen oder hier, ziehen heute seine Bilder das Interesse der Betrachter auf sich.

Da eigentlich noch zu jeder norwegischen Stadt ein Freilichtmuseum als Bygde- oder Folkemuseum gehört, fragen wir auch in Stavanger danach und erfahren Überraschendes. Da hat man 1936 mit einem Rogaland Folkemuseum begonnen, dann aber wegen des Klimas Bedenken bekommen und das überführte Gebäude wieder an den ursprünglichen Standort zurückgebracht und auch andere erhaltenswerte Bauernhäuser und Mühlen dort gesichert, wo sie stehen. Was ein solches dezentralisiertes Museum »an touristischer Bequemlichkeit verliert, gewinnt es an wissenschaftlichem Quellenwert«, meint Konservator Erik Vea. Die vierzig betreuten Gebäude sind tatsächlich schwer zu erreichen, die äußerste Entfernung zwischen diesen Außenstellen des Stavanger Museums, zwischen Varhaug und Røynevarden, beträgt 130 Kilometer. Aber das Museum am Ort gibt gern Auskunft und legt Dokumentationen vor. Am reizvollsten dürfte die Außenstelle in Suldal im nördlichen Rogaland mit dem »Guggedals Loft« aus dem 13. Jahrhundert, also einem der ältesten noch existierenden Häuser, sein. Auch Landschaftserlebnisse lohnen die Fahrt über den Ryfylkeweg vorbei an Flüssen, Wäldern und Bergen.

Wer sich aber in der Nähe Stavangers noch umtun will, sei auf das *Utsteinkloster* verwiesen, auf der kleinen Insel Mosterøy gelegen, die man zur Sommerzeit mit einem Ausflugsboot erreichen kann. Es ist nach allgemeiner Meinung Norwegens besterhaltenes Kloster, eine Augustinergründung der zweiten Hälfte des 13. Jahrhunderts. Es wird heute als Tagungszentrum genutzt, und im von Hendtschel und Lars Snedker ausgestatteten Kirchenchor finden noch Gottesdienste statt. Aber das Mittelalterliche ist durch Umbauten nach 1665 zum Teil bis zur Unkenntlichkeit verändert worden. Geblieben sind Reste des vierseitigen Kreuzgangs, Stützen in Vierpaßform und Ansätze der Rippengewölbe. Auch ein altes Portal wird noch mit Andacht betrachtet.

Das beliebteste Ziel von Stavanger aus ist der *Lysefjord,* in dem sich die steilen Hänge hoher Berge spiegeln. Man erreicht mit einem Tourenboot oder auch mit dem Wagen schließlich die Predigtstuhlhütte und von da zu Fuß in zwei Stunden den Predigtstuhl, einen klotzigen, gelb-grauen Granitfelsen, der sich sechshundert Meter senkrecht über dem blauen oder auch grünleuchtenden Wasserspiegel des Fjords erhebt. Auf der bratpfannenförmigen Felsplatte, die einen weiten Blick über Fjord und Fjell gibt, pflegen sich die Norweger mit Bedacht, die Fremden bis zur Unvernunft bräunen zu lassen.

Erläuterungen zu den Farbfotos

1 Tveitafoss bei Kinsarvik am Sørfjord, Hardanger.
Hordaland. (Foto Lise Henriksen)

2 Skjolden am Ende des Lustrafjords,
dem innersten Arm des Sognefjords, mit Aussicht
gegen Jotunheimen. Sogn og Fjordane.
(Foto Camera Bergum, Sogndal)

3 Strynefjell am Breidalsvatn bei Grotli.
Oppland. (Foto Toni Schneiders, Lindau)

4 Storjuvbreen mit Galdhøpiggen, 2469 m, Jotunheimen.
Oppland. (Foto Fjellanger Widerøe)

5 Rentiere auf der Hardangervidda.
(Foto Knut Haugen, Fjellanger Widerøe)

6 Sortland auf der Inselgruppe Vesterålen.
Nordland. (Foto Erika Schmied, Hamburg)

7 Am Lyngenfjord. Troms.
(Foto Erika Schmied, Hamburg)

8 Trondheim, hölzerne Speicher an der Nidelva.
(Foto Erika Schmied, Hamburg)

9 Mitternachtssonne, am 16. Juli 1977 von Vollan
an der E 6 nördlich des 69. Breitengrades aus
aufgenommen. Troms. (Foto Astrid Fischer, München)

10 Am Ryfylkeweg, einer landschaftlich besonders
abwechslungsreichen Straße von Sandnes nach Sauda,
entlang des Boknafjords. Rogaland.
(Foto Klaus D. Francke, Hamburg)

Auf Norwegens Straßen

Wege durch Norwegen 1

Wer Norwegen in seiner grandiosen Schönheit ganz erleben will, sollte beides tun, mit dem Schiff an den nie endenden berggesäumten Küsten entlang- oder in die Fjorde hineinzugleiten und von der meist unbewegten tieffarbigen See her die ständig wechselnden Bilder der Felswände und Wasserfälle zu genießen. Er sollte aber auch mit dem Wagen längs oder quer durchs Land fahren, durch blühende Täler, an Berghängen und großen Binnengewässern vorbei, über die kahlen Fjells, wo auch im Sommer noch Schnee liegt, oder an den großartigen eisverkrusteten Zacken und Spitzen von Jotunheimen vorüber. Die Straßen sind durchgängig gut, aber oft schmal und in die Berge eingesprengt. In mäßig beleuchteten Tunnels ist Vorsicht geboten und die Sonnenbrille vorher abzunehmen. Mit guten Karten und Informationen kann man seine geplanten Ziele gut erreichen, und wo Fähren die Straßen unterbrechen, braucht man in der Regel nicht sehr lange zu warten. Wenn hier nun Wege vorgeschlagen werden, kann es nur eine Auswahl sein, und am Ende muß eine Stadt liegen. Wer in Einsamkeit wandern will, hat hier die größte Freude, aber er tut gut daran, sich vorher in den Zentralen des Bergwandervereins DNT (Den Norske Turistforening) zu informieren, wenn er nicht in der Irre verkommen will.

Wir beginnen mit Oslo. Wer von Süden, also vom schwedischen Göteborg anfährt, hat in noch verhaltener Berglandschaft bereits wechselreiche Bilder, trifft auf Geschichtsstätten, die wie Halden oder Drøbak nicht nur regionale Ereignisse sind. Landschaftlich großartig ist schon der Empfang am Svinesund, zu dessen Seiten die Wälder ansteigen und über den sich nun eine 65 Meter hohe Brücke spannt. Für unsere Großväter war es noch beschwerlich, bis zum Sund hinunterzukraxeln und die Fähre über den doch nur schmalen Wasserarm zu nehmen. Kurz dahinter schon trifft man dann auf die sich oft wiederholenden Schilder »Helleristninger« oder gar »Helleristningsfelt«. Sie weisen auf Vorgeschichtliches, vor allem auf die am Oslofjord besonders häufigen, aber doch auch bis in den hohen Norden verbreiteten dreitausend Jahre alten bronzezeitlichen Felszeichnungen. Wer sie in großer Ausdehnung sehen will, sollte sich ihnen vorher schon bei Tanum in Bohuslän widmen. Bohuslän wird in der schwedischen Reiseliteratur als eine sehr norwegisch anmutende Landschaft herausgehoben, und norwegisch ist sie auch gewesen, bis Gustav Wasa sie ertrotzte. Zu den Felszeichnungen, an den harten Granithängen und Platten, die man selbst noch im Osloer Stadtgebiet am Ekeberg bei der Seemannsschule sehen kann, besonders aber in Borge und Skjeberg in Østfold, ist einiges zu bemerken. Es gibt die »arktischen«, die dem Beginn der Bronzezeit entstammen, und die »germanischen«, die in das Ende der Bronzezeit gehören. Die ersten stellen großkonturierte Tiere dar; Elche wie auch Wale sind teils deutlich ausgeführt, teils sehr vereinfacht in die Felsen eingekratzt. Sie sind als Jagdzauber zu verstehen, man wollte sich der Beute durch die Beschwörung versichern. Das, was in Altamira in Spanien gemalt zu sehen ist, wurde hier eingeritzt und ausgeschlagen. Die anderen Felszeichnungen entspringen mehr bäuerlichem Denken. Da führen Menschen den von Pferden bespannten Pflug, da sind kreisrunde und spiralische Sonnenzeichen und Sonnenanbeter, denn ohne die Gunst der Sonne ist alles Mühen um Ackerfrucht vergebens, da sind

Schiffe zu sehen, die nicht nur Seeleute tragen, sondern
auch Götter zur Sonnenzeit in das Land bringen. Der
Fruchtbarkeitskult spielt hier eine wesentliche Rolle, und
die Fußzeichen können auf die Anwesenheit des Magie-
trägers, der großen Götter deuten. Die Form der Zeichnung besteht aus Kürzeln, deutet nur an, und bei allen
schon gegebenen Erklärungen bleiben doch viele Fragen.

Kurz nach dem Grenzübergang Svinesund führt eine
Straße rechter Hand nach *Halden,* von 1665 bis 1927
Fredrikshald genannt, weil der dänische König Frederik III.
den Ort befestigte. Es ist der hochgelegene Fredriksten
mehrfach von den Schweden angegriffen und verteidigt
worden. 1718 belagerte Karl XII., der abenteuerlichste
der schwedischen Könige, die Festung und ließ schon
schwere Artillerie anrücken, als ihn die tödliche Kugel
traf, von der man nicht weiß, ob sie aus der Festung oder
aus seinen eigenen Reihen kam. Aber jugendliche Helden
pflegen in Glorie weiterzuleben, gelten über Freund und
Feind hinaus, und so wurde Karl XII. in der 1826 nach
einem Brand sorgsam wieder aufgebauten Festung eine
eiserne Pyramide als Denkmal gesetzt. Im Museum Hal-
dens Minder treffen wir Militärisches, Waffen, Fahnen,
Bilder, auch zwei von Karl XII. Wie Christian Heinrich
Grosch in dem 1814 wieder zur Hauptstadt gewordenen
Christiania als Zeichen des norwegischen Selbstbewußt-
seins die Universität bauen durfte, so war er nach dem
Brand von Fredrikshald auch hier beachtlich am Werk.
Er baute den Søylegård für den Kaufmann Chr. Paulsen
in einer an seinen Lehrmeister, den Kopenhagener C.F.
Hansen, gemahnenden Monumentalität, wenn in ausge-
nischter Mitte der Häuser über zwei Stockwerke hinweg-
geführte Säulen mit ägyptischen Kapitellen eingestellt
sind. Ferner errichtete er in verputztem Backstein die
1833 vollendete Immanuelskirche in Fredrikshald, die an

Hansens 1829-33 gebaute Kirche in Husum gemahnt. Im Museum Rød Herregård werden Zeugnisse der Wohnkultur des 17. und 18. Jahrhunderts bewahrt.

Zur Reichsstraße 1 zurückgekehrt, kommen wir zu dem schon genannten *Skjeberg,* wo die Felszeichnungen dicht beieinander liegen. Die Straße von Skjeberg nach Moss heißt sogar wegen der Menge von Hünengräbern und Felszeichnungen die »Frühgeschichtliche«. Aber Skjeberg ist auch der Ort eines sehr modernen Unterfangens. Der blinde Musiker Erling Stordal wollte etwas für seine Leidensgenossen tun. Auf dem vom Vater geerbten Hof Storedal stiftete er einen Park, und auf seinen Wunsch errichtete 1970 Arnold Haukeland eine 19,5 Meter hohe Stahlskulptur für Blinde, die nicht so sehr gesehen als gehört werden soll. Das wechselnde Tageslicht wirkt auf fotoelektrische Zellen ein und löst Melodien aus, die die hohe, die Arme himmelwärts streckende Skulptur umspielen. Wenn der Kunstfreund nun schon anhält, sollte er das aus Sandstein gehauene Taufbecken aus dem 12. Jahrhundert in der Skjebergkirche, einem Steinbau des 13. Jahrhunderts, nicht übersehen.

Über Borge, den Heimatort des Polarforschers Roald Amundsen, dem man dort 1972 ein Museum gewidmet hat, gelangt man nach *Fredrikstad,* das 1567 von König Frederik II. als Festung gegründet worden ist. Diese Gründung ist als Gamlebyen, als Altstadt in ihrer rektangulären Anlage noch gut erhalten und zeigt sich in einem bescheidenen Renaissancestil. Heute sind die alten Häuser von Kunstgewerblern besetzt. Ende des 17. Jahrhunderts wurde der Ort noch stärker befestigt, und das Fort Kongsten lockt nun die Fotografen. Ein Museum gibt es natürlich auch, in dem das Militärische vorherrscht, selbst eine Tordenskjold-Sammlung ist zu Ehren dieses norwegischen Seehelden aufgebaut worden, dem wir in Norwegen öfters begegnen werden.

Von Fredrikstad erreicht man auf der Straße nach Norden Rolvsøy, den Geburtsort des Evangelisten Hans Nielsen Hauge (1771-1824), der die fromme Haugianerbewegung ins Leben rief und in Rolvsøy ein Museum erhielt. Wir sahen in Oslos Nationalgalerie das Gemälde von Adolph Tidemand, auf der ein vom Wort ergriffener Haugianer einer Hausgemeinde zur Einkehr predigt. Dann folgt *Sarpsborg,* einst von allen Norwegenreisenden angesteuert, nicht weil statt dänischer Könige Olav der Heilige als Stadtgründer gilt, sondern weil hier Norwegens längster Fluß, die Glåma, sich über den 22 Meter hohen und 39 Meter breiten Sarpsfossen mit ungeheuren Wassermassen krachend und dampfend in die Tiefe stürzte. Der Rheinfall von Schaffhausen schien gegen diesen Wasserfall zweitrangig. Immer wieder lockte der Sarpsfoss die Maler an, auch wenn sie ihn nach dem Rezept der Rheinfallbilder malten. Aber er wurde schon früh gezwungen, Sägewerke zu betreiben, und seit 1900 ist er fast ganz trockengelegt. Es ist ein elendes Bild, das sich jetzt darbietet. Man geht vielerorts der ungebändigten Natur zu Leibe, und wo ältere Fremdenführer Sensationen melden, sind nur noch Rohre und Generatoren zu sehen. Doch in Norwegen ist an verbleibenden Wasserstürzen glücklicherweise kein Mangel.

Aber Sarpsborg, eine der ältesten norwegischen Städte, heute ein Zentrum der Papierindustrie, hat seine Herkunft nicht vergessen. Wenn wir sonst in dieser Landschaft Østfold an mehreren kleinen Museen vorüberfahren, sollten wir hier das Borgarsyssel Museum nicht überschlagen. Es ist ein Freilichtmuseum mit 21 Altbauten, dabei die Ruine einer um 1100 errichteten Nikolaikirche. Inmitten dieser Häuser vom 17. bis 19. Jahrhundert findet sich eine vollständige mittelalterliche Hofanlage. Daß auch viel Prähistorisches gezeigt wird, versteht sich in der Nähe der »vorgeschichtlichen Straße« von selbst. Am

Hof Bjørnstad treffen wir wieder auf die oft diskutierten Felszeichnungen. Besonders das Bjørnstadschiff hat von sich reden gemacht, doch auch die Felszeichnungen von Kalnes sind nicht weit entfernt.

Auf dem Weg nach Moss, den wir damit genommen haben, berühren wir Karlshus, das in der schönen, von Endmoränen und Seen bestimmten Landschaft des Vansjø liegt. In *Moss* selbst, der Hauptstadt der Provinz Østfold, ist nicht viel zu sehen, das Rabekk-Museum ist nur von lokalem Interesse, doch weisen die Mosser auf den Konventionsgård hin, in dem 1814 der Unionsvertrag mit den Schweden unterzeichnet wurde, mit dem statt eines eigenen Königs Karl Johan Bernadotte anerkannt werden mußte. Von Moss führt der meist von Wald gesäumte Weg nach *Drøbak,* einer Kleinstadt am Fjord mit Fachwerkhäusern, die Künstler anzog. Christian Krohg und Frits Thaulow haben sich hier heimisch gefühlt, und die Bilder in den Galerien des Landes weisen vielfach auf diese milde Landschaft hin. Vor Drøbak aber, in Oscarsborg, standen die fast schon antiquierten Kanonen, eine davon »Moses« genannt, die am frühen Morgen des 9. April 1940 dem deutschen Kreuzer »Blücher« das Konzept verdarben. Er kam durch die Fjordenge nicht hindurch, sondern wurde mit seiner übergroßen Besatzung auf den Meeresgrund geschickt. Der Angriff auf Oslo mußte um Stunden verschoben werden, und der König wie auch das Gold der Bank von Norwegen konnten unterdessen in Sicherheit gebracht werden.

Von Drøbak führt der Weg über Vinterbru, wo ein großer Tierpark noch einmal zum Verweilen einlädt, nach Oslo, von dem man zuerst die Sprungschanze am Holmenkollen wahrnimmt. Beim Ekeberg, den wir schon wegen der dort erhaltenen Felszeichnungen nannten, wird der Blick auf den Hafen frei, durch den die Stadt ihre Existenz gewann.

Wege durch Norwegen 2

Wer von Oslo aus Norwegen erleben will, pflegt entweder über Kongsberg durch die Landschaft Telemark zu fahren, überquert mehrere Fjorde und hat dann Bergen, die zweitgrößte und geschäftsträchtige Stadt zum Ziel, oder er nimmt seinen Weg am langen und stillen Mjøsa entlang, sucht dann durch das Gudbrandstal zu kommen, wagt sich von Åndalsnes südwärts über den abenteuerlichen Trollstig nach Geiranger oder wünscht den Dom von Trondheim zu sehen. Der Weg an der Südküste scheint weniger Sensationelles zu versprechen, ist auch ohne Ausländerverkehr, und Stavanger als das Ziel dieser Südfahrt ist auf der Westroute über Kongsberg, Haukeligrend und Sand fast eher zu erreichen. Doch man pflegt, wenn man nur nach Stavanger will, das Flugzeug zu wählen. Aber auf dem gemächlichen Südweg durch die Provinzen Vestfold, Aust-Agder und Vest-Agder begegnet man vielem Denkwürdigen, nicht nur südlich von Horten Åsgårdstrand, wo Munch die »Mädchen auf der Brücke« malte, oder an der Ostküste des Skagerrak Grimstad, in dem noch immer die Apotheke steht, in der Ibsen als Provisor tätig war, oder nahe bei Grimstad das Gut Nørholmen, das die Jahre des Glückes wie die Tragödie Knut Hamsuns sah.

Wir verlassen Oslo in Richtung Drammen, lassen die Museumshalbinsel Bygdøy zur Linken liegen, sehen allenthalben durch Bergwände geschützte Buchten, in denen die Segler ihre Boote vertäuen. Es ist eine sehr be-

wegte Szenerie, denn die Landschaft von Drammen und
Vestfold ist entgegen der östlichen Fjordseite von perm-
zeitlichem Eruptivgestein bestimmt, und kambrosiluri-
sche Sedimente haben sich dazwischen gelegt. Der Geo-
loge sucht hier die geogenischen Verkrustungen. Zwölf
Kilometer vom Zentrum Oslos entfernt erreichen wir in
Høvikodden in freier werdender Landschaft das »Sonja
Henies und Niels Onstads Kunstzentrum«, das sich vor
dem lauten Straßenlärm der nahen Autobahn verbirgt. Es
ist waldumstanden und zum Oslofjord wieder fächerför-
mig geöffnet, bietet eine wie eine ausgreifende Hand gestaltete Architektur aus Beton, Aluminium und Glas und
wurde 1966-68 von den damals jungen Architekten J.
Eikvar und S.E. Engelbretsen erbaut. Es birgt die 1961
errichtete Stiftung.

Wir erinnern uns an Sonja Henie als der »Königin des
Kunsteislaufs« in den zwanziger Jahren, sie errang zehn
Weltmeisterschaften und drei olympische Medaillen,
wurde dann Filmstar und heiratete den erfolgreichen
Reeder Niels Onstad, der von Jugend auf Kunstsammler
war. Beider Stiftung, die Werte von fünfzig Millionen
Kronen umfaßt, ist die größte private Stiftung, die Norwegen zuteil wurde. Sie möchte avantgardistische und
international gültige Kunst des 20. Jahrhunderts den
Norwegern zur Anregung geben. In großen, dynamisch
geformten Sälen werden in häufigem Wechsel die Bilder
ausgestellt. Vieles, was sich als Phrase erwiesen, landete
schließlich in den Magazinen, aber es bleibt doch genug
Großartiges, ob es nun Kubistisches von Picasso, Braque
oder Juan Gris, Surrealistisches von Max Ernst und Miro
ist, oder ob es sich um Beispiele der Abstrakten, von
Villon, Manessier, Feito, oder um ein Dutzend Bilder von
Hans Hartung handelt. Gut vertreten ist auch die in pro-
grammatischen Ansprüchen nicht zaghafte Cobra-
Gruppe mit dem anregenden Dänen Asger Jorn, den Bel-

giern Alechinsky und Corneille, dem Amsterdamer Karel Appel, die ihren Namen 1949 nach den Anfangsbuchstaben der Städte Copenhagen–Brüssel–Amsterdam (COBRA) wählten. Es sind in der Henie-Onstad-Stiftung Künstler aus ganz Europa einschließlich Rußland und aus Nord- und Südamerika vertreten, dabei aber außer Edvard Munch und Jakob Weidemann, G.S. Gundersen und J. Johannessen kaum Norweger. Man will sich nicht selbst zeigen, sondern die weite und sich doch so ähnliche Welt der Moderne aufschließen. Aber die Mehrzahl der hervortretenden norwegischen Maler fragt wenig nach Avantgardistischem, sie sucht einen eigenen norwegischen Weg mit viel Gesellschaftskritik. Sie nimmt den Einwand, darüber provinziell zu sein, hin. Inmitten der Stiftung trifft man einen Raum mit den Ehrenpreisen, die sich Sonja Henie erlief. Daß die Trophäen selten Kunstgebilde sind, ist schade, dafür ist aber ihr Silbergehalt umso gewichtiger. Wenn die Stiftung dann noch mit einer Bibliothek zum Thema moderne Kunst, mit Vortragssaal, Kino, Cafeteria und gutem Restaurant ausgestattet ist, weist das auf die Absicht, zu Begegnungen und Tagungen einzuladen. Dazu ist dieses »Kunstzentrum« bestens geeignet, auch ist es ganzjährig bis 22 Uhr geöffnet.

Sonst sind die Bildergalerien im Lande vornehmlich den Norwegern gewidmet. Am nahen Drammenfjord liegt das reizende *Holmsbu,* das eine Galerie besitzt, die der Kunst des Henrik Sørensen (1882-1962) und seiner Freunde gewidmet ist. Sørensens Bilder waren stark religiös geprägt und Pazifismus war sein Anliegen. In seinen Staffeleibildern war er erfolgreicher als in der Wandmalerei (z.B.: Völkerbundspalast in Genf), wo er den von Matisse kommenden jüngeren Kollegen Platz machen mußte. Eine Galerie besitzt auch Drammens Kunstvereinigung, doch sie führt in das 19. Jahrhundert zurück.

Wer aber in *Drammen* nicht nur die Touristensensation Spiralen sehen möchte, einen Tunnel, der in sechs Spiralwindungen zum 300 Meter hohen Gipfel des Bragernesåsen mit herrlicher Aussicht hinaufführt, sondern auch einiges über die Provinz Buskerud erfahren will, deren Verwaltungszentrum die schon im Hochmittelalter als Handelshafen genannte Industrie- und Hafenstadt Drammen ist, der wird auch hier das Museum besuchen und überrascht sein. Es ist in dem alten, gegen 1770 erbauten und 1930 feuersicher gemachten Patrizierhaus Marienlyst untergebracht und durch das Herrenhaus Austad von 1808 ergänzt worden. Ein Hallingdaler Hof kam hinzu. Beides ergibt ein Freilichtmuseum, während Marienlyst systematisch aufgebaute Sammlungen zeigt. Da gibt es Kunst der Renaissance, des Barock, Régence, Rokoko und Empire, nicht gerade mit besonderen Glanzstücken belegt, aber aufschlußreich, weil man die unterschiedlichen Bedingungen des Schaffens in einer Hafenstadt und einer Fjordlandschaft erkennt. Vom 15. bis 17. Jahrhundert sind es holländische und deutsche Züge, die sich auch im Eigenen niederschlagen. Dann beginnt der Kontakt mit England sich zu verdichten, schließlich bestimmt das Dänische. Eine kirchliche Abteilung dieses Museums enthält Ausstattungsstücke aus Kirchen in Buskerud. Daneben findet sich eine Schau der Produkte der Fayencefabrik Drammen (1760-1780) und von Arbeiten von Drammens Glasschneidern, Kannegießern und Silberschmieden. Bilder der hier tätig gewesenen Maler wie Frederik und Peter Petersen, Mathias Stoltenberg und Peder Aadnes hängen dazwischen. Das Obergeschoß zeigt die Bauernkultur, bemalte Möbel mit Rosenornamentik. Die Empfänger dieser bunten Schränke und Truhen werden häufiger genannt als die Maler, auch der Tag der Übergabe als Aussteuer wird vermerkt, der den wohl auf Vorrat bemalten Möbeln eingefügt wurde.

Im zweiten Gebäude sind passende und gut ausgestattete Stuben aus Régence, Empire und Biedermeier eingerichtet. Die umschließenden Holzbauten enthalten Sammlungen zur Landwirtschaft, Jagd und Fischerei, eine stattliche Reihe gußeiserner Ofenplatten mit der Vielfalt der Darstellung, wie die südnorwegischen Hütten sie pflegten und bis nach Schleswig-Holstein lieferten, wobei sie den Import aus dem Siegerland ablösten. (Das Hassel-Eisenwerk ist nicht fern und hat in Skotselv ein eigenes Museum.) Der Hallingdal-Hof im Drammenmuseum mit fünf Häusern, der Hauptbau von etwa 1830, ist von den Rosenmalern Nils und Embrik Bæra ausgemalt worden, die Loftstue von etwa 1775 von Kristen Aanstad. Solche Anlagen sieht man allerdings in Bygdøy besser; seltener aber ist die im Drammenmuseum bewahrte Badestube, 1770 datiert, die übrigens auch zum Korntrocknen diente.

Von Drammen kann man den Weg über *Horten* nehmen, wo eine alte Marinezentrale in friedlichster Umgebung 1853 Anlaß war, ein Marinemuseum zu gründen. Davor liegt das erste Torpedoboot der Welt, als RAP 1873 in England gebaut. Nahe steht die Kirche von Borre mit einer reichen, 1667 von dem dänischen Knorpelstilmeister Abel Schröder geschnitzten Altarwand. Unweit der Kirche befindet sich im Nationalpark ein Wikingerfriedhof; Angehörige der aus Schweden stammenden Yngling-Dynastie, die Südnorwegen beherrschte, sollen hier bestattet sein.

Man erreicht dann über Åsgårdstrand, wo Edvard Munch mehrere Sommer malte, und wo man seiner in dem kleinen Munchhaus gedenkt, *Tønsberg*. Diese Stadt, Ende des 9. Jahrhunderts gegründet, soll Norwegens älteste sein. Vorher war das nahe Kaupang ein wohlhabender Handelsplatz, wo Waren aus dem Norden, Pelze und Walroßzähne, gegen Silber und Keramik aus dem Westen

Europas getauscht wurden. Es hat schon im 10. Jahrhundert seine Bedeutung verloren. Harald Schönhaar ist dann nach der Aussage des Sagaschreibers Snorre der Ahnherr von Tønsberg. Aber das wird in den Stadtprospekten nur nebenbei bemerkt, wichtiger scheint es den Werbeeifrigen, daß die Stadt mit 12.000 Einwohnern 9000 Menschen beschäftigt, daß es im Hafen lebhaft zugeht, daß viele Segelregatten gefahren werden, daß es eine Seefahrtsschule, eine Handelsschule, Schulen für Gesunde und Behinderte gibt. Doch die Geschichte erhebt sich im Rücken dieser Stadt unübersehbar. Mag die Stadt auch 1536 bis auf den Grund abgebrannt, daraufhin neu erstanden sein und dann infolge des Reichtums, den der Walfang im 18. Jahrhundert brachte, die Not des Mittelalters vergessen haben, im Westen erhebt sich der Schloßberg mit den Resten der von Håkon IV. erbauten Burg Tunsberghus und einer im 12. Jahrhundert hier hoch oben erbauten Michaeliskirche. Der 1888 erbaute Aussichtsturm an der steilen Flanke des Berges wird von der Stadt her allenthalben gesehen. Von Tunsberghus erließ Magnus V. die Gesetze, die ihm den Beinamen des Gesetzesverbesserers eingebracht haben.

Am Fuß des Burgbergs liegt das weitläufige *Vestfold Fylkesmuseum*. Es besteht aus ausgedehnten Sammlungsgebäuden und einer Freilichtabteilung. Bei den Sammlungen galt es, außer den großen Beständen an Vorgeschichtlichem und den von Ausgrabungen herrührenden stadtgeschichtlichen Belegstücken, auch seine Walfangvergangenheit zu zeigen, die sich aber ersparen kann, wer auch Sandefjord besuchen will. Eine andere Abteilung des Tønsberger Vestfold-Museums dürfte ihn mehr fesseln, denn bei Tønsberg ist in Oseberghaugen 1904 das Osebergschiff gefunden worden, das nun der Schatz des Oslo-Bygdøyer Wikingermuseums und Norwegens größter Nationalstolz ist. In Tønsberg wird mit Fotos, Model-

len und Nachbildungen das erregende Geschehen um die
Freilegung und Bergung dieses bis dahin jederzeit gefähr-
deten Fundes gezeigt und der Ausgräber Gabriel Gustaf-
son geehrt. Man möchte nach solcher Information am
liebsten noch einmal nach Bygdøy zurückkehren. Der
weitere Teil des Tønsberger Museums birgt das mittelalterliche Heierstad-Haus und Vestfold-Häuser des 17.
und 18. Jahrhunderts. Solche sind übrigens auch noch
vielfältig in der Stadt zu sehen, besonders in Nordbyen.
Prächtige Holzbauten klassizistischer Prägung finden
sich nahbei rund um den Dom, der zwar erst 1858 anstelle eines älteren Baues errichtet wurde, dessen neugoti-
sches Gehäuse aber Relikte aus untergegangenen
Tønsberger Kirchen beherbergt. Man wird auch die Ruinen der Olavskirche an der Storgata noch sehen wollen.
Diese in den letzten Jahren des 12. Jahrhunderts errichtete Kirche war der größte Rundbau des Nordens. Die
aus der gleichen Zeit stammende Stabkirche vom nahen
Høyfjord nordwestlich Tønsbergs ist die einzige erhaltene Stabkirche Vestfolds, aber sie gibt ohne Innenstützen keine gute Vorstellung und bietet auch sonst nichts
Bemerkenswertes; sie ist nur sonntags geöffnet. Tatsächlich verlohnt es sich mehr, zu den Inseln Nøtterøy und
Tjøme im Süden Tønsbergs zu fahren, nach »Verdens
ende«, zum »Ende der Welt«. Es sind dies Badeinseln mit
klarem, blauleuchtendem Wasser und Felsen zum Sonnen. Nøtterøy besitzt noch eine Kirche des 12. Jahrhunderts mit Ausstattung des 18. Jahrhunderts, und an »Verdens ende« steht das urtümliche, aus Felsen errichtete
Leuchtfeuerhaus, das kein Fotofan ausläßt.

In *Sandefjord*, der nächsten Stadt an der nach Stavanger führenden Europastraße E 18, werden die Kameras
sicherlich vor dem eindrucksvollen Walfangmonument
an der Strandpromenade gezückt. In diesem überaus ge-
lungenen Kunstwerk stellt Kurt Steen die Männer im

E. Munch, 1889

III

EDVARD MUNCH

(1863-1944)

Inger am Åsgårdstrand
(»Sommernacht«) 1889

Gemälde, 126,4 x 161,7 cm

Rasmus Meyers-Sammlungen,
Bergen

nußschalengroßen Boot im Kampf mit dem um sich schlagenden Wal dar, inmitten von hoch aufschießenden Fontänen. Es ist ein Bildwerk todesmutigen Kampfes, der in Wahrheit zwar ein übles Morden war. Sandefjord war die Stadt des großen Walfanggeschäfts, stieg allerdings später in dieses ein als Tønsberg. Der See war man aber

Walfang
Holzschnitt von
H. G. Sørensen
1963

offenbar mehr als ein Jahrtausend lang verbunden, denn nahebei liegt der Grabhügel Kongshaugen oder Gokstad-haugen, wo 1880 das Gokstadschiff ausgegraben wurde, neben dem Osebergschiff nun der zweite Schatz des Byg-døyer Wikingermuseums. Im Unterschied zu Oseberg war das Gokstadschiff sogar seetüchtig. Im Mittelalter schon lebte Sandefjord vom Holzhandel, wurde aber erst 1570 Marktflecken und erhielt 1845 Stadtrecht.

Doch damals war das Geschäft mit dem Wal fast schon über den Höhepunkt hinaus, denn nachdem Svend Foyn aus Tønsberg die Schrapnellharpune erfunden hatte und die Fangboote unter Dampf fuhren, setzte die Ausrottung dieser Urtiere ein, die schließlich dazu führte, daß es sich in der Arktis gar nicht mehr zu jagen lohnte und auch die Antarktis immer geringere Fänge ergab. Seit 1968 fangen die Norweger nicht mehr, mit dem schönen Erfolg, daß man selbst vor den Lofoten heute wieder Wale im Wasser sich tummeln sehen kann. Nur die Japaner und Russen stellen dieser gewaltigen Kreatur weiter nach. Wie es im 19. Jahrhundert dabei zuging, erfährt man im Walfangmuseum, vor dessen Eingang die mörderischen Walkanonen des Svend Foyn wie Trophäen stehen. Eine Walnachbildung hängt von der Decke der Museumshalle, alle Arten von Walen und die ebenso betroffenen Robben werden gezeigt, dazu die Jagdmethoden bis hin zu den schwimmenden Tranküchen, die aber kaum mehr diejenigen belieferten, die bei Tranfunzeln in der Bibel zu lesen versuchten, sondern Margarinefabriken und chemische Industrien.

Sandefjord ist, nachdem 1900 ein großer Brand die Stadtmitte in Asche legte, eine moderne und weiträumige, am Rande einer mächtigen Moräne gelegene, doch nicht eigentlich schöne Stadt geworden, die von der Schiffahrt lebt. 3,2 Millionen Tonnage sind hier registriert. Betonhochhäuser und kleine Holzhäuser, Flachdächer und niedrige Giebel findet man bunt durcheinander. Neben dem neuen Walfangmuseum besitzt die Stadt ein Seefahrtsmuseum in einem einstigen Reederhaus von 1830, das eine eigene Roald-Amundsen-Sammlung und schöne instruktive Modelle birgt. Ein Stadtmuseum in einem Haus von 1792 mit Kunst und Kunsthandwerk findet sich nebenan.

Ein Seefahrtsmuseum treffen wir auch in der nächsten Stadt an der E 18 an, in *Larvik,* in einem alten Zollhaus von 1714. Hier wird auch Thor Heyerdahls, des Kon-Tiki-Seglers, und Magnus Andersens gedacht, der 1893 mit einer Nachbildung des Gokstad-Schiffes den Nordatlantik schneller als vorgesehen bewältigte. In Larvik, das eine günstige Verbindung über den Skagerrak nach Jütland bietet, ließ sich 1673 der dänische Statthalter Graf Ulrik Frederik Gyldenløve, die »Hohe Exzellenz«, Halbbruder Christians v., nieder und ließ sich Herregården als Residenz erbauen. Das wiederhergestellte Haus ist nun auch Museum und zeigt das aristokratische Leben des 17. Jahrhunderts. 1677 stiftete der geltungsbewußte Graf die Dreifaltigkeitskirche in Larvik und schenkte ihr das Altarbild »Christus als Kinderfreund« von Lucas Cranach, eine der vielen Fassungen dieses Themas des Wittenberger Meisters. Aber auch kriegerische Ambitionen lagen der »Hohen Exzellenz«, er rüstete die Citadell-Insel bei Stavern auf, die später Stützpunkt für Tordenskjold wurde, nun aber gern Künstlern als Sommeraufenthalt dient. Die Nachkommen Gyldenløves, der sich selbst bald wieder nach Kopenhagen und schließlich seiner Gicht wegen nach Hamburg zurückgezogen hatte, die Grafen Danneskjold, erinnerten sich der Stadt wieder, als man sich allenthalben in Dänemark um Norwegen bemühte; sie stifteten 1792 »Hospitalet«, Larviks erstes Altersheim.

Aber die Larviker nennen als erste Sehenswürdigkeit den Bøkeskogen, Norwegens größten Buchenwald, durch den man über die E 18 zur Stadt fährt. In ihm liegen an die hundert Wikinger-Grabhügel, und sonntagvormittags kann man wohl zu Ehren der fernen Ahnen Choralmusik vernehmen. An den Gestaden von Aust-Agder finden sich auch noch vereinzelt störrige Eichen. Noch eine Besonderheit: Norwegens einziges natürliches

Mineralwasser »Farris« kommt aus der Håkon-Quelle am Farris-See bei Larvik. Eines Besuches wert für den aus Dänemark oder Norddeutschland Kommenden dürfte das im Westen der Stadt gelegene Fritzøe-Værk-Museum sein. Es ist von dem Eisenwerk Fritzøe angelegt worden und zeigt Öfen, Ofenplatten und Gußformen von 1640 bis 1868. Es ist eine imponierende Galerie besonderer Art. Wenn man weiß, wie viele dieser kunstvollen, in Relief gearbeiteten Platten nach dem Süden ausgeführt wurden, gibt es manche Aufschlüsse und zeigt, in welcher Weise der Norden exportfähig war, obwohl der Anstoß zu dieser Kunst des Eisengusses von deutschen Hütten ausgegangen sein mag.

Die Weiterfahrt über die E 18, die bisher nur in Abständen Erregendes bot, führt bis Lillegården und auch noch bis Brevik durch eine großartige Landschaft. Immer wieder ist sie wild zerklüftet, die urweltlichen Eruptivgesteine enden. Die Bilder wechseln schnell. Zweigt man nach Süden ab, trifft man kleine Fischerdörfer. Aber inmitten der Schönheit, die sich nun entfaltet, stehen auch Industriewerke, denn hier hat sich die Elektrochemie von Norsk Hydro angesiedelt, zum Beispiel in Herøya, dann in Porsgrunn, das sich die Reisenden vorgemerkt haben, die hier von der E 18 zur Straße 36 abzweigen wollen, um in Telemark ungestörte Natur zu erleben. In Eidanger folgt eine Salpeterfabrik und bei Brevik eine Portland-Cementfabrik. Dennoch erhascht man schöne Aussichten und erreicht auf Nebenstraßen immer schnell das Meer.

In *Brevik* sollte man wohl auch das Stadtmuseum besuchen. Es ist in einem reizvollen Haus von 1761 untergebracht, und eines seiner Räume hat noch originale Wandmalerei des Rokoko. Sonst ist auch hier die Seefahrt das Hauptthema. Nahe Brevik liegt Bambe. Eine malerisch wirkende Ruine bei der neuen Kirche ist der Rest eines Baus aus dem 12. Jahrhundert mit zwei reich

ornamentierten Portalen und Tympana, die Englisch-
Normannisches auch hier im Süden zeigen. Die E 8 führt
weiter nach Südwesten. Wer das bekannte Seebad des
malerischen Kragerø mit Parks und Wald besuchen will,
muß einen Abstecher nach Süden machen, und auch die
kleine Barockstadt Risør liegt links der großen Straße.

Klippe bei Kragerø, Zeichnung von E. Munch. Oslo, Munch-Museum

Deren Ziel ist die an der Mündung der Nidelva, ursprünglich auf sieben Inseln erbaute Stadt *Arendal,* die
man früher ihrer Kanäle und Brücken wegen das »Venedig des Nordens« nannte. Heute stehen vornehmlich
noch in Tyholmen viele alte Holzhäuser, und das Rathaus von 1843 zählt zu den größten Holzbauten Norwegens. Auch die Dreifaltigkeitskirche, die noch ein goti-
sches Taufbecken aus Sandstein birgt, zeichnet sich
durch Raumweite aus. Der Merdøyhof auf der Insel
Merdøy, eine Filiale des Aust-Agder-Museums in Aren-

dal, zeigt als Kapitänshaus, wie zur Zeit der Windjammer Südnorwegen, Holland und England eine von gleichen Interessen geprägte kulturelle Gemeinschaft waren. Auf der Insel Tromøya lohnt die Kirche mit ihrer barocken Ausstattung aus der zweiten Hälfte des 18. Jahrhunderts einen Besuch.

Von Arendal führt die E 18 nach *Grimstad* weiter, wiederum landschaftlich ausgezeichnet. Zur Rechten erblickt man die Höhen von Setesdal, davor kleine Seen und Fjorde, zur Linken geht der Blick auf das Meer, auf den Skagerrak. Rechter Hand liegt die im 13. Jahrhundert gebaute Kirche von Fjære, auf deren Friedhof der verwitterte Gedenkstein für den Seemann Terje Vigen steht, dem Henrik Ibsen die bekannte Ballade widmete:

> Er wohnte draußen im Schärenreich weit
> Mit dem Weltmeer in wilder Eh;
> Er tat gewiß keinem Menschen ein Leid
> Weder an Land noch zur See.

Aber als dieser brave Terje, um Frau und Kind während der Kontinentalsperre vor Hunger zu retten, des Brotes wegen nach Jütland ruderte, dabei von einem englischen Kriegsschiff aufgebracht wurde und erst 1814 zurückkam, fand er seine Familie tot. Als der so Getroffene danach Schiffbrüchige rettete und unter diesen den englischen Kapitän erkannte, nahm er nicht Rache, sondern ergab sich, der Bergpredigt gedenkend, Gott.

Nun, in dem kleinen, sonst nicht erregenden und von bescheidenem Holzhandel lebenden Grimstad sind wir Henrik Ibsen nah. Im Grimstad Bymuseum haben wir die Apothekenoffizin, in der Ibsen von 1847 bis 1850 arbeitete, und das Zimmer, in dem er sein erstes, noch holperiges Drama »Catilina« schrieb. Wenig weiter liegt Nørholmen, das Knut Hamsun 1918 erwarb, um sich auf

diesem nicht besonders geeigneten Gelände der Landwirtschaft zu widmen und den »Segen der Erde« an sich
selbst zu erleben. In Nørholmen erlebte er aber auch all
das Bittere, das er bis zur Neige durchstand, als man ihn,
der Deutschland verehrte und alles Englische verab-

scheute, und der seine Landsleute aus einem Partisanen-
krieg heraushalten wollte, Landesverrat vorwarf. Seine
bis dahin beglückt gelesenen Bücher wurden vor das Tor
des Hauses geworfen. Marie Hamsun wußte keinen anderen Weg, den Nobelpreisträger, der sich vor aller Welt
verschloß, vor dem Verhungern zu bewahren, als
Nørholmen Neugierigen gegen bescheidenes Eintrittsgeld
zu zeigen. Es ist inzwischen zur Gedenkstätte für einen
Überwinder geworden.

Die Landschaft zeigt die gleiche formenreiche Szenerie,
die sie seit Arendal auszeichnet – Felsenhänge und Wal-
dungen, viele Ausblicke auf spiegelndes Wasser. Sie führt
über Lillesand, mit seinen netten, von Holzbauten gesäumten Straßen und einem aus Holz errichteten Rathaus im Rokokostil, bis *Kristiansand* an der Mündung
der aus dem Setesdal kommenden Otra in den Skagerrak.
Der Name Kristiansand schon weist auf die Geschichte;
der baufreudige Dänenkönig Christian IV. hat die Stadt

1641 als Christians Sand gegründet und ihr das recht-
winklige Rastersystem verordnet; regulierte Straßennetze
waren für Planstädte des 17. Jahrhunderts allenthalben
beliebt. Kristiansand sollte der Schiffahrt dienen. Am
Osthafen entstand 1674 die noch gut erhaltene und mit
Traditionskanonen bestückte Festung Christiansholm.
Aber mit so brandsicheren Häusern wie in Christiania-
Oslo, in Christianstad in Schonen und Christianhavn-
Kopenhagen wurde die Stadt an der Otra wohl nicht
bedient. Es blieb beim Holz, und das wenige, was aus
dem 17. Jahrhundert noch steht, hat nicht die Festigkeit,
die wir sonst von den von Christian IV. initiierten Bauten
kennen. Auch Brände hat es genug gegeben. Der *Dom* ist,
nachdem ein älterer in Flammen aufging, 1884 neugotisch, mit viel Zimmermannswerk im Innern, gebaut
worden. Die spätbarocken holzgeschnitzten Evangelisten
stammen noch aus dem Vorgängerbau, der von 1738 bis
1880 stand. Das große Altargemälde, das der Historienmaler Eilif Peterssen 1886 schuf, variiert das im 19. Jahrhundert beliebte Thema »Christus in Emmaus«. In dem
nun in Kristiansand aufgegangenen Ortsteil Oddernes
steht noch eine Kirche von der Wende des 11. zum
12. Jahrhundert mit einem datierten Runenstein davor.
Im Innern wurde sie, wie in Südnorwegen üblich, im
17. Jahrhundert barockisiert.

Kristiansand, die Geburtsstadt des romantischen Dichters Henrik Wergeland, ist heute zu geschäftig, um sich
lange mit der Vergangenheit aufzuhalten. Vom Hafen
laufen die Fähren zum dänischen Hirtshals und Schiffe
nach Stavanger oder auch nach Amsterdam, Harwich
und Newcastle, es gibt dabei oft Gedränge. Wer Ruhe
sucht, findet sie am Stadtrand im *Vest-Agder Fylkemuseum,* das ein Ausstellungsgebäude mit bürgerlichen und
bäuerlichen Möbeln von 1650 bis 1750, viel Keramik
und auch kirchliches Inventar besitzt und außerdem mit

einem Freilichtmuseum verbunden ist, in das die Bürgerbauten, die in der Stadt keine Existenz mehr hatten, zu
einem ganzen Straßenzug versetzt worden sind. In diesen
Häusern ist die Ausstattung des 19. Jahrhunderts erhalten, und alte Handwerksstätten sind eingefügt. Dann ist
ein Gehöft aus dem Setesdal mit der Vielzahl seiner Gebäude, als ältestes ein dreigeschossiges Loft von Nome-
land, Valle im Setesdal, von 1632, aufgebaut. Bezeich-
nend für das Setesdal ist die Anordnung der zum Hof
gehörenden Bauten in zwei parallelen Reihen. Eine andere Hofanlage aus Vest-Agder, vornehmlich aus Eiken,
ist freier gefügt, die Bauten stammen hier aus dem dritten
Viertel des 19. Jahrhunderts, wahren aber immer noch
alte Tradition. Ein kleines Schulhaus aus dem Ende des
19. Jahrhunderts kommt aus dem Gebiet von Mandal,
das erst 1954 ein eigenes Museum erhielt.

Man erreicht das hübsche Mandal, indem man die
Fahrt auf der E 18 fortsetzt. Die meisten Kraftfahrer werden jedoch von Kristiansand nach Norden in das viel
gerühmte *Setesdal* hineinfahren. Sie sollten an seinem Beginn aber den Seitenweg von Hægeland nach Bjelland
nicht übersehen. Man kann von da aus durch waldreiche
und bewegte Landschaft nach Stavanger gelangen. In
Bjelland trifft man eine Holzkirche von 1793 mit sehr
schöner, von Wandbildern unterbrochener Rosenmalerei. Von dort nach Westen erreicht man den Tingvatn-
Hof, ein auf einem alten Thingplatz wiedererrichtetes
Gebäude, ferner Hünengräber und Bautasteine der Eisenzeit in sonst unberührter Berg- und Seenlandschaft.

Bleiben wir auf der E 18, so kommen wir an der alten
Kirche von Søgne vorbei nach *Mandal,* Norwegens südlichster Stadt mit engen, von niedrigen, blumenge-
schmückten Häusern gesäumten Straßen. Mandal aber
ist nicht Norwegens südlichster Punkt, sondern Kap Lin-
desnes, das ungeschützt den Westwinden ausgesetzt ist,

so daß man, durchweht, gern nach Mandal zurückkehrt.
Dem Ortsmuseum in Mandal im stattlichen und wohlge-
formten zweistöckigen Andorsengård von 1800 – das
älteste Haus der Stadt ist der Lohnegård von 1680 – hat
man eine kleine Galerie norwegischer Maler des 19. Jahrhunderts angegliedert. Bilder von Adolph Tidemand,
dem Düsseldorfer Norweger, und dem Gudeschüler
Amaldus Nielsen sind beachtenswert. Die 1817 bis 1821
nach einem Brand im Empirestil wieder errichtete holz-
verkleidete Kirche ist beinahe Norwegens größte, aber
nicht eben schönste. Die Stadtverwaltung ist im noch
sehr barocken Skrivergård von 1766 untergebracht.

Nun folgt Vigeland, dessen Namen Gustav Thorsen
und sein Bruder als Künstlernamen annahmen, und wenn
man Zeit hat, sollte man nicht versäumen, Farsund, Vest-
bygd und Lista Fyr von Lyngdal aus auf der 43 zu besuchen. Diese Halbinsel hat ihre ganz besonderen Natur-
reize, und außerdem ist sie reich an vorgeschichtlichen
Denkmälern. Nachdem die Straße bei Kvinesdal über den
Fjord hinweg beachtliche Höhe erreicht hat, kommt
Flekkefjord. Dort verläßt die E18 die Küste und führt
landeinwärts an Gebirgshängen auf und ab nach Stavanger. Besser aber wählt man die von Flekkefjord westlich
abgehende Straße 44 über Egersund. Man bleibt dort
dem Meer nahe, trifft auf mehr Orte und hat bis Helleren
und weiter bei Brusand landschaftlich besonders reizvolle Strecken. Das Gebirge scheint gespalten und bietet
alle Varianten der Nacktheit. Die Moor- und Heideland-
schaften, die die Ackerfluren unterbrechen, werden den
Botaniker reizen. Allerdings muß man ein paar Kurven
mehr hinnehmen. In Sandnes gelangt man kurz vor Stavanger wieder auf die E18.

Flekkefjord zwischen Bergen und Meer ist ein Fischer-
ort, der im vergangenen Jahrhundert durch Heringsfang
wohlhabend geworden ist. Zwar heißt die Altstadt Hol-

lenderbyen, aber die gewundenen Straßen mit ihren alten Häusern sind ebenso norwegisch wie die in Mandal. Das folgende Åna-Sira eröffnet das Rogaland und Jæren, damit eine der fruchtbarsten Gegenden Norwegens. Das Urgestein wird durch Sedimente und weichere Bodenarten abgelöst, die eine andere Pflanzendecke hervorbringen. Die Straße steigt und fällt, ist oft eng. In Egersund trifft man das beachtliche Dalane Folkemuseum im Slettebø-Haus, genauer sind es vier Häuser von 1850, die Residenz des einstigen Distriktrichters. Es zeigt systematische Sammlungen zu den Themen Handwerk und Landwirtschaft und hat verschiedene Außenstellen, so eine Fischereiabteilung am Sogndalstrand. Egersund lebt aber nicht nur von der Fischerei, sondern hat auch Steingut- und Porzellanfabriken. Der Nachbarort Ogna besitzt eine frühgotische Kirche, um deren Ausmalung sich 1627 der aus Breslau stammende und im Umraum von Stavanger viel engagierte Künstler Gottfried Hendtzschel bemüht hat. Wir können ihn vor Sandnes in der Kirche von Bore erneut studieren und fahren dann nach Stavanger ein.

Auf Wegen und Umwegen
kreuz und quer durchs Land

Fjord und Fjell

So wie es in Ägypten viele Pyramiden gibt, aber nur die drei bei Gizeh herausgehoben werden, so gibt es in Norwegen allenthalben Fjorde, Schmelzrinnen vom Ende der Eiszeit, lang und eigenwillig im Verlauf, oft viele hundert Meter tief, doch als Ziele gelten offenbar auch nur drei: Der stille, kristallklare Hardangerfjord mit seinen grünen Hängen, der vielgestaltige und majestätische, bis zu 1255 Meter tiefe und wieder tausend Meter hoch umwandete Sognefjord und der dramatische Stor- oder Geirangerfjord. Auf Kreuzfahrten gelangen die Touristenschiffe tief hinein, und an der Reling drängen sich die Passagiere, um möglichst viele der grünen oder felsigen Wände, der Wasserfälle oder die wie verloren dazwischen nistenden Häuser zu erhaschen. Tatsächlich kann man manche großartigen Naturschönheiten nur vom Wasser her erleben, doch die Dimensionen sind vom kleinen Motorboot aus noch eindrucksvoller als vom hohen Deck der Seekreuzer, die überdies meist in der Strommitte fahren. Noch großartiger ist es aber, wenn man als Wanderer von den Höhen herunterkommt, etwa von Hellesylt, vom Dalsnibba oder Ørnesvingen den Geirangerfjord erblickt, oder wenn man von Blakset oder Nos auf den Nordfjord und den Jostedal-Gletscher zugleich schauen kann. In Stalheim hat Kaiser Wilhelm II. die Ausläufer des Sognefjords bei Gudvangen als ein großes Schauspiel bewundert. Heute vermag man es dort von den Polstersesseln einer Hotelhalle aus leichter zu tun, aber hat doch nur das Panorama, das man sich nicht mehr erarbeitet.

Zwar steigen die Straßen oft hoch an, die Sognefjellstraße bis 1435 Meter, am Hardangerfjord sind es durchgängig zwischen tausend und elfhundert Meter, aber sie
bieten dabei imponierende Weiten, denn es ist Norwegens Eigentümlichkeit, daß die Ebenen dank der Eiszeit,
die sie abschliff, oben bei den Gipfeln liegen. Talwärts
erst trifft man alte Gehöfte, noch durch die aus Baumstämmen gefügten Speicher ausgezeichnet, und dann die
sich der Landschaft durch ihr dunkles Holz und die naseweisen Spitzen einmalig einfügenden Stabkirchen aus
dem frühen Mittelalter, die zwar kaum eine Gemeinde
haben, aber desto mehr die Touristen locken. Man soll
sich in dieser Landschaft Zeit nehmen und wird dann
mehr finden, als man gesucht hat. Deshalb wäre es ver-
fehlt, hier Routen anzugeben. Wir wollen nur einige
Ziele nennen und Gelassenheit empfehlen.

So freundlich und oft mild Südnorwegen ist, wo sich
die vielen Naturhäfen und die mit ihren Holzbauten so
intim anmutenden Städtchen und Flecken befinden, so
über alles menschliche Dasein hinweg einsam und ernst,
aber deshalb unvergeßlich eindrucksvoll können die
Fjord- und Fjellandschaften sein. Für viele, die vor dunklen Schluchten bangen, vor tosenden Wasserstürzen den
Atem anhalten, ist es, abseits der eingesprengten Straßen
scheinbar ohne Weg und Steg, das echte Norwegen. Wer
hier schon im September in Nebel oder Schneewehen hin-
eingerät, braucht sich der Angst um das Heimkommen
nicht zu schämen. Wie schreibt der Freund Munchs, der
Dichter Stanislaw Przybyszewski: »Land eines furchtbaren Ernstes und einer harten, schweren Melancholie: es
ist das tragischste Land von Europa. Und in dieser Öde,
in diesem Geschluchze des Regens, unter dem bleiernen
Nachthimmel, den man erstickend über sich lasten
fühlt,... beginnt die Seele des sonst so vernünftigen Nor-
wegers langsam auseinanderzugleiten. Schlimme, trübe

Gedanken steigen auf.« Björnstjerne Björnson hat solche
Gemütslagen beschrieben, ob sie nun Weltmenschen
oder Theologen erfaßten. Gemütskranke gibt es hier vielleicht mehr als anderswo. Aber sie stehen dennoch durch.
Der Gast von draußen wird davon zwar kaum berührt;
er wird seine Reise wohl so einrichten, daß er den oft
hektischen Sommer oder den schneereichen Winter zu
einer Zeit erlebt, wenn die Sonne wieder alles zum Glei-
ßen und Glitzern bringt.

Das schön gelegene *Kongsberg* wird Ausgangspunkt in
die norwegische Gebirgswelt sein, mag man in die Berge
von Telemark wollen, wo der 1883 Meter hohe Gausta
bei Rjukan bis zum Gaustablick befahrbar ist, mag es das
Numedal sein, wo man bald dem Bett des Lågen folgt,
das Bergzüge in wechselnder Höhe beiderseits begleiten.
In Kongsberg, einer einstigen Grubenstadt, wird man etwas verweilen. Vor 1623 waren die um das spätere
Kongsberg wohnenden Bauern, die oft Silber fanden,
sehr wohlhabend, und es ist deshalb verständlich, daß es
nach der Gründung der Bergwerkstadt durch König
Christian IV. zu ernsten und blutigen Konflikten kam, da
das Silber jetzt als königliches Eigentum erklärt wurde.
Aber bald wurde Kongsberg ein Vorbild in bezug auf
Fürsorge und Ausbildung, denn die deutschen Bergleute,
die nach Kongsberg kamen, brachten die alterprobten
Sitten aus dem Heimatland mit. Im Jahre 1783 wurde
nach sächsischem Vorbild eine Bergwerksakademie gegründet, deren Gebäude sich mit weiteren gut gepflegten
Häusern gegenüber der Kirche noch erhalten haben.
Diese von dem aus dem Harz gekommenen Oberberg-
hauptmann Joachim Andreas Stuckenbrock († 1756)
entworfene und 1740 bis 1761 als Backsteinbau errichtete Kirche mit 2400 Sitzplätzen zeigt in ihrer Mächtigkeit, was Kongsberg sich zutrauen konnte. Das geht über
die Marktkirche von Clausthal-Zellerfeld, die Stucken-

brock vielleicht noch in Erinnerung hatte, weit hinaus.
Der kreuzförmige, mit einem fast zu hohen Turm ausgezeichnete Bau ist nach außen glattwandig und schlicht,
überrascht aber desto mehr durch das aufwendige und
sehr barocke Innere. Nach der in norddeutschen prote-
stantischen Kirchen beliebten Disposition liegen an der
Längsseite Altar, Kanzel und Orgel mit großer Sänger-
bühne übereinander, die Brede Rantzau aus Drammen
nach gegebenen Zeichnungen fertigte; ihnen gegenüber
steht der gewichtige Königsstuhl. Rundumlaufende zweigeschossige Emporen, alles reich marmoriert, rahmen
ein. An bewegtem Figurenwerk, Stuck und Bildern, von
denen Niels Thaaning 1761 dreiundzwanzig mit Szenen
aus dem Leben Christi malte, ist bis in die hohe Decke
hinein, die der Schwede E.G. Tunmarck schuf, kein
Mangel. Die Farben sind tief getönt und lassen die großen Kristallüster sehr zur Wirkung kommen. Es gibt
nichts Pathetischeres an großer Ausstattung in Norwegen.

Daß Kongsberg ein beeindruckendes Bergwerkmu-
seum besitzt, das die Geschichte seines Silberbergbaus
vorführt und auch eine Münzsammlung zeigt, versteht
sich von selbst. Eine ganze Zahl repräsentativer Holzbauten, darunter die Apotheke, geben dem Ort Vornehm-
heit, was man aber im Zentrum als moderne Kirche in
Rotundenform ansehen könnte, ist nur ein Kino. Da die
Stadt nicht mehr von seinen Minen, sondern seit 1814
von einer großen Waffenfabrik lebte, stellt sich auch ein
Waffenfabrikmuseum vor, außerdem für Volkskundler
und andere friedliche Leute das übliche Volksmuseum,
das Lågdalsmuseet mit 42 Häusern, in dem man sich für
die Fahrt durch das Numedal vorbereiten sollte. Doch
besondere Neugierde dürften die Minen von Saggrenda,
sieben Kilometer südlich der Stadt, erregen. Diese Minen
sind, weil hohe Herren nicht ruhen, wenn es um Silber
geht, bis zu 1070 Meter tief in die Erde getrieben wor-

den. Man kann in den Sommermonaten eine kleine Grubenbahn besteigen und einfahren.

Numedal

Wir machen uns, um Landschaft und Kulturgeschichte schön vereint zu erleben, auf den Weg ins Numedal. Wälder und Wiesenhänge säumen den Flußlauf des Lågen oder Numedalslågen, dem unsere Straße folgt. Nach dreißig Kilometern erreichen wir *Flesberg,* von dessen Stabkirche wir mehr aus einem Bild von 1701 als von den erhaltenen Resten nach einem Umbau von 1731 erfahren. Die einstigen Innensäulen sind entfernt, vorher sah sie wohl so wie die Kirche von Gol in Valdres aus, die nun im Freilichtmuseum Bygdøy steht. Nicht viel weiter ist es zur Stabkirche von Rollag, doch auch sie wurde umgebaut. Aufschlußreicher ist die wiederum talaufwärts gelegene Stabkirche von Nore an der Brücke von Hvåle, die dem 12. Jahrhundert angehört. Einst wird sie der von Uvdal als einständerige Stabkirche des Numedaltyps entsprochen haben, doch es wurden ihr noch im Mittelalter Flügel angefügt, die sie zum Kreuzbau wandelten. Ihre tatsächliche Eigenart ist jedoch der Mittelmast oder die Säule, um die der Raum gefügt ist. Einmastige Stabkirchen scheinen eine Eigentümlichkeit des Numedals gewesen zu sein.

Auf dem Wege nach Norden weitet sich der Lågen zum Kravikfjord, der freilich kein echter Fjord ist, und dort findet man in *Kravik,* wie vorher schon bei Flesberg, einige mittelalterliche Numedalhäuser, die unter Denkmalschutz stehen. Man hat die Möglichkeit der Bewahrung hier der Überführung in ferne Freilichtmuseen vorgezogen. Diese eingeschossigen dreiräumigen Numedalhäuser sind einfache Blockbauten, man glaubt sie primitiver als die des benachbarten Telemark, aber doch findet man beschnitzte Türrahmen, die im 14. Jahrhundert die spiralische Rankenornamentik weiterführen, die im 13. Jahrhundert bei den Stabkirchen von Nore und Uvdal auftrat. Die Tierornamentik scheint hier nicht zuhause, jedenfalls sieht man sie nicht mehr, obwohl sich in den Ranken Augen bilden und im Türsturz von Bauernhäusern vielleicht gar noch ein Glotzkopf zur Abwehr unerwünschter Besucher gefunden werden kann. Aus dem Numedal stammt das Raulandhaus, das nun in Bygdøy als eines der ältesten norwegischen Bauernhäuser und Zeugnis des 13. Jahrhunderts gezeigt wird. Auch das Grøslid-Gehöft aus der Mitte des 17. Jahrhunderts aus Flesberg zeugt in Bygdøy neben anderem von der volkskundlichen Bedeutung dieses stillen Tals.

Doch die Fahrt durch das nördliche Numedal gilt wohl mehr der Landschaft als den Kirchen und den nicht mehr sehr zahlreichen Bauernhäusern. Die Bilder wechseln schnell, denn bei überwiegendem Granit sind die Bodenarten immer wieder verschieden. Quarzitgestein überlagert vielfach das Grundgebirge, Birken und Kiefern bilden den Bewuchs. Manche lockenden Ferienorte bieten sich daher an. Bei *Rødberg* teilt sich der Weg. Westlich geht es nach Uvdal und von dort steigt es an, auf 900 Meter in Brøstrud und auf 1063 Meter beim Hallingskarvet. Der Kyrkjehovda beherrscht nun mit 1275 Meter Höhe das Bild, und von dort kann man zur Hochebene der Hardangervidda mit ihren saftigen Wiesenflächen hinüberschauen, die mit ihren vielen kleinen und großen Seen, einst ein Paradies für Angler, als Nationalpark geschützt werden soll. Folgt man der Straße weiter, kommt man über Geilo in das blühende Hallingdal. Man kann aber auch von Rødberg über Tunnhovd nach Geilo gelangen und hat dann den Tunnhovdfjorden und Pålsbufjorden zur Begleitung. Da grüßt dann zur Rechten der 1315 Meter hohe Hallingnatten herüber.

Den Süden dieser Landschaft, der sich zum Skagerrak neigt, haben wir schon auf der Straße nach Kristiansand berührt. Ein anderer, häufiger gewählter Weg von Kongsberg her führt mitten durchs vielgelobte berg- und seenreiche Telemark. Dichter Wald und dann wieder weite Panoramen mit tiefblauen Wassern locken. »Norwegen en miniature« wird es genannt, weil es gesammelt bietet, was dem großen Land eigentümlich ist. Fährt man die Straße nach Rjukan im nördlichen Telemark, so hat man zwischen Birken und Fichten Telemarks höchsten Berg, den schneebedeckten 1883 Meter hohen Gaustatoppen lange vor sich. Als mächtiger Kegel hebt er sich über die sonst mild gewellte Hochebene und sein Gipfel ragt kahl über blühenden Almen. Bei Vinje südlich oder Rauland nördlich des Totaksees wird die Landschaft enger, die Bergwände sind nun schroff, die Wege steigen und fallen, sind nach Haukeligrend schließlich kahl und karstig, und die Gebirgskämme, immer mit Schnee behangen, ziehen sich ringsum zusammen. Alte, dunkelgelohte Häuser, viele mit Dächern aus Birkenrinde und mit Grasbewuchs, auch wohl zweigeschossige Stabburs mit beschnitzten Galerien trifft man an, es sind hier deren mehr geblieben als im gelobten Setesdal, das wir anschließend besuchen werden.

Doch erstes Ziel nach Kongsberg wird die Stabkirche von *Heddal* zehn Kilometer nach der kleinen Industriestadt Notodden sein. Ihre zwei Dachreiter machen sie unverwechselbar. 1315 wird diese größte der erhaltenen norwegischen Stabkirchen zuerst genannt. Man glaubt, ihr Chor stelle die ältere Kirche aus der Mitte des 12. Jahrhunderts vor und der heutige hohe Gemeinderaum sei um 1300 hinzugefügt worden. Die unterschiedliche Aufbauart spricht dafür. Als Johannes Flintoe sie

1834 zeichnete und Adolph Tidemand sie 1845 malte, sah sie noch sehr viel anders aus. Es waren ihr Emporen eingezogen und alte Ständer offenbar zerschnitten. Dann ist sie 1850 und 1939 restauriert worden, zuletzt mit besten wissenschaftlichen Absichten, aber Fragen blieben genug. Doch vieles zeichnet sie aus, zum Beispiel die geschnitzten Portalrahmen, besonders am West- und Südportal, die eigentlich älter sein müßten als »um 1300«. Eine Runenschrift am äußeren Umgang kann auf 1242 deuten. Dann steht im Chor der mächtige geschnitzte Sessel mit der Darstellung des Feuerritts Gunnars und Sigurds, um Brynhild zu gewinnen. In der Nibelungensage löst das die tragischen Ereignisse aus. Eine Bank aus der Stabkirche Heddal findet sich heute in Oslo-Bygdøy, mit einer anderen Szene aus dem gleichen Eddakomplex, Gunnar in der Schlangengrube. Der Kronleuchter ist in die Osloer Universitätssammlungen gelangt. Anderes, etwa Reste spätmittelalterlicher Malerei, sind bei der Restaurierung wieder sichtbar geworden. Die Stabkirchen waren nicht ganz die dunklen Gehäuse wie sie heute meist scheinen, sondern aus dem Dämmer leuchteten bald Möbel mit Legendenschnitzerei, bald Farben und geheimnisvoll schimmernde metallene Kultgeräte ferner Herkunft.

Von Heddal aus kann man sich mit den wechselvollen Perspektiven Telemarks vertraut machen. Man mag am Heddalsvatn entlangfahren und über Bø nach Seljord gelangen, wobei man der schöneren Ausblicke wegen die Südseite des Seljordvatn wählen sollte. Bø bietet als Ort zwar nicht viel mehr als die dem heiligen Olav geweihte mittelalterliche Steinkirche; trotz der Schlichtheit ist sie von gewichtigem Volumen. Aber man gewinnt von hier aus weite Ausblicke über Felder und Wälder bis zum Nordsjø. In *Seljord,* einem Ort mit einer nur kleinen mittelalterlichen Kirche, der Anne Grimdalen ein Reiter-

denkmal für den Priester und Liederdichter Landstad beigegeben hat, sind die Berge dann näher gerückt und es
meldet sich das Hochland an. Oder man wählt den Weg
nach Norden, über Sauland nach *Rjukan,* von wo man
den Gausta erreicht, und weiter durch das schöne Måne-
dal an einigen Kraftwerken vorbei bis Åmot. In Rjukan
ist ein kleines 1928 eingerichtetes Museum, das Handwerk und Volkskunst der nahen Umgebung zeigt, das
aber in die Geschichte dadurch einging, daß von hier aus
norwegische Widerstandskämpfer operierten, die im Fe-
bruar 1944 das wenige Kilometer westlich gelegene, ge-
fahrdrohende Kraftwerk Vemork, das schweres Wasser
für die Entwicklung von Atombomben herstellte, endgültig zerstörten. Die für diese Aktion benötigten Waffen,
Geräte und Karten sind nun im Rjukan-Museum vor
dem Besucher ausgebreitet.

Man kann von Rjukan auch ein beliebtes Ziel errei-
chen, das schon im vergangenen Jahrhundert Maler
lockte, den östlich gelegenen *Tinnsjø,* ein von steilen
Berghängen gefaßtes und von vielen Zuflüssen gespeistes
Wasser, das sich schmal, aber dreißig Kilometer lang von
Tinn bis Tinnoset erstreckt und an seinem Südende vom
Blefjell überragt wird. Die zahlreichen, vielfach senkrecht
stürzenden Wasserfälle machen diesen See unvergeßlich.

Von Åmot fahren wir noch einmal auf der Straße E 76
in östlicher Richtung zurück, um in *Morgedal* ein kleines
Museum zu besuchen, das die Sammlung Olav Bjålands
zur Entwicklung des Skilaufs an den Hängen des Sunds-
barms enthält. Bjåland war bei Roald Amundsens Süd-
polexpedition dabei. Ebenfalls in Morgedal ist die
Sondre Norheims-stova. Sondre Norheim (1825-97) war
der Pionier des modernen Skisports. Er erfand die Fersen-
bindung und eröffnete so die Skisensation von Oslo. In
dem am Hang liegenden Morgedal finden sich noch zahlreiche alte Holzhäuser.

Nahe Morgedal, und über den prächtigen Weg nach
Brunkeberg zu erreichen, liegt *Kviteseid*. Es besitzt ein
Freilichtmuseum mit Bauten des 17. und 18. Jahrhunderts. Mehr noch lohnt es sich, dort die mittelalterliche
Kirche mit ihrer bemalten Decke und den Rokokodeko-
rationen anzuschauen. Doch wenn man schon auf diesen
Nebenstraßen ist, sollte man die dunkel gestimmte und
seenreiche Landschaft von Vrådal nicht auslassen, wohl
auch mit dem Lift zu den Höhen hinauffahren, um die
ganze großartige Fernsicht über Berge und Seen zu genießen. Hier wird man verstehen, weshalb der Norweger
immer wieder von Telemark schwärmt.

Das Fylkemuseum für Telemark liegt weit ab im Süden, in der Provinzhauptstadt *Skien*, dem Geburtsort von
Henrik Ibsen. Skien ist eine wenig geglückte Stadt, ein
Beieinander von Kleinkariertem und Großtuerei. Die we-
sentlichsten Gebäude des Museums stehen noch am ursprünglichen Platz in einem sehr gepflegten Park, dem
Brekkespark, den ein deutscher Gärtner Prien 1815-1820
anlegte. Auch der Hof Venstøp, in dem Ibsen seine
Kindheit verbrachte, gehört zum Fylkemuseum. Ibsen ist
dort denn auch ausgiebig bedacht, vieles Aufschlußreiche
über ihn hier zusammengetragen. Das Museum hat weiter ausgezeichnete Volkskunstsammlungen, wo neben
Weberei und Silberschmiedearbeiten die Rosenmalerei
dominiert. Von Skien nach Dalen kann man dreimal wö-
chentlich eine 130 Kilometer lange erlebnisreiche Seen-
und Kanalfahrt mit dem alten Schleusendampfer »Victoria« machen und steile Felsabstürze, aber auch manchen
Fernblick bewundern.

Doch gegenwärtig sind wir in Vrådal und fahren über
Dalen, um in *Eidsborg* Telemarks zweite erhaltene und
schön gelegene Stabkirche zu erreichen. Ist Heddal Norwegens größte Stabkirche, so zählt Eidsborg zu den
kleinsten, ursprünglich mit 6,3 Meter in der Länge und 5

Meter in der Breite nur stubengroß. Man spricht von hohem Alter, 1127, sogar 768 werden genannt, tatsächlich stammt sie wohl aus dem 13. Jahrhundert. Bei Untersuchungen fand man unter dem Fußboden Feuerstellen, man hat einen heidnischen Vorgängerbau vermutet. Spekulationen gibt es über diese Kirche genug. Sie ist im 19. Jahrhundert zweimal nach Osten erweitert worden, blieb aber einschiffig. An der Südwand finden sich Ritzzeichnungen, die an den Urnesstil erinnern. Die Schnitzerei an dem alten Eingang, der einst an der Südseite lag, ist fast erloschen. Die Ausmalung mit den Königen aus dem Morgenland, die das Christuskind anbeten wollen, und auch mit der Hochzeit zu Kana stammt aus dem 17. Jahrhundert. Nahe dieser Stabkirche ist 1950 ein kleines, noch etwas kahles Freilichtmuseum entstanden.

Ein anderes Freilichtmuseum, das sich durch die reiche, auch menschliche Gestalten darstellende Schnitzerei eines Stabbur auszeichnet, ist südwestlich von Dalen in *Grimdalen* am Hochweg 45 im Aufbau. Was vorerst die Besucher hier mehr lockt, ist ein Neubau »Anne Grimdalens Minne«, in dem sich eine Sammlung von dreihundert Skulpturen der einst so beliebten Bildhauerin befindet, die besonders Tiere und Kinder mit einem guten Gefühl für plastische Werte zu modellieren und zu meißeln wußte, auch viele Porträts geschaffen hat. Anne Grimdalen wuchs auf dem Grimdalhof auf. In der Nähe steht der denkmalgeschützte Breilandshof, dessen Speicher wegen ihrer phantastischen Holzschnitzerei bekannt sind.

Wir fahren nördlich weiter durch das Tal des schmalen Børtevatnet in formpraller Landschaft nach *Vinje,* sehen weiterhin die kleinen Holzhäuser. Nahe der Kirche liegt Vinjestova, 1824 erbaut, nun Erinnerungsstätte für den Dichter Å.O. Vinje (1818-1870), der hier in diesem engen Haus aufwuchs. Nicht weit liegt in Ytre Vinje die wegen ihrer Wandmalerei beachtenswerte Ivistoga. Weiter führt der Weg nach *Haukeligrend,* wo die Straße nach Süden in das Otratal oder Setesdal abzweigt. Aber auf der Weiterfahrt auf der E 76 bietet Telemark in Richtung Odda bis Haukeliseter ein wieder anderes Bild, Quarzit beginnt den Boden zu überdecken. Der Wald hört auf, die auf tausend und mehr Meter liegende Hochebene hat nur spärlichen Grasbewuchs, aber kristallklare Bergseen, in denen sich die breit ausgreifenden schneebedeckten Höhen spiegeln. Dyrskar ist hier ein beliebtes, über eine Paßstraße zu erreichendes Sommerskigebiet geworden. Einige luxuriöse Høgfjellhotels liegen deshalb am Weg, die neben den winters wie sommers zahlreichen Skiläufern auch Forellenangler anziehen.

Setesdal

»Man reist nach Setesdal, wenn man die Romantik jahrhundertealter Bauernhöfe mit Rasendächern sucht, wo die moderne Zeit noch keine Spuren hat hinterlassen können«, so liest man noch in neueren Prospekten. Man glaubt, hier einen alteingesessenen Menschenschlag mit eigenem Dialekt und noch heute getragenen Trachten zu finden, in urtümlichen Häusern wohnend. Das schon im 9. Jahrhundert genannte Tal lag tatsächlich lange abgeschnitten da, nur auf Saumpfaden kam man dahin, Sagen von Räubern und Wegelagerern gingen um. 1844 erst wurde ein Fahrweg nach Kristiansand fertiggestellt, der das Setesdal nach Süden und zur See öffnete, 1896 wurde die Eisenbahnstrecke nach Byglandsfjord eröffnet und 1962 wieder stillgelegt, aber als Museumsbahn kann man auf ihr sich von einer aus allen Ventilen fauchenden Lokomotive in huppelnden Wagen von Grovane aus noch jeden Sonntag fünf Kilometer ziehen lassen. Enthusiasten haben das arrangiert. Eine durchgehende Fahr-

straße aus dem Setesdal nach Norden, nach Haukeligrend, kam erst 1938 zustande.

Aber wenige Jahrzehnte genügten, um Sitten untergehen zu lassen und mit den alten Häusern aufzuräumen.
Einige stehen nun im Kongsgård von Kristiansand oder
in Bygdøy, andere sind in kleine Freilichtmuseen im Setesdal selbst, in Bykle, Valle und Bygland, gerettet worden. Man freut sich, hier und dort eine Stue mit einem
Skot, dem einst charakteristischen verschalten Laufgang
an der Traufseite, oder ein Loft, den hohen zweistöckigen Speicher, in den Orten selbst noch anzutreffen. Der
bauliche Zustand ist dann nicht so gut wie in dem doch
noch besser weggekommenen Telemark. Proportionen-
sprengende Industrie ist noch nicht eingezogen, doch
hört man Klagen, daß verschmutzte Niederschläge, die
von West- und Mitteleuropa heranziehen, die einst so
rein gewesenen Wasser trüben. Aber noch empfehlen sich
nahe der Straße Setesdalens Silberschmiede, auch wohl
gar ein Rosenmaler. Daß diese noch bescheidene Aufträge finden, sieht man an den Möbeln im Bykle-Hotel.
Um die Trachten ist es nicht besser bestellt; sie werden
sonntags wohl noch hier und da zum Kirchgang getragen
und dann nicht nur von den Alten, im übrigen sind sie als
Dienstkleidung dem Gaststättenpersonal vorbehalten.

Doch die Landschaft blieb. Wohl ist geologisch Gneis
angezeigt, aber allenthalben ziehen Bäche hinein und so
entstand dichter Wald, der an den Hängen hochsteigt,
hin und wieder auch einmal von einer schroffen Felswand, aber mit verschliffenen Graten, unterbrochen. Wir
sehen tosende Wasserfälle, besonders den imponierenden
Reiårsfossen bei Ose, und andere, die in breiter Front
anrollen wie Syrtveitfossen, und den ganzen Weg begleitet uns die Otra, einmal in engem Tal, das sie durch-
bricht, dann zum See geweitet, daß man von Fjord
spricht. Erst kurz vor Kristiansand verläßt die Straße den

Fluß. Wo Berge und Fluß, dunkler Fichtenwald und dann wieder ausgreifende fruchttragende Felder im schnellen Wechsel folgen, hier und da Moore sich bergen, kann man es vergessen, daß der Byklefoss, der als sehenswürdig galt, in einer Rohrleitung verschwunden ist. Es ist ein abgerundetes Bild, das das Setesdal wohltuend bietet; weder einsame und zu karge Gipfel, noch nur von Flechten und Moosen überzogene Hochflächen bestimmen die Landschaft, und Dörfer sind häufiger als einsame Gehöfte. Dabei gibt es große Panoramen, zu deren Erleben man nicht weit von der Straße abzuweichen braucht,

Mädchen aus dem Setesa

Zeichnung von Aug. Schneide *1870*

Nationalgaleri Oslo

etwa der Blick von Huldreheimen bei Bykle, der mehr
begeistert als das dort gelegene Freilichtmuseum, obwohl
unter den Häusern noch eines mit offener Herdstelle zu
finden ist und auch recht urige, mit Rentiergeweihen ge-
schmückte Speicher. Das wichtigste Freilichtmuseum,
das sich als »Setesdalsmuseet« vorstellt, liegt in Valle. Es
ordnet sich um das Rygnestad-Loft von 1580 und eine
noch mittelalterliche Herdhütte, sogar ein dreigeschossi-
ger Speicher ist unter den elf Gebäuden anzutreffen.
Auch viel Gerät wurde hier geborgen, und im Speicher
hängen noch die schwarzen Trachten mit rotem und grünen Saumbesatz, die bunten Wamse, die zur Setesdalklei-
dung gehören. Olaf Isaachsen hätte es nicht besser malen
können. Aber wir erinnern uns, daß Isaachsen seine Motive im Setesdal gefunden hat.

Von einstigen Stabkirchen im Setesdal sind Zeugnisse
in der Osloer Universitätssammlung erhalten, die Bild-
portale von Hylestad und Austad, die beide aus der Si-
gurdsage erzählen und das Weiterleben der Eddatradi-
tion beweisen. Die Kirchen, die wir nun antreffen, sind
späte, weißgestrichene Holzbauten, einfache Rechteck-
anlagen, achteckige oder wohl auch kreuzförmige. Hervorgehoben wird wieder die Byklekirche, die man im
13. Jahrhundert gegründet wissen will, aber die ihr äuße-
res Kleid dem 18. Jahrhundert verdankt. Innen ist sie völlig mit großen Arabesken in Gelb und Braun ausgemalt,
ein frohes Bild. Die Rosenmaler Vasshus aus Rauland
und K. Avoldson Byklum aus Bykle sind die ausführen-
den Maler gewesen. Das sieht dann an der Küste von
Aust-Agder, wo Ole Nielsen Weyerholt um 1760 die Kirche von Dypvåg unter Farbe setzte, ganz anders aus. Arabesken auch da, aber sie gehen in Rocaillen über, es ist
also Rokoko, während es im Setesdal wie frühes 17. Jahrhundert scheint. Wir nehmen es deshalb als Volkskunst,
die in der Abgeschlossenheit gedieh.

Wir waren von Haukeligrend das Setesdal hinabgefahren; fährt man jedoch weiter nach Westen, so stößt man bei Odda auf den *Sørfjorden,* einen Arm des Hardangerfjords, auf kahle Hochebenen mit viel Geröll, in die Gletscher sich ergießen und spiegelndes Wasser. Es ist ein unvergeßlich großartiger Eindruck. In den Senken kann es lebhaft grünen. Rudel wilder Rentiere ziehen die Höhen vor, halten sich aber abseits der großen Straßen. Die Røldal-Stabkirche vor Horda ist im Jahre 1982 sehr gut restauriert worden, man hat hier besser als in Ringebu im Gudbrandstal verstanden, den ursprünglichen Zustand wiederherzustellen. Røldal war eine Wallfahrtskirche, eine Menge Namen und christologische Zeichen sind in die Balken eingeschnitten. Der aus dem 13. Jahrhundert stammende einschiffige Bau birgt das wohl gleichalte Kruzifix, das in jeder Johannisnacht Ziel von Kranken und Leidenden war, die mit einem Leinentuch über Christi Stirn wischten und das Tuch dann auf ihre wehen Stellen legten. Die Wallfahrt zur Johannisnacht überdauerte trotz mancher Verbote die Reformationszeit noch lange. Einen Johannisnachtkult mit einem Nikolausbild gab es auch in der Stabkirche Eidsborg. In Dänemark kennt man bei Tisvilde Ähnliches. Aus dem 17. Jahrhundert dürfte ein Bild in Røldals Kirche stammen, das nochmals Christus am Kreuz zeigt, umgeben von vierzehn kleinen Bildern, deren jedes ein Apostelmartyrium und am Kopf die Mater dolorosa zeigt, vom Kreuzesholz aber sprießen reich belaubte Zweige. Das Kreuz als Lebensbaum ist unverkennbar. Die Altartafel mit Grablegung und Auferstehung ist signiert: »Gotfrid Hendtzschel pinxit a Silaesie. Wratislaviensis Ao. 1629.« Der 1625 in Stavanger nachgewiesene Breslauer hat hier voll signiert und seine Herkunft hervorgehoben.

Es war, bevor zwischen 1870 und 1890 die Gebirgs-
wege gebaut wurden, um Røldal meist sehr einsam, die
Bewohner lebten mit ihren Ziegenherden in den Tag. Auf
der Oblatendose der Kirche stehen aber 1704 noch Ge-
betsverse, die um Frieden vor den Wölfen bitten. Heute
mag man auf der Hardangervidda wilden Rentieren begegnen, doch sie tun niemandem etwas zuleide.

Die Landschaft wird bewegter, auch wenn die Schwierigkeiten der Gebirgsfahrt über das Røldalfjell durch eine
Folge von Tunnels, deren längster 5600 Meter mißt, be-
hoben sind. Man kann den Weg nun auch im Winter
nehmen. Bei Steinaberg bru bietet sich der überwälti-
gende Anblick des *Låtefoss,* eines der schönsten Wasserfälle Norwegens, und zur Linken ragt das Folgefonnmas-
siv mit seinen Gletschern und gleißt der Buarbreenglet-
scher – man wundert sich, daß es um die kleine Stadt
Odda, die wir dann erreichen, so viele Obstgärten und
auch Obsternten gibt. Wer nun ungesäumt nach Voss
oder Bergen strebt, wird am Ostufer des Sørfjordens entlang zum Fährhafen Kinsarvik fahren und das Dorf Ul-
lensvang passieren, wo Edvard Grieg im Lofthus, das
wiederum von Obstgärten umgeben ist, eine von ihm
sehr geliebte Ferienhütte hatte.

Wer sich mehr Muße nehmen kann, wählt den *Folge-
fonnsveig* auf der Westseite des Fjords und erreicht am
Fuße der Felsen das Denkmalsdorf Aga und dann an der
Spitze der Halbinsel Utne. Schwieriger ist es, an der
Westseite des Folgefonn zu dem *Herrenhaus Rosendal*
am Hardangerfjord zu gelangen. Da bietet sich eine
Bootsfahrt nach Løfallstrand an. Rosendal lohnt die
Mühe der Anreise. Ludwig Rosenkrantz, Sproß einer der
ältesten Familien Dänemarks, hat den dreiflügeligen und
zweigeschossigen, einen Hof umschließenden Bau 1661
bis 1665 in den Formen des Frühbarocks mit viel Knorpelstil, besonders am Eingangsportal zum Hof, erbauen

lassen. Ein prächtiger Park umgibt das Anwesen, und
opulent fiel auch die barocke Innenausstattung aus. So ist
ein seltenes Zeugnis norwegischer Feudalarchitektur entstanden. In der nahen gotischen Kvinnherad-Kirche haben die Herren von Rosenkrantz ihre letzte Ruhe gefunden. 1678 wurde der Grundbesitz unter dem Namen Rosendal zur Baronie erhoben und wechselte mehrmals den
Eigentümer, bis Bischof Edvard Rosencrone 1749 ver-
fügte, daß bei Aussterben seines Geschlechtes das
Stammhaus an die Universität Kopenhagen fallen solle.
1820 wurde dieser Titel auf die Universität Oslo übertragen, was 1927 Wirklichkeit wurde. Heute ist ein Fjord-
hotel zugehörig und die Besucher des alten Feudalsitzes
sind zahlreich. Sie bestaunen den Bau, die große Bibliothek und auch die Säle, von deren Wänden die Bilder der
norwegischen Maler von Dahl bis Munch grüßen.

Es ist eine ganz andere Welt, der wir in *Indre Hardanger* auf der Sørfjord-Seite der Halbinsel begegnen: das
Dorf Aga mit einunddreißig Häusern wurde 1938 durch
staatlichen Zugriff vor der Zerstörung bewahrt. Obstbau
sichert ihm, das nun als Stiftung geführt wird, die Existenz, und inmitten dieser auf hohen Steinsockeln errichteten schiefergedeckten und eng aneinander stehenden
Holzhäuser liegt die noch aus dem endenden 13. Jahrhundert stammende »Lagmannstova«. Lagmann ist der
Landrichter. Der damalige Amtsinhaber hieß Sigurd
Brynjolfsson, sein Grab mit der frühgotischen Deckplatte
ist in der Ullensvangkirche erhalten. Er liegt darauf mit
geschlossenem Visier und Kettenhemd, auf dem Schild
dienen drei Lilien als Marienzeichen. Seine hinterlassene
Stube mit prächtigen eisenbeschlagenen Türen entspricht
den frühen Räumen, die wir etwa vom Raulandhof in
Bygdøy und anderen kennen. Nur liegt die Richterstube
nicht ebenerdig, sondern über einem steinernen Sockel-
bau, und dann ist sie später von Nebengebäuden einge-

schlossen worden. Die Feuerstelle war wie allenthalben inmitten des hier nun hochliegenden annähernd quadratischen, sieben mal siebeneinhalb Meter messenden Raums. Erst 1811 wurden die Fenster eingebrochen und das Rauchloch im Dach geschlossen. Das jüngste Haus des pittoresken Dorfs ist die Haldorhütte von 1900. Das ganze war ein Geschlechterhof, zu dem bei der Parzellierung 1937 neun Familien gehörten.

Sechzehn Kilometer entfernt, wo die bis dahin fast unübersteigbaren Berge auslaufen, liegt an der Spitze der Halbinsel das schöne Dorf *Utne* mit einigen repräsentativen Gebäuden, darunter das seit 1722 in Familientradition geführte Utne Hotel und das Hardanger Folkemuseum, das unter seinen dreizehn gut ausgestatteten alten Bauten auch ein Rauchhaus besitzt. Außer diesem Freilichtmuseum hat Utne ein neues Museum für systematische Sammlungen und Wechselausstellungen, auch in diesem sind komplette Stuben eingebaut. Das reizvollste Stück in dieser Landschaft der Rosenmalerei scheint uns eine Truhe, zwar erst 1840 bunt bemalt, die einen langen vom Dorf herkommenden und von Geigern begleiteten Hochzeitszug zeigt, der vor der Kirche vom Pastor begrüßt wird, dahinter tummeln sich lustig die Bauern, tanzen und schlagen Purzelbäume, aber über dem Brautpaar in Tracht steht der mit Äpfeln behangene Baum, in dem in gerahmten Bildern der König, wohl Carl Johan Bernadotte, und der Bischof vorgestellt werden. Das Thema Lebensbaum, in Røldal als biblische Legende mit Christus am grünenden Kreuz dargestellt, ist hier ganz profan aufgefaßt.

Ein besonders abenteuerlicher Weg von Røldal nach Rosendal ist die 520 bis Sauda, eine der wildesten und großartigsten Straßen Norwegens. Von Sauda an führt sie an Fjorden entlang, und von Skånevik nach Utåker muß man mit der Fähre über den Skånevikfjord übersetzen.

Wer von Odda ostseits des Sørfjords der großen Fähre
über den Hardanger zueilt, wird am Fähranleger *Kinsarvik* etwas warten müssen. Er mag dann einen Blick in die
am Berghang gelegene kleine Kirche tun. Sie gilt als älteste in Hardanger. Nach Ausgrabungsergebnissen ist dem
Steinbau aus der Mitte des 12. Jahrhunderts ein hundert
Jahre älterer Holzbau vorausgegangen. Eine Darstellung
des Jüngsten Gerichts aus dem Beginn des 13. Jahrhunderts, der Gute und Böse wägende Erzengel Michael, findet sich an der Nordwand. Das Antemensale des Altars
aus der Mitte des gleichen Jahrhunderts gelangte in das
Historische Museum in Bergen. Die Renaissancekanzel
von 1609 wurde in den kontrastierenden Farben, die damals allenthalben beliebt waren, gefaßt. Der Künstler hat
sich selbstbewußt genannt »Petrus Reimers von Neustadt
in Holstein«. Reimers hatte sich seit etwa 1590 in Stavanger niedergelassen, wo er um 1628 starb. Man wird
auch an dem späteren, buntbemalten Kircheninventar
Gefallen finden. Das jüngste Ausstattungsstück, die Orgel, lieferte 1960 Paul Ott in Göttingen.

Wer in Kinsarvik noch mehr Zeit hat als für eine Kir-
chenbesichtigung erforderlich ist, mag über Eidfjord, wo
sich ebenfalls eine mittelalterliche Steinkirche befindet,
bis Fossli fahren. Dort erreicht er einen von Norwegens
berühmtesten Wasserfällen. Der Bjoreiafluß stürzt als
Vøringsfoss 182 Meter senkrecht in die Tiefe, und im
Nordosten sieht man den schneebedeckten, 1876 Meter
hohen Hardangerjøkulen.

Doch dann fährt man mit dem Schiff von Kinsarvik
nach Kvanndal, um die Stadt Bergen zu erreichen. Die
Schönheit des Hardangerfjords, seine Weite und seine
souveräne Gelassenheit werden bei der Überfahrt von
neuem erlebt. Die eben noch befahrenen Straßen scheinen von den grünen Ufern verschlungen, Stille herrscht
überall. Das ist bald zu Ende. In Kvanndal pflegt sich der

IV

JOHANNES FLINTOE

(1786-1870)

Vøringsfoss

Wandmalerei im Schloß
zu Oslo

1839-1841

Verkehr auf engerer Straße zu mehren. Doch obwohl man auf dem Weg nach Bergen bei der großen Fykse-sundbrücke und nochmals bei Norheimsund schöne Aussichten auf den Hardangerfjord und auf den 1300 Meter hohen Tveitakvitingen hat, nimmt die kurvige Strecke den Fahrer voll in Anspruch. Man kann aber auch etwas weiter über Voss durch das innere Hordaland fahren und dann bei Trengereid wieder auf die Straße nach Bergen kommen.

Voss, das »Woss« ausgesprochen wird, ist mit seinen vielen Hotels eine Touristenstadt. Im Winter kann man zum 818 Meter hohen Hangur, an dem die Skischule von Voss liegt, mit dem Lift emporfahren und an Skiwettbe-werben teilnehmen. Wir besuchen die um 1271 in Stein errichtete Michaelskirche mit einem eigenartigen, dem Westteil des Schiffes aufsitzenden hölzernen Turm mit achtkantigem Helm, der dem Ort einen guten Akzent gibt. Die Kirche birgt einen stimmungsvollen Raum, aus dessen Dämmer der von dem Bergener Rubensadepten Elias Fiigenschoug gemalte Altar heraustritt. Natürlich hat Voss auch ein Folkemuseum, in dessen Mitte der alte, unveränderte Mølsterhof zu besichtigen ist, zwanzig weitere Häuser, meist aus dem 18. Jahrhundert, stehen dabei. Nördlich von Voss, aber vom Voss Folkemuseum betreut, liegt am Lønavatn der Nesheim-Hof mit dreizehn Althäusern, die von 1688 bis etwa 1850 datieren. Weitere alte Holzbauten sind westlich der Stadt erhalten; dem beachtlichen Finnesloft spricht man sogar hohes Alter (1270) zu. Im damaligen Pfarrhaus von Voss war Ludvig Holberg als Hauslehrer tätig; so weit hat er sich von Bergen aus in das Innere des Hordalandes gewagt.

Er ist der Fjord aller Fjorde, mit 203 Kilometern der längste, bis 1308 Meter ausgelotet der tiefste und landschaftlich der wechselreichste. Meist leuchtet er smaragdgrün. Norwegens mit 2472 Meter höchster, mit ewigem Eis bedeckter Berg, der Glittertind, und der nur drei Meter weniger hohe Galdhøpiggen liegen an der immer neue Ausblicke bietenden, bis auf 1435 Meter ansteigenden Sognefjellstraße, der 55, die bis in den Juni hinein von Schneewänden gesäumt ist. Im Tal aber gedeihen Erdbeeren und Kirschen, die an der Straße feilgeboten werden. Wo ein Stück größerer Hanglandschaft sich weitet, wie etwa bei Hafslo, wird eifrig geackert. Hier hat man Bauernhöfe aus der Eisenzeit gefunden. Von Hafslo führt der Weg zum Jostedalsbreen, jenem riesigen Gletscher von 120 Kilometer Länge und bis zu zwölf Kilometer Breite, der eine Eisdicke von vier- bis fünfhundert Meter hat. Er ist der größte Eiskoloß Europas; mit vielen Armen greift er an schroffen graublauen Felszacken vorbei zum Jostedal. Man kann in Begleitung eines kundigen Führers in vier bis sechs Stunden über ihn hinwegwandern. Daß in solcher Natur die Wasserfälle stürmisch fallen, der Feigumfoss in den Lustrafjord 218 Meter tief stürzt, ja der größte, der Vettisfoss in Jotunheimen, gar 271 Meter fällt, daß sie bei Wind ihre Gestalt jederzeit ändern, Regenbögen in ihnen aufleuchten, aber daß sie wohl auch einmal so weit hinaus schießen, daß der Weg zwischen Felswand und Wassersturz verlaufen kann, geht über alle Beschreibung. Wenn wieder bei Hafslo zwischen dem Barsnesfjorden und dem Hafslovatnet sich die Felsen zu eng geschoben haben, braust die Årøyelva mit solcher Wucht von Stufe zu Stufe polternd hindurch, daß man den Namen Helvetesfoss fand, was Höllenwasserfall bedeutet.

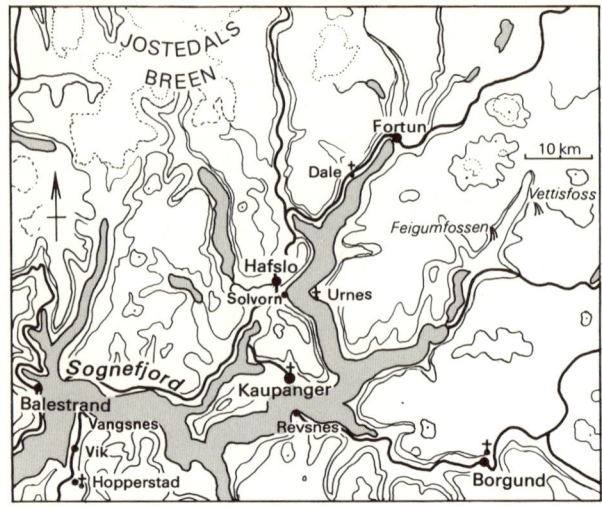

Der innere Sognefjord

Wer zur Stabkirche von Urnes will, kommt an dieser
von Wäldern dicht umfaßten Hölle vorbei nach Solvorn.
Der wechselnden Bilder sind genug, aber immer, ob der
Fjord sich weitet oder sich verengt, um dann wieder neuerlich Weite zu gewinnen, sind durchschluchtete Felsen
aus kristallinischem Kalkstein und Kambro-Silur-Sedi-
mente der Rahmen, und auf den zackigen Kronen liegt
der auch im Sommer nicht weichende Schnee, der sich im
kristallklaren Wasser spiegelt.

Man möchte annehmen, daß diese Landschaft im Mittelalter, als noch keine Straßen eingesprengt waren, ver-
kehrsfern gewesen sei. Doch eben um den Sognefjord
liegen die prächtigsten Stabkirchen, die, untereinander
verwandt, den Austausch befähigter Handwerker vor-
aussetzen. In Dale am schon genannten Lustrafjord liegt

die aus Stein errichtete Kirche aus der Mitte des 13. Jahrhunderts, deren schönes Portal in allem so englisch ist, daß es sich mit dem Südportal von Trondheim durchaus messen kann. Es wurde wohl von den in Trondheim tätigen Meistern errichtet, ist aber keineswegs zu einer Kopie geworden.

Die Stabkirchen am Sognefjord liegen nahe beieinander, obwohl von der einst großen Zahl nur noch vier, mit Fortun fünf stehen und große Lücken sicher sind. Wir sehen als erste und besterhaltene die in *Borgund,* das man auch über Gol im Hallingdal, wo die heute in Bygdøy zu sehende Stabkirche stand, bequem erreichen kann. Die Kirche von Borgund, um einen Glockenturm an der Friedhofsmauer bereichert, einsam im Lærdal gelegen, wurde schon früh gesehen und gezeichnet, so daß nach dem noch gut erhaltenen Bestand andere, teils nur in Resten erhaltene Stabkirchen wie die von Gol und Fortun-Fantoft wiederhergestellt wurden. Das urtümliche Alter, das man ihr zusprach, kommt ihr wohl nicht zu, die Mitte des 13. Jahrhunderts gilt nun als Borgunds Bauzeit. Dachreiter und turmgezierte Apsis werden dem 14. Jahrhundert gegeben, und die Drachenköpfe an den Firsten, die als Dokumente zäh bewahrter germanischer Vorstellungen gelten, werden als Kopien des 18. Jahrhunderts angesehen. Diese dennoch legitimen Drachenphantasien waren nicht mit dem Osebergschiff im Jahre 850 begraben worden, sie lebten in der Portalornamentik der Stabkirchen, im Reliquienschrein aus dem Fillefjell in Valdres (Historisches Museum, Bergen), in den Prunksesseln und Bänken, die im Chor der Stabkirchen waren oder noch sind, selbst in den Ritzzeichnungen an den Wänden wie in Hopperstad lange nach, mögen Pietisten sie später auch nicht gern mehr neben und über dem Kreuz gesehen haben. Dennoch hat Borgund jedenfalls viele andere begeistert.

1886 schreibt der dänische Dichter Holger Drachmann nach einem Besuch Borgunds: »Unterwegs sahen wir uns ein Märchen an – das phantastischste, was man sich vorstellen kann, die alte Stabkirche ... in Borgund ... Das spielerische Messer eines einfältigen Riesen hat sie geschnitzt; mit bescheidenen Kreuzen und großschnäuzigen Drachenköpfen, verschnörkelt und krumm, Ast über Ast. Das Innere wirkt wie ein uraltes Holzhaus, das einem mystischen Kult geweiht ist und in dem das Dunkel der Sagas die mattbrennenden Kerzen des Katholizismus überwältigt, deren Glanz auf die Äxte der Bauern und die Bärte der Wikingerkönige fällt – ein unheimliches Märchen – ehrlich gestanden.«

Im dämmerigen Innern der Stabkirche von Borgund, deren Dachbau von zwölf Masten getragen wird, empfängt uns eine eigentümliche Weihe, bedingt durch die elementare Aufbauform, die wie die Norm für die anderen gewesen zu sein scheint. Linker Hand vor dem Chor stand offenbar einst wie heute noch in Hopperstad ein Baldachin-Altar. Zu dem klugen Aufbausystem, das für sich und ohne Dekor steht, tritt das reich geschnitzte Westportal, bei dem die Drachen wieder eine gewichtige Rolle spielen.

Die nächste Stabkirche ist die zu *Kaupanger.* Man muß in Revsnes die Fähre über den Sognefjord nehmen, um sie zu erreichen. Sie ist in der Anlage etwas älter als die von Borgund, hat wie diese wohl durchgehende Masten, aber sie weiß noch nichts von eingeschobenen, vom Steinbau entlehnten Würfelkapitellen. In Kaupanger fehlen selbst die absteifenden Andreaskreuze zwischen den Masten; die Strebebalken mit den Bogenknien müssen die Sicherung allein tun. Auch als der um 1180 errichtete Bau im 13. Jahrhundert erweitert wurde, ist die Konstruktion nicht modifiziert worden. Aber ohne die Andreaskreuzgalerie, die sich sonst auch vor den Chor legt, und durch die Verlängerung des Raums erinnert uns die Kaupanger Kirche mehr an eine Basilika als an die sonst auf die Mitte zurückweisende Zentralräumigkeit der Stabkirchen. Das Äußere der Kaupanger Kirche wurde im 19. Jahrhundert völlig verfremdet und um 1965 unter der Leitung von Kristian Bjerknes verständnisvoll wieder restauriert.

Wen diese Außenerneuerung schockiert, kann im Sogn Folkemuseum in Kaupanger, der Heibergschen Sammlung, entschädigt werden. Dort liegt am Hang das Freilichtmuseum mit neunzehn hierher versetzten Häusern, angefangen mit der Geithusbui von 1596 bis zu einem Rektorhaus von Vik aus dem Ende des 18. Jahrhunderts, das für sich schon ein eigenes kulturgeschichtliches Museum darstellt. Eine große Gerätesammlung ist in einem Gebäude in der Nachbarschaft untergebracht.

Nicht allzu weit von der Kaupanger Stabkirche liegt die von *Hopperstad,* die aber leichter vom Süden her über Voss oder vom Norden mit der Fähre ab Balestrand oder Hella zu erreichen ist. Sie gehört in der Substanz dem endenden 12. Jahrhundert an, hat aber wohl bis hin in unsere Zeit ergänzende Veränderungen erfahren. In der gleichen Zeit und nahe dabei entstand eine aus Stein errichtete Kirche, beide zum benachbarten Dorf Vik gehörig. Die Steinkirche aus schwerem Mauerwerk besitzt nicht nur Apsis und Chor, sondern von Anbeginn war ihr ein Turm zugedacht worden, dessen enges Portal mit englisch-normannischer Zickzackornamentik und sehr schlanken Ecksäulchen geziert ist. Man denkt an die ältesten Bauteile der Trondheimer Kathedrale. Die beiden so nah beieinander stehenden Kirchen, die kargförmige aus Stein und die reichbeschnitzte aus Holz, müssen verschiedene Bedeutung gehabt haben. Eine dritte Kirche dicht dabei, Tenål, ist verschwunden. Wir sehen in den Stabkirchen nicht nur Dorfkirchen, sondern einige werden

Eigenkirchen vermögender Grundbesitzer gewesen sein, die auch das Recht zur privaten Verpflichtung des Geistlichen zu haben pflegten. Eine Reihe dieser Kirchen war noch im 17. Jahrhundert Privateigentum. Für die nicht zur Sippe Gehörigen mag die Pfarrkirche gesondert und in Stein gebaut worden sein. Die nachträgliche Erweiterung vieler der einst engen, den Altar im Dunkeln lassenden Stabkirchen – ein Drittel der vorhandenen hat solchen Ausbau erfahren – kann mit ihrer schließlichen Benutzung als Pfarrkirchen zusammenhängen. Die Hopperstad-Stabkirche hat aber schon, bevor ihr die Andreaskreuze zur Verschwertung eingesetzt wurden, Elemente des Steinbaus nachgeahmt, die Würfelkapitelle, die wir in Borgund und Kaupanger noch nicht finden. Einen besonderen Wert erhält die Hopperstadkirche durch den geschnitzten und ausgemalten Baldachin über dem Seitenaltar. Er gehört zwar dem 14. Jahrhundert an, als die Formsprache in Europa karg zu werden pflegt, aber hier war man so in Details verliebt, als ob die Zeit der spätromanischen Goldschmiedekunst herrsche. Wenn schon das Wort Schmiedekunst fällt, muß man auf die Eisenbeschläge der schmalen Türen der Stabkirchen hinweisen. Sie sind in Hopperstad großartig.

Eine weitere und wohl die aufschlußreichste Stabkirche, die man nicht versäumen sollte, ist die von *Urnes,* auch wenn der Weg dorthin etwas umständlich ist. Man sollte sich von Solvorn am Lustrafjord-Arm des Sognefjords übersetzen lassen und hat dann am Vorabend in Solvorn Muße, sich im Walaker Hotel anhand der dort vorhandenen guten Literatur zu unterrichten. Kommt man von Hopperstad, muß man allerdings vorher noch mit der Fähre von Vangsnes über den Sognefjord setzen.

In *Vangsnes* mag der noch nicht Informierte mit einiger Verwunderung oberhalb des Hafens einen Bruder des Hermann vom Teutoburger Wald wahrnehmen. Es ist

die Figur des Sagahelden Fridtjof, auf die die Einheimi-
schen stolz sind. Kaiser Wilhelm II. ließ den 14,5 Meter
hohen Bronzerecken von dem bei Hof viel beschäftigten
Berliner Bildhauer Max Unger modellieren. Die Norweger haben ihn von dem norwegenbegeisterten Hohenzol-
lern gern angenommen. Von 1889 bis 1914 war der Kaiser mit seiner weißen Yacht fast jedes Jahr in den Fjorden des Nordens und schloß leutselige Freundschaften.
Als 1904 Ålesund in Flammen aufging, gab er aus seiner
Privatschatulle einen erheblichen Beitrag zur Hilfe und
zum Wiederaufbau. 1909 schenkte er der Stadt Odda ein
Feldlazarett, und der Fridtjof soll ihm aus eigenen Mit-
teln drei Millionen gekostet haben. Wilhelm II. war auf
diesen Kreuzfahrten sowohl in Bergen wie in Odda und
besonders gern mit dem norwegischen König in Stalheim
im Hordaland. So versteht man es, daß der deutsche
Tourismus bis 1914 stark anstieg und schließlich den
englischen übertraf. Es gibt daher bei Bergen einen Kai-
serpfad, in Odda einen Kaiserplatz und in Ålesund gar
trotz der Bombardierung während des letzten Krieges ein
Keiser-Wilhelm-gjestehuset in der Keiser-Wilhelms gate.
Oslo besitzt heute noch am Holmenkollen ein Wilhelm
neben Oskar II. gewidmetes Denkmal.

Doch nun zur Stabkirche von *Urnes*. Man steigt vom
Bootsanleger an wenigen Häuern vorbei zu ihr hinauf.
Einst wird ein größerer Hof in ihrer unmittelbaren Nähe
gelegen haben, und wenn auf dem Friedhof ein Grab
ausgehoben wird, trifft man auf Bauspuren genug. Die
Kirche ist schlicht und ohne umlaufenden Svalgang, aber
der Mittelbau stößt klar über die schmalen Abseiten hinaus, den platten Chor verlängerte man 1601 und der
Dachreiter wurde 1704 aufgesetzt. Wer eintritt, vermißt
die hohen Masten und damit auch die freistehenden Andreaskreuze, die Stützen sind Holzsäulen mit dekorierten
Würfelkapitellen, auf deren Schilde allerlei Getier darge-

stellt ist. Man sieht einen Kentaur darunter und erkennt anstelle germanischer nun griechische Phantasie. »Ende des 12. Jahrhunderts« ist also hier eine frühe Datierung. Geht man aber außen um die Kirche herum, dann findet man ganz andere Schnitzerei. Es sind mit höchstem Könnertum stegförmig ausgeschnittene Ranken und sich verbeißende Tiere mit spiralisch gebildeten Gelenken oder Augen in unendlichem Rapport, feinste Linien und modellierte Körper oder durchflochtene Hälse. Das ist in dieser Präzision und in der zu erkennenden Gesetzlichkeit einmalig. Diese Schnitzereien, ehedem Türrahmen, Eckpfosten und ein nun verdecktes Giebelfeld, gemahnen an die Zierformen von Oseberg aus der Mitte des 9. Jahrhunderts und stehen in dessen Tradition. Es sind offenbar beschnittene Reste einer älteren Kirche, der Zeit Olavs des Heiligen nahe, Mitte oder Ende des 11. Jahrhunderts, das älteste an kirchlicher Kunst in Norwegen. Wenn man sie so sorgfältig einem nachfolgenden Bau einfügte, dürfte es seinen Grund gehabt haben und war jedenfalls ein früher Akt von Denkmalpflege, wobei es weniger um das Denkmal als um die Kraft der Tradition ging. Karl der Große hatte aus solchem Anliegen Ravennatisches seiner Pfalzkapelle in Aachen eingebaut. Die Aufwertung eines kirchlichen Bauwerks durch bewahrtes Erbe konnte in verschiedenen Formen erfolgen.

Auf dem Altar in Urnes stehen zwei Leuchter, deren Emailleeinlagen auf Limoges und das 12. Jahrhundert weisen. Limoge-Emaille trifft man, einmal darauf aufmerksam geworden, häufiger in Norwegen an. Die Kreuzigungsgruppe über dem Chor von Urnes gehört wohl erst in das 13. Jahrhundert. Dann steht da noch ein eiserner Leuchter mit sieben Lichtern in der Form eines Wikingerschiffs. Auch er mag dem 13. Jahrhundert angehören, gemahnt aber an Traditionen aus kampffrohen Zeiten, wo doch nun am Lustrafjord der friedliche Ackerbau regiert. Den Bohlen der Urneskirche sind nahe dem Altar mit Wimpeln gezierte Schiffssteven und Löwen- oder Hundeköpfe eingeritzt, auch Lanzen kann man erkennen. Die nun Christen gewordenen Nordmänner träumten noch vom vergangenen Wikingertum, mochte der Priester vor dem Altar auch von demütiger Unterwerfung und Buße reden.

Durch den Storfjord nach Geiranger

Der Geirangerfjord, diese schmale, von hohen und dunklen Felswänden eingefaßte Wasserstraße, in die von den unerreichbar scheinenden Graten der Berge die schäumenden Fälle herabstürzen, gilt als der Inbegriff norwegischer Landschaftsmajestät. Seit fast einem Jahrhundert ist er auch über die Gebirge hinweg zu erreichen, etwa aus Norden von Åndalsnes über die abenteuerliche Trollstigen oder von Osten über Lom an bis zu zweitausend Meter hohen Wänden und dem 1476 Meter hohen Dalsnibba vorbei. Wer von Süden aus der Gletscherlandschaft des Jostedalsbreen kommt, kann auch über den Ferienort Stryn nach Geiranger gelangen. Doch wer den Fjord wirklich erleben will, muß ein Schiff nehmen, entweder von Stranda nach Geiranger oder umgekehrt. Schiffe auf großer Kreuzfahrt laufen vor dem schon erwähnten Ålesund in den Storfjord ein.

Ålesund ist eine auf drei Inseln gelegene Hafenstadt. 1904 und 1940 vom Schicksal heimgesucht und in Flammen untergegangen, hat es außer seiner einzigartigen Lage zwischen Bergen und Meeresarmen nicht viel zu bieten. Immerhin pflegt es noch seine übriggebliebene Jugendstilarchitektur und setzt sie in Farbe. Aber die Sensation Ålesunds war die Unmenge von Vögeln, Dreizehenmöven, Lummen und Papageientauchern, die auf dem Vogelberg inmitten der Stadt brüteten. Doch nun

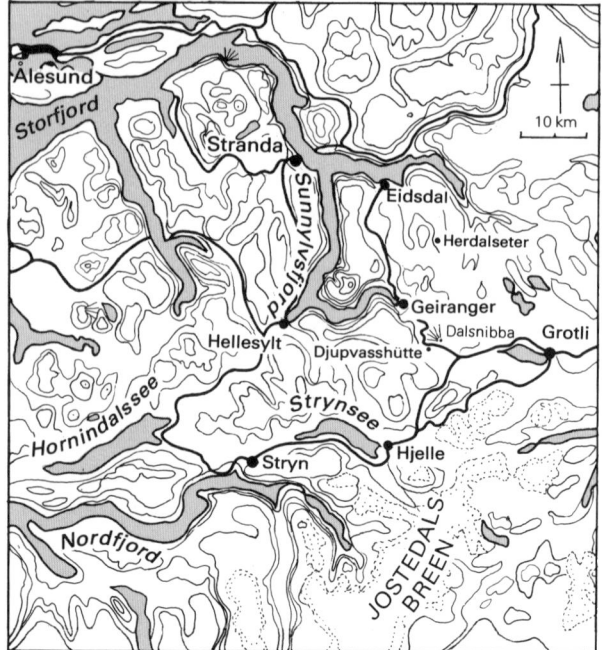

Rund um den Geirangerfjord

haben sie sich nach Westen zur Insel Runde abgesetzt und die Ålesunder sind nicht böse. Es gibt drei Museen, ein sehenswertes Distriktmuseum mit dreißig Althäusern und einer Fischereiabteilung, ein Stadtmuseum wieder mit einer Fischereiabteilung und ein Aquarium, das die Meeresfauna der Nordsee zeigt, was – würde der Geruch es nicht schon anzeigen – beweist, daß Ålesund von der Fischerei lebt. Aber mit Fischersiedlungen am grünen Ufer ist es, wenn man tiefer in den Storfjord und Sunnylvsfjord eindringt, bald vorbei. Die Bergwände werden steiler, hier und da klemmen sich noch einige Häuser ein, die nur wenig Weide um sich und einen Bootssteg vor sich haben. Viele dieser Häuser sind verlassen, denn trotz aller Bereitschaft zu karger Lebenshaltung ziehen die Menschen schließlich ab. An einigen Plätzen hält sie der Fremdenverkehr, in Valldal gibt es etwas Möbelindustrie. Gewachsen ist nur Geiranger selbst, was Besucher, die den Ort nach zwanzig Jahren wiedersehen, bedauern. Aber wer zum ersten Mal ankommt, wundert sich, nach der stummen Einsamkeit der Felsen plötzlich ein so offenes, durchsonntes Tal vor sich zu erblicken. Bei der Einfahrt in den Fjord erscheinen auf der Nordseite steile Wände, darüber schneebedeckte Kämme, denn schließlich liegt das Geitfjellet dahinter, 1616 Meter hoch. Von den Schneedecken her kommen die mächtigen Wasserfälle, der »Brautschleier«, die »sieben Schwestern« auf der Nordseite, der »Freier« gegenüber. Auf der Nordseite liegt das verlassene Gehöft Knivsflå, auf der Südseite Skageflå. Wir möchten Otto Brües' »Merian«-Beitrag zitieren: »Sie stürzen in die Fjorde, das Wasser ohne Mittler zum Wasser hin. Einarmig und siebenarmig. Leise und laut. An engen und weiten Stellen. Sie rauschen, wenn die Sonne hineinscheint, sie rauschen, wenn das Mondlicht sie findet, sie rauschen lauter noch im Nebel und künden so, daß sie noch vorhanden sind. – Die Menschen, die hier aufwachsen, sind herb und verschwiegen, aber jene unter ihnen, denen die Gabe zu reden ward, singen und sagen unerschöpflich wie die Wasser, die da raunen überall ... – Diese Wasser, unermeßlich und noch nicht zu nützlichen und unnützlichen Zwecken ausgebeutet, sind lauter kostbare Silberpfeifen und machen aus diesem Lande ein einziges Orgelwerk. Und der die Bälge tritt und die Register zieht, das ist der Schöpfer selbst.« Ein »Predigtstuhl« schiebt sich da, wo der Fjord sich wendet und den Blick nach Geiranger freigibt, vor, freundlicher als der bei Stavanger. Daß der Ort Geiranger mit dreihun-

dert Einwohnern nun sechs Hotels und hundert Cam-
pinghütten hat, scheint aus der Proportion geraten. Aber
im riesenhaften Panorama dieser Landschaft geht auch
das unter.

Man sieht mit einigem Staunen die Wege, die trotz der
Serpentinen steil in die Höhe gehen, sei es nach Eidsdal,
sei es zum Herdalsseter, und auch die Hauptstraße nach
Grotli muß heftig klettern. Durch das enge und wilde
Flydal erreicht man Flydalsjuvet, von wo man einen herrlichen Blick über Geiranger, den Fjord mit seinen kargen
Wandungen und den Schneegipfeln darüber gewinnt.
Das blanke oder glitzernde Wasser unten und in den
Bergseen oben, der braungraue Felsen und die Sonne darüber – das ergibt die Bilder, die die Umschläge der Norwegenbücher zieren. Doch kommt man höher zur Djupvasshütte und schließlich zum Gipfel des Dalsnibba,
1476 Meter über dem Meeresspiegel, so tut sich ein noch
großartigerer Rundblick über den Fjord und die Bergwelt
mit ihren unzähligen Gletschern auf. Kehrt man zur
Djupvasshütte zurück, führt die Straße nach Grotli, wo
man auf die Zuwege vom Westen, von Stryn und Bergen,
stößt und weiter über Lom und Otta nach Oslo gelangt;
ein wichtiges Verkehrskreuz also, und Grotli besteht daher auch nur aus Hotels. Wendet man sich in Grotli nach
Westen, so kommt man über Geröllhalden und an Bergseen vorbei, berührt den Tystigggletscher, bei dem ein be-
kanntes Sommerskizentrum liegt, und bald sieht man
links der Straße den Jostedalsgletscher, der sich als mächtiger Riegel zwischen den Sognefjord und die Ausläufer
des Nordfjords und Storfjords legt. Großartig ist der Ab-
stieg, vorbei an laut tosenden Wasserfällen mit starkem
Gefälle und vielen Windungen hinab nach Hjelle, wo
zahlreiche Wikingergrabhügel zu finden sind. Am Stryn-
see entlang erreicht man Stryn, unmittelbar am innersten
Arm des Nordfjords, nahebei liegt Europas tiefster See,

mehr als 500 Meter hat man im Hornindalsee gelotet.
Von dort mag man sich wieder nach Norden wenden, um
bei Hellesylt zum Sunnylvsfjord zu gelangen, von dem
der Geirangerfjord abzweigt. Die Straße Hellesylt-
Stranda ist eine der großen Attraktionen des Westlandes.
Der mächtige Hellesylt-Wasserfall hat Henrik Ibsen zu
seinem Drama »Brand« inspiriert. Man glaubt das Tosen
des Wassers noch in der Dramenhandlung zu vernehmen.

Doch dieses dichte Beieinander von Naturereignissen,
diese Nähe von Fels, Eis, Wasser und auch mutig farbenfrohen Blumen am Rande, mag vielleicht zuviel sein. Wir
wollen deshalb vorschlagen, uns zu bescheiden und von
Grotli die Straße nach *Lom* zu nehmen, wo wir mit der
Stabkirche das uns schon vom Sognefjord Vertraute,
aber vielleicht um einiges gesteigert, wiederfinden. Deshalb sei sie hier vorgestellt, obwohl man sie ebensogut
vom Gundbrandstal aus erreichen kann. Die Stabkirche
Lom dürfte um 1200 oder kurz danach entstanden sein
und ist 1270 zuerst genannt, sie hat gleiche Ergänzungen
erfahren wie die Stabkirche von Hopperstad. Die Masten
enden mit Kapitellen, die zwar mehr Kelch- als Würfel-
form haben. Die Plankenzangen und Andreaskreuze sind
nachträglich eingebaut worden. Im 17. Jahrhundert, als
sie dem Ort als Pfarrkirche diente – 1608 wurde die
Chordecke bemalt – ist die Kirche kreuzförmig erweitert
und durch Fenster aufgehellt worden, auch hat sie damals einen spitzen Turm bekommen. Dabei hat man mit
den Drachenköpfen an den Firsten nicht gespart, immerhin ist einer aus dem Mittelalter erhalten. Auch ein reich
geschnitzter, wenn auch schon romanisch stilisierter Portalrahmen mit Löwen auf den Kapitellen, wie wir sie
schon in Eidsborg in Telemark sahen, ist der Kirche verblieben. Zwar dürfte dieses enge Portal ursprünglich dem
Westeingang zugehört haben, denn auf der Nordseite,
wo es nun steht, waren Eingänge nicht üblich, weil man

sich vom Norden her dem Unheil ausgesetzt glaubte. Im Inneren der Lomkirche mag der muntere Anstrich des Gestühls und der Chordekoration überraschen. Besonders die Kanzel gibt in ihrer Akanthusschnitzerei Aufschluß. Es ist das Kunsthandwerk des Gudbrandstals, das hier herüberkommt, wenn auch das große Nachbartal, von Ringebu abgesehen, keine Landschaft der großen Stabkirchen mehr ist. Die Kirche von Lom muß sich leider damit abfinden, daß keine Bauernhäuser, sondern Supermärkte ihre Nachbarschaft geworden sind.

Auf Norwegens längster Straße

Eidsvoll

Da gibt es die E 6, die von Schweden herkommt und über Trondheim hinaus weiterläuft, von Oslo bis Kirkenes sind nicht weniger als 2475 Kilometer angegeben. Man kann sie natürlich nicht in drei Tagen bewältigen, aber wir wollen drei Etappen angeben, die erste, kürzeste, bis Lillehammer, dann die erlebnisreiche Strecke bis Trondheim und schließlich die in stummer Einsamkeit endende Straße durch Nordland, Troms und Finnmark.

Peripherien von Großstädten sind selten einladend, doch in Oslo ist das Gewürfel von Hochhäusern und kleinbürgerlichen Randbauten besonders absurd, und des Häßlichen gibt es an der Ausfahrt nach Norden in Fülle. Aber das wird auf dem eingeschlagenen Weg, dem wichtigsten Norwegens, auf dem im Mittelalter schon Könige und Pilger zogen und der auch noch heute an meisten befahren ist, schnell vergessen, obwohl sich Fabrikanlagen immer tiefer in das Land fressen. Die Straße steigt, die Landschaft gewinnt Konturen, der Wald kommt nah heran, und wenn auch wieder Industrieorte durchfahren werden, so lassen sie die Natur nicht mehr vergessen. Eine Fabrik, das Eidsvoll-Werk, ist es aber, der wir nun 64 Kilometer von Oslo entfernt als dem bedeutsamen Ort begegnen, an dem Norwegens neuere Geschichte mit einer entschlossenen Tat beginnt.

Hier in Eidsvoll stellte Carsten Anker 1814 seinem Freund, Christian Frederik, dem dänischen Kronprinzen und Statthalter in Norwegen, seine Werksgebäude und das Herrenhaus für eine Versammlung von 112 Männern zur Verfügung, deren Ziel ein unabhängiges Norwegen war. Am 17. Mai 1814 wurde eine Verfassung, die auf Montesquieus Gedanken von der Gewaltenteilung beruhte und für die die Abgeordneten Amerikas Verfassung sorgfältig studiert hatten, angenommen. Volle Selbständigkeit unter einem eigenen König wurde allerdings noch nicht erreicht, da die europäischen Mächte Bernadotte als nunmehrigen schwedischen König Norwegen als Ersatz für das an Rußland abgetretene Finnland zugestanden hatten. Dieser erkannte – zwar unter englischem Druck – die Eidsvoll-Verfassung an, in der kein eigenes Auswärtiges Amt vorgesehen war. Immerhin konnte diese Verfassung mit einer Abwandlung über das bis 1905 bestehende Unionskönigtum hinaus gültig bleiben, und so ist ihr zu Ehren der 17. Mai der norwegische Nationalfeiertag. Der Versammlungssaal von 1814 ist unverändert geblieben und wird als Zeugnis der gewonnenen Freiheit museal gezeigt. Außerdem gibt es in Eidsvoll-Hammerstad ein aus fünfzehn alten Häusern gebildetes Bygdemuseum, in dem neben altem Wohngut auch Destilliergerät aus jenen Tagen gezeigt wird, als häusliches Schnapsbrennen noch nicht verboten war. Im Pfarrhaus von Hammerstad wuchsen der Dichter Henrik Wergeland und seine Schwester, die von Ibsen verehrte Frauenrechtlerin Camilla Collett, auf.

Wer hohe Berge erreichen will, etwa den Hvalbykampen mit dem davor gelegenen Randsfjord – die Touristenkarten zeigen ihn mit Sternen an – muß spätestens bei Eidsvoll nach Westen abbiegen, um die Landschaften zu erreichen, in denen Sigrid Undset ihre Romane spielen läßt. Er erreicht dann auch in Lunner und Gran zwei Kirchorte mit frühen Kirchenbauten. Die Nicolaikirche in Gran ist eine kleine, aber wohlproportionierte Basi-

lika, die der etwas länger gestreckten Gamle Aker Kirche
in Oslo entspricht und mit gleicher Sorgfalt der Quader-
mauerung imponiert. Die aus gotischer Zeit stammenden
Schwesterkirchen, Mariakirche und Nikolaikirche, nördlich von Lunner haben einige skulptierte Steine des endenden 12. Jahrhunderts aufgenommen, Drachen, Löwen und zwei Kentauren sind aus dem harten Stein gemeißelt, Motive und Formen, die der Lombardei verpflichtet sind. Auch die Verkündigung Mariens erscheint; die jungfräuliche Magd beugt sich tief vor dem
herantretenden Engel. Solche Bilderlebnisse schon lohnen den Abstecher, den man auch direkt von Oslo aus
über Hønefoss machen kann.

Am Mjøsasee

Bald hinter Eidsvoll öffnet sich der Blick auf Norwegens
größten Binnensee, die Mjøsa. Die Straße führt zwischen
tiefem Wald und weitem, nicht endenwollendem Wasser.
Man kann den See beiderseits umfahren, doch um nach
Hamar und Ringsaker zu gelangen, bleibt man auf der
Ostseite und erreicht zunächst *Stange* mit einer im
17. Jahrhundert gut ausgestatteten spätromanischen Kirche, deren Fenster 1928 Gabriel Kielland schuf. Wer sich
Zeit läßt, kann in der Umgebung von Stange bronzezeit-
liche Steinzeichnungen und Gräber finden, aber auch Gü-
ter und Herrenhäuser des 18. Jahrhunderts, darunter das
unter Denkmalschutz stehende Herrenhaus von Gut
Ringnes. Dieses Gut ist sogar schon in der Chronik des
Isländers Snorri Sturluson genannt, der durch Mörder-
hand 1241 starb.

Die eindrucksvollen Reste des einstigen *Doms von Hamar,* vier hochschlagende Bögen der früheren Südarka-
den, die Sockelsteine einer dreiteiligen, zisterziensisch anmutenden Choranlage und eines dieser vorgelagerten

Querhauses, alles aus dem 12. Jahrhundert mit Hinweisen auf spätere Wölbung und gotischen Erweiterungen, liegen heute inmitten eines Freilichtmuseums. Als 1152 ein Bischofsstuhl in Hamar errichtet wurde, entstand der mächtige Kalksteinbau als dreitürmige, dreischiffige und kreuzförmige Basilika. Die Obergadenfenster waren wie im Dom von Stavanger jeweils über den Säulen angeordnet. Wieder hat ein englischer Kirchenfürst die Gründung betrieben jener Nicholas Breakespeare, der als Papst Hadrian IV. Friedrich Barbarossa krönte. Mit der Aufhebung des Bischofssitzes während der Reformation verlor der Dom seine Legitimation und der Ort das Stadtrecht. Die Schweden zerstörten ihn 1567 in dem Nordischen Siebenjährigen Krieg, der Dänemark galt und Norwegen traf. Der Dom wurde fortan Steinbruch. Sigrid Undset beschwört in ihrem Roman »Kristin Lavranstochter« das einstige Bild: »Kristin befand sich in einem finstern und gewaltig hohen Raum. Sie konnte in der Dunkelheit weder nach oben, noch nach den Seiten ein Ende absehen, aber in weiter Ferne brannten Kerzen auf einem Altar. Dort stand ein Priester, und der Widerhall seiner Stimme huschte seltsam im Raum umher wie Atemstöße und Flüstern.« Wer heute in den spärlichen Trümmern steht, wird ob solcher Bildkraft der Dichterin den Nobelpreis berechtigt finden. Aber vergessen wird auch der weniger phantasievolle Besucher die feierliche Arkadenfolge vor dem See im Hintergrund nicht.

Der Komplex der einstigen Bischofsresidenz, im 18. Jahrhundert als Scheune für das Mustergut Stor-Hamar genutzt, wird nun vom *Hedmarkmuseum* für Präparierungen und Wiederherstellungen verwendet, dient auch wechselnden Veranstaltungen. In einigem Abstand wurden dann die Häuser als Museumsobjekte aufgebaut. Das älteste stammt von etwa 1600, die anderen aus dem 18. und 19. Jahrhundert, sie sind zum Teil eingerichtet.

Einige Häuser dienen als Auswanderermuseum. Man erwarb nämlich zuerst aus den USA dort von ausgewanderten Norwegern errichtete Blockhäuser und stellte sie in der alten Heimat wieder auf. Das Hedmarkmuseum in Hamar pflegt aber noch weitere Eigenheiten. Da ist etwa der 1975 angelegte Kräutergarten, in dem die Pflanzen gezogen werden, die im Mittelalter als Heilpflanzen, aber auch als Gemüsepflanzen oder in Doppelverwendung genutzt wurden, etwa der Hopfen zur Medizin und zum Bierbrauen. Seit 1979 wird im Sommer der Almbetrieb vorgeführt. Die dafür vom Bauernjugendkreis geworbenen Mitarbeiter beziehen für sieben Wochen die Hütten und erleben alles das, was bis zur Mitte des vergangenen Jahrhunderts den Bauern geläufig war, bevor die Molkereien aufkamen.

Ein zweites Museum, das zeigt, wie schnell seit der industriellen Revolution Vorstellungen sich wandeln und Bilder schwinden, ist das nördlich des Hedmarkmuseum gelegene *Eisenbahnmuseum,* das 1896 gegründet wurde und ausrangierte Lokomotiven und Waggons aufnimmt. Die Fahrstrecke, auf der für den Neugierigen alle möglichen Signale und Stationen aufgebaut sind, ist mit dreihundert Metern allerdings wesentlich kürzer als die der musealen Setesdalbahn (5 km). Vielleicht ziehen manche auch von Hamar aus eine Fahrt mit dem auch schon betagten Schaufelraddampfer »Skibladner« über den Mjösa-See vor. Zwanzig Kilometer östlich von Hamar liegt in Elverum das Glomdalmuseum mit achtzig zusammengetragenen Bauten. Nebenan liegt auch Norsk Skogbruksmuseum, das Museum für Forstwirtschaft, Jagd und Binnenlandfischerei. Sie seien den volkskundlich Interessierten ebenso empfohlen wie das westlich von Hamar gelegene Museum in Fagernes, das der Landschaft Valdres gewidmet ist und siebzig Häuser zählt, wobei es nicht nur das Architektonische, sondern das Leben in aller Breite und Traditionsgebundenheit zeigt. Im Museum von Elverum östlich Hamars bietet eine große Halle pädagogisch gut bereitete Einblicke in die Entwicklung der Landarbeit, des Handwerks bis hin zum jetzigen Kunsthandwerk.

Auf der E6 weiter gelangt man bald nach *Ringsaker* und der dort am See gelegenen alten *Olavsbasilika,* die einst wohl der Gamle Aker Kirche in Oslo entsprochen haben wird und wie diese um 1120 entstanden sein dürfte. Später, unter Håkon Håkonsson, wurde der Chor verlängert, wurden die Querhausarme jedoch abgetragen. Bischof Jens Nilsson von Oslo nannte sie bei einer Visitation 1594 schön, fand aber größeres Lob für den Altar, von dem er sagte, man fände nichts Schöneres in Norwegen. In dem 1654 von Jens Lauridsen Wolf in Kopenhagen herausgegebenen Werk »Norvegia illustrata« wird dieser Altar erneut und noch mehr gepriesen. Er habe seinesgleichen weder in Dänemark noch Norwegen, die Altäre in Roskilde und Lund ließe er hinter sich, da er neuerdings vergoldet sei. Der etwas übersteigerte Ruhm ist diesem großen Schnitzaltar geblieben. Er zeigt im Mittelfeld oben die Kreuzigung; der Gnadenstuhl, in dem Gottvater Christus mit seinen Wunden weist, steht in der Mitte; der sein Blut in den Kelch spendende Christus ist unten der Mensa nahe und durch Tabernakeltüren als Sakrament ausgewiesen. Seitlich davon die Freuden Mariens, links unten die Anbetung der Hirten und Maria als Himmelskönigin darüber, rechts die Anbetung der Hl. Drei Könige und die Wurzel Jesse darüber. In den Flügeln erscheinen verschiedene Heilige, auch die Norweger Olav und Halvard. Der Altar hat also zum einen lokalen Bezug, zum anderen ein sehr ungewöhnliches Programm, das den besonderen Auftrag eines Theologen voraussetzt, dem sowohl die Christi-Blut-Mystik als auch der Marienkult der Vorreformationszeit Anliegen war. Betrachtet man die kleineren Figurenszenen und die Themen der Flügelmalereien, so wird man noch mehr nach den Traktaten fragen, die den für die Bauern sicherlich schwer verständlichen Predigten in der Ringsakerkirche zugrunde gelegen haben mögen. Doch dieses Programm wurde nicht mit lokalen Schnitzern und Malern erörtert, sondern der Priester Ansten Jonsson Skonk, zugleich Kanonikus am Dom zu Hamar, gab seinen Auftrag nach Antwerpen, wo der von Paris gekommene und der Antwerpener Lukasgilde beigetretene Robert Moreau um 1520 ihn übernahm. Wir kennen den Künstler durch einen beglaubigten Altarschrein aus Oplinter in Belgien, der als üblicher Passionsaltar die Leidensgeschichte der Reihe nach erzählt und in der Predella in gleicher Weise die Kindheitsgeschichte Christi behandelt. Bei dem großen Auftrag aus dem fernen Norwegen kam Moreau nicht so einfach weg.

Wir konstatieren das Besondere der Ikonographie, aber eben auch die Tatsache, daß es ein Altar Antwerpener Herkunft ist. Solche findet man vielfach im Norden, in Dänemark und in Schweden. Sie folgen alle einem ähnlichen Aufbauschema, und auch die theatermäßige Regie in den einzelnen Szenen und das verwendete hängende Maßwerk sind ähnlich. Darin macht der Altar von Ringsaker keine Ausnahme. Es hat nach Aussage des Restbestandes in den Museen auch noch andernorts in Norwegen solche Altäre gegeben, hier aber bietet sich ein Ganzes. Auch die Malereien weisen auf Antwerpener Manierismus um 1520, bei ihnen ist viel Dürergraphik genutzt worden. Aber während bei dem Thema des Martyriums der elftausend Jungfrauen zur richtigen Angabe des Orts des Geschehens die Antwerpener gern die Stadtsilhouette von Köln verwenden, ist es in Ringsaker eine Hafenstadt an offener See und Berge wachsen am Ufer auf; die Schiffe, mit denen die Jungfrauen der Le-

gende zufolge von Basel kommen, sind Hansekoggen.
Man wußte in Antwerpen offenbar, was man dem Auftraggeber schuldete. Sicherlich ist der ganze Altar keine
Spitzenleistung, auch unter den exportierten gibt es solche mit klarerer Regie und schnittigeren Formen, aber
auch das weniger Bedeutende hat in Ringsaker genügend
Aufsehen erregt.

Gudbrandsdalen

Das Gudbrandstal öffnet sich von *Lillehammer* aus, und
hier gewinnt man auch die beste Information über die
Kultur dieses Tales, das Norwegens Weg nach dem Norden ist. In der Nähe des Gudbrandstales sind Björnson
und Hamsun geboren, in ihm meint man Peer Gynt beheimatet, und in Lillehammer verbrachte Sigrid Undset
die letzten Jahre ihres Lebens. Aber den lebendigen Aufschluß dankt man einem Zahnarzt, der enttäuscht darüber, daß seine erhoffte wissenschaftliche Laufbahn ab-
gebrochen war, nach Lillehammer kam, um dort alt zu
werden. Das war Anders Sandvig (1862-1950). Seine
Praxis wurde eine der ausgedehntesten Norwegens. Sie
zog sich von Lillehammer bis zum Dovrefjell, von Rondane bis Jotunheimen, über zehntausend Quadratkilometer, und die Patienten erwarteten, daß der Arzt zu
ihnen kam. Dabei erkannte Sandvig, daß in Norwegens
Tal der Täler die jungen Leute in die Städte oder in die
Staaten abzogen, daß eine alte Kultur unterging. Wenn er
dann nach Lillehammer zurückkehrte, hatte er seinen
kleinen Pferdewagen mit altem Gerät bepackt, das er teils
von den Bauern gekauft, teils aber auch als Honorar erhalten hatte. Er selbst thronte dann auf einem Heusack
sitzend darüber. 1894 kam er gar mit einem ganzen zer-
legten Haus zurück, das er in seinem Garten wieder aufbaute. Als es aber bald sechs Häuser wurden, reichte der

Garten nicht mehr aus. Seine Mitbürger hatten inzwischen an dem zuerst belächelten Unternehmen Interesse gefunden, denn schließlich hatte der König in Bygdøy Ähnliches getan. Aber was bei Oskar II. Liebhaberei zu sein schien, wurde zu einem ernsten Anliegen. Die Norweger verlangten endlich nach ihrer Eigenheit, die nationale Erregung war groß, und in Lillehammer übernahm 1904 der Verschönerungsverein Sandvigs Sammlungen, die nun als eigenes Kulturdenkmal nach Maihaugen verbracht wurden. *Maihaugen,* die Maihöhe, das war der Ort, auf dem sich jeweils zum Nationalfeiertag, am 17. Mai, die Jugend versammelte, um Norwegens Eigenrecht zu bekunden.

Sicherlich gab es nun schon in Skansen bei Stockholm ein schwedisches, in Lyngby bei Kopenhagen ein dänisches Freilichtmuseum, auch Bygdøy war 1902 eröffnet worden, alles Unternehmen der großen staatlichen Kulturmuseen. Hier war es ein praktizierender Zahnarzt, der mit Leidenschaft an seinem eigenen Freilichtmuseum arbeitete und dabei sehr eigenen Ideen nachging. Es kam ihm nicht so sehr auf besondere Bauformen an, vielmehr wollte er die verschiedenen Sozialformen innerhalb einer geographischen Gegebenheit, nämlich des Gudbrandstales, deutlich werden lassen. So stellte er den großen Bjørnstadhof mit sechsundzwanzig Einzelgebäuden auf, die sich um den »Manngård« mit den Wohnhäusern und dem äußeren »Nautgård« mit den Ställen und Scheunen gruppieren. Gegenüber legte er den bescheideneren, weniger aristokratischen Øygardenhof mit siebzehn Gebäuden an. Das ist mit all den anderen Objekten zwar etwas eng aufeinander, doch die gute und sorgfältig abgestimmte Ausstattung nimmt den Blick sogleich gefangen. Sandvig sagte es: »So wie ich Maihaugen sehe, soll es eine Sammlung von Wohnhäusern sein, die uns Einlaß zu den Menschen gewähren ... Denn Form und Einrichtung der Behausung ist ein Bild der Menschen selbst, und in den alten Familienhöfen des Tales spiegelt sich nicht nur der einzelne wider, sondern das Geschlecht, Generation nach Generation. Nicht allein eine zufällige Sammlung einzelner Wohnhäuser will ich vor Vernichtung und Vergessenheit retten, nein, die bewohnte Gegend als Gesamtheit will ich in das große Bilderbuch hineinnehmen, nicht nur den Großhof ... sondern auch das Heim des Kleinbauern, die Hütte des bäuerlichen Künstlers weit droben am Schattenhang und die Almwirtschaft weit hinterm Walde. Und vom Hügel soll die alte Kirche ihren Glokkenklang zum Andenken an die geschwundenen Geschlechter ertönen lassen.« Die Kirche wurde 1921 überführt, es ist die alte einschiffige, wohl dem 12. Jahrhundert angehörige Stabkirche von Garmo, die nahe Lom stand, aber schon seit 1885 als Abbruchstapel dalag. Über dem alten Taufstein ist Knut Hamsun getauft worden.

Besonders glücklich und locker hatte Anders Sandvig die Seterhäuser oben über dem Bergsee angelegt. Er wollte mit ihnen die Entwicklung der Milchwirtschaft oberhalb des Tales aufzeigen, er wußte darüber viel zu berichten, was sich romanhaft anhörte, was aber die Häuser bestätigen. Gern erinnert sich der Verfasser eines Nachmittags, den er bei Milch und Fladengebäck mit Sandvig hier oben verbrachte. Schon um zu verdeutlichen, wie in der Abgelegenheit der Höfe die Mehrzahl der Handwerke vom Bauern selbst ausgeübt werden mußte, strebte Sandvig eine Handwerksabteilung an. Sein Nachfolger Sigurd Grieg konnte das fortsetzen und eröffnete 1959 in einem eigenen Gebäude am Zugang zu Maihaugen eine Folge von vierzig Werkstätten, von denen auch einige in Betrieb vorgeführt werden, während die Zeugnisse der für Norwegens Volkskultur so wesentlichen Hausindustrie in den Althäusern verblieben.

Inmitten der Stadt Lillehammer findet sich die *Maleri-samling,* eine 1927 gegründete Galerie mit Malerei aus dem 19. und 20. Jahrhundert. Da findet man natürlich wieder J. C. C. Dahl, Thomas Fearnley, Christian Krohg und auch frühe Bilder von Edvard Munch, besonders aber eine Künstler-Gruppe, die eine eigene »Lilleham-mer-Kolonie« vorstellen will. Wer mehr Bilder von An-ders C. Svarstad, dem malenden Ehemann Sigrid Und-sets, sehen will als er in dieser Galerie findet, muß versu-chen, in Haus Bjerkebæk Einlaß zu erhalten.

Auf der Höhe von Lillehammer und gleichfalls im Oppland ist bei Fagernes auch schon sehr frühzeitig das erwähnte Freilichtmuseum entstanden. *Das Valdres Fol-kemuseum* liegt auf der Storøya Halbinsel am Stranda-fjord. Es hat eine eigene Tradition und betreibt intensive volkskundliche Forschung, beschäftigt sich mit Almwirt-schaft, der Geschichte von Jagd und Fischfang.

Nun öffnet sich das *Gudbrandstal,* das »Tal der Täler«, der Königsweg nach Trondheim, auf dem sich das bunte Geschehen abspielt, das Sigrid Undset farbenreich und landschaftsbezogen in »Kristin Lavranstochter« schil-dert. Einmal ist es breit, dann wieder eng, und oft muß sich der Lågen hindurchzwängen. 1921 kam auch noch die Eisenbahn hinzu. Als Alternative bietet sich der Peer Gynt-Weg an, der über die Höhen und durch viel Nadel-wald führt und immer wieder neue Seherlebnisse bietet. Doch wer die einzige ortsfest gebliebene Stabkirche des Gudbrandstals in Ringebu sehen will, ist auf die E 6 ange-wiesen. Dann erreicht er vorher Fåvang, wo auf eine kleine, in Kreuzform angelegte Stabkirche des 13. Jahr-hundert hingewiesen wird. Sie wurde jedoch so oft umge-baut, daß die Stabkirchen-Spezialisten sie kaum noch be-achten. Sehenswert aber ist in ihr die Akanthusschnitze-rei mit dem Königsmonogramm Christians VII.

Die Kirche von *Ringebu* dürfte um 1200 entstanden sein. Sie war ursprünglich mit achtzehn Masten versehen, aber in der Länge wurde jede zweite Stütze herausgenommen, der Chor völlig umgebaut, und im 17. Jahrhundert ihr der hohe Turm ähnlich denen in Lom und Vågå aufgesetzt. So reizt sie in ihrer Lage über dem Tal den Fotografen mehr als den Bauforscher. Ein Portal mit Ranken- und Drachenornamentik fordert noch Beachtung, und als Ritzzeichnung unter späterer und entstellender Malerei fand man an einer Planke zwei Wildschweine, sehr heidnischen Jagdzauber, wie er lange vorher auch mit den frühen Felszeichnungen gemeint war.

Wählen wir den *Peer Gynt-Weg,* der sich wieder der Hauptstraße nähert, bevor die große Berglandschaft beginnt, in der man sich vorstellt, daß sich hier der Abenteurer mit der Heimatsehnsucht, der seltsame Norweger, Don Juan und Don Quichote in einem, herumgetrieben haben könnte. »Sahst du jemals nah den Gjendin-Grat? Der macht dir bang: / Eine halbe Meile lang, / Wie 'ne Sense scharf ist der, / Über Schroffen, Ferner, Leiten / Und Geröll darunter her / Siehst du da zu beiden Seiten / Düstre Fluten, schwarz wie Sünde – / Mehr denn fünfmalhundert Faden / Geht es stracks hinab in Schlünde« schildert er in Ibsens Drama seiner Mutter Åse den wilden Ritt auf dem Ren. Solche aufgerissene Landschaft droht am Peer Gynt-Weg nicht. Auch in Jotunheimen und am Besseggen, an die Ibsen wohl eher gedacht, stürzt niemand ab. Aber da, wo der Gynt-Weg bei Vinstra endet, liegt auf dem Friedhof von Sødorp jener Bauer oder Holzfäller Peer vom Hagahof (1732-1785) begraben, dem Ibsen in aller Dichterfreiheit die Unsterblichkeit verliehen hat. Der Dovregreis und die Trolle kommen vom Dovrefjell und weiter aus dem schroffen Norden. Doch was Solveig findet:

Karg oder schmuck – mir behagt' hier: so lind
Atmet sich's wider den streichenden Wind.
Da drunten war's dumpfig, beklemmend und feucht;
Schon das hat mich halbwegs vom Sprengel
                                                                    verscheucht.
Doch hier, wo ans Ohr tönt der Kiefern Gesause –
Welcher Sang, welche Stille! – hier bin ich zu Hause.

das dürfte auf dem Peer Gynt-Weg gelten. Aber man
findet nicht nur Kiefernwald und Felskontur, die Straße
steigt hoch an, und es gibt von Flechten bestandene
Hochebenen, Moore und Bergseen.

Daß das Gudbrandstal die Landschaft des Akanthusbarocks ist, wird immer wieder hervorgehoben, Beispiele
haben wir schon in Ringsaker genannt. In der Kirche zu
Follebu auf der Zufahrt zum Peer Gynt-Weg haben wir
wieder Beispiele, in Heidal am Ende des Weges aus-
drucksvolle aus der Mitte des 18. Jahrhunderts. Einer der
bekanntesten Schnitzer, Jakob Bersveinsson Klukstad,
war hier 1753-54 am Werk. Wir treffen ihn am Altar von
Lesja im unteren Gudbrandstal 1749 wieder. Dort mei-
stert er den Akanthus großartig, während er im Figurenwerk kantig und naiv bleibt. So geht es auch einem seiner
Nachfolger 1764 beim Schnitzwerk des Altars von
Kvikne vor Vinstra. Als befähigter Akanthusschnitzer bezeugte sich schon Lars Pinnerud bei den Kanzeln in den
Kirchen von Veldre (1737) und Stor-Elvdal (1743), beide
in Hedmark.

Doch in Follebu wird der Norwegenfahrer auch *Aule-
stad,* das Haus, in dem Björnstjerne Björnson gewohnt
und geschrieben hat, besuchen. 1934 wurde es zum Na-
tionalbesitz erklärt und wird nun so erhalten, wie es zu
Lebzeiten des Dichters und seiner Familie aussah. Es
strahlt zwar nicht so viel Gestimmtheit wie Griegs
Trollhaugen aus, aber was zuerst wie ein Touristenheim

ausschaut, führt doch bald auf den genialischen und erfolgreichen Volksmann hin.

Leider begleiten unpersönliche Großbauten und ausgreifende Hotels, sechs allein am Peer Gynt-Weg, unsere Straße, aber auch alten Höfen mit ihren Stabbur begegnet man, mehr zwar noch, wenn man den Weg wieder verlassen hat, in Dovre, Tofte, wo einer der ältesten, der Königshof, steht, und in Dombås. Der *Peer Gynt-Weg* ist für des Erleben der Landschaft geschaffen, die sich einmal lieblich, dann wieder schroff zeigt, hier dichter Wald, dort weite Öde, von der der Blick aber zu den Bergen im Westen, zum Skaget und Storhøpiggen, im Norden zum Gebirgszug von Rondane übergeht. Bei Dombås sind es dann wieder Höhen über zweitausend Meter, Snøhetta 2286 m, Skredahöin 2003 m und Svanåtinden 2215 m. Das ist nicht mehr das Gewaltige des Galdhøpiggen und nicht das Abenteuerliche des Jostedalsbreen, aber eine großartige Gebirgswelt, wie sie auf der Weiterfahrt nach Trondheim nicht wiederkehrt.

Gipfelfahrt

Diese mächtige Landschaft zwischen Otta und Dombås, in die man vom Gudbrandstal einsehen kann, ist klassisches Wandergebiet. Ungezählt sind die Ziele schon am Lillehammer-Rondane-Pfad. Er ist von Waldreichtum gezeichnet, denn der Sandstein, den die norwegischen Geologen auch Sparagmit nennen und in dem sich Schieferlagen finden, bildet fruchtbare Sedimente. Auch gibt es auf dem Weg in das Rondane kleine, aber tiefe Täler, daneben breiten sich zusammenhängende Hochflächen aus. Dahinter, jenseits von Senken, liegt das schluchtenreiche und doch abgeschliffene, herbe Rondanegebirge mit spärlichem Pflanzenkleid. Die runden Kuppen sind schneebedeckt, wie schlafende Riesen liegen sie da. Men-

schen stören sie nicht. Das Dovrefjell, das sich nach
Nordwesten auftut, hat spitzere und schroffere Hänge.
Schließlich folgt Trollheimen mit seinen vielen kegelför-
migen Erhebungen, Kämmen und Karen. Moore und
Flechtenbewuchs waren den Rentieren einmal recht,
denn eben im Rondanegebirge findet man des öfteren
von Menschen angelegte Fanggruben mit hinführenden
Zäunen, mit denen in früheren Zeiten die Rene zur
Strecke gebracht wurden. Sie werden auch im Valdres-
Museum von Fagernes vorgeführt.

Aber dann gibt es wieder Gebiete, wo neben riesigen
Tannen abgestorbene Bäume stehen. Sie schrecken wie
Fabelwesen, bei Nebel schrecken sie bis ins Mark. Da
mag man von Trollen gesprochen haben, denn den Namen Trollheimen haben Wanderer aufgebracht, wie ja

E. Werenskiold
»Trolle«

Zeichnung zu
den Norwegischen
Volkssagen
von Asbjørnsen
und Moe

V

J. C. C. DAHL
(1788-1857)

Ausblick von Stalheim, 1842
Gemälde, 190,5 x 246 cm

Nationalgalerie, Oslo

auch die so sprechende Bezeichnung Jotunheimen mit Norwegens höchsten Spitzen als »Heimat der Riesen« jung ist. Der Dichter A. O. Vinje hat sie 1857 gefunden.

Diese alpine Sensation Norwegens erreicht man gleichfalls vom Gudbrandstal aus. Man fährt von Otta ab, kommt über Vågåmo und Lom noch durch grüne Täler, dann wählt man die im Winter geschlossene Straße 55 nach Sogndalsfjøra und gelangt ansteigend und von Schneewänden begleitet in die Majestät von Jotunheimen. Die großartigen Zacken des 2469 Meter hohen Galdhøpiggen kommen in den Blick. Man kann ihn in einigen Stunden besteigen, aber in seiner Stille will er mehr bewundert als begangen werden. Mit dem benachbarten Glittertind (2472 Meter), der in den Konturen milder ist, hält man es vielleicht auch so. Der auf tausendfünfhundert Meter steigende Weg an diesen Riesen vorbei gehört zu den unvergeßlichen Erlebnissen einer Norwegenreise, und wenn man dann rechter Hand bald die riesigen Eisfelder des Jostedalsbreen mit ihren bewegten Konturen erblickt, ist der Höhepunkt erreicht. Bei Skjolden stößt man auf den Lustrafjord, den nördlichen Ausläufer des uns schon vertrauten Sognefjords, mit seiner nach der langen Bergfahrt wohltuend farbenfrohen Flora.

Zum Trollstigveien

Wir kehren zur E 6 zurück und wollen sie bei Dombås verlassen, um dem Gudbrandstal weiter folgend in das Romsdal und nach Åndalsnes zu gelangen. Åndalsnes war als Stadt nie sehr lockend, und auch durch den Wiederaufbau nach den schlimmen Kriegsschäden hat sie nicht gewonnen. Die Silhouette wird nun von Erdölbohrtürmen bestimmt. Aber von Åndalsnes geht der zwar nur im Sommer zu befahrende Trollstigen aus, der zwischen

eng aufrückenden Bergen und an tiefen Schluchten vorbei und darüber führt, in deren Dunkelheit die Trolle
hausen sollen. Eine schmale Brücke überquert einen 180
Meter hohen Wasserfall, Schleifen folgen auf Schleifen.
Der heilige Olav soll hier schon 1028 heraufgeritten sein.
Oben ist zwischen spitzen Gneiskegeln einsame Öde,
aber schließlich gewinnt man in einer Kurve am Ørne-
veien einen beglückenden Blick auf den Geirangerfjord.
Einmal muß man übersetzen, aber die Fähre in Valldal
fährt selten; besser ist es, wenn man die fünf Kilometer
weiter gelegene Fähre von Linge nimmt. Der ganze Weg
von Åndalnes ist achtzig Kilometer lang, er erfordert
einige Stunden, aber bietet Landschaftserlebnisse, die
man sich nicht entgehen lassen sollte.

Stadt der Rosen

Von Åndalsnes kann man auch durch einige Tunnel nach
Vikebukt am äußeren Romsdalsfjord gelangen und dann
mit der Fähre *Molde,* die »Stadt der Rosen« erreichen.
Ibsen schrieb 1885 an Friedrich Hegel: »Nun sind wir
hier in Molde gelandet, einem der schönsten Punkte der
Erde. Hier ist ein wunderbarer Fjord, umgrenzt von ko-
lossalen schneebedeckten Berggipfeln, dazu eine reiche,
fast südliche Vegetation.« Tatsächlich hat die Stadt dank
ihrer geschützten Lage und der Nähe des Golfstroms ein
so mildes Klima und auch das gehörige Maß an Regen,
daß die Rosenzucht betrieben werden kann, und in den
gepflegten, einen sanften Hang erkletternden Gärten
blüht es reicher als im südlichen Stavanger. Die sympa-
thische Stadt hat in der Geschichte der norwegischen
Poesie ihren Platz. Björnson ging hier zur Schule, Ibsen
verlebte in Molde seine Ferien und schrieb »Die Frau
vom Meer«. Der Erzähler Alexander Kielland aus Stavanger war hier einige Jahre Bezirksamtmann. Aber

1940 fiel Molde unter deutschen Luftangriffen in Asche.
Der Wiederaufbau hat besonders an der Hafenseite viel
Modernität gebracht, aber auch manche Proportion zerstört. Doch durch die Straßen und Wege der auf mittlerer
Höhe gelegenen Stadtteile mit den üppigen Gärten geht
man gern. Dort erreicht man in nächster Stufe das 1912
errichtete Romsdalsmuseum, ein Freilichtmuseum mit
einigen zwanzig simplen Häusern und einer kleinen Kirche, in der der nach England flüchtende König 1940 den
Bombenangriff abwartete. Dieses Freilichtmuseum pflegt
nun viel Folklore. Mit ihm organisatorisch verbunden ist
das Fischereimuseum auf der Insel Hjertøya vor Molde,
das in Form eines kleinen Fischerdorfes pittoresk angelegt ist, aber doch viele Informationen über die Entwicklung der Fischerei und deren Nöte gibt. Von der Fischerei
handeln auch die Museen in Ålesund südlich und Kristiansund nördlich von Molde.

Über Ålesund haben wir berichtet. Erwähnt sei aber
noch die vor Ålesund liegende Insel Giske. Aus der Familie Giske war König Harald Hardrådes Ehefrau gekommen und auf ihrem Besitz stand die kleine Marmorkir-
che, die ihr als Kapelle diente. Es ist ein um 1200 errich-
teter Bau. Weiter südlich am Ausgang des Nordfjords
liegt bei Måløy die Insel Vingen, auf der man die größte
Ansammlung von Felszeichnungen in Skandinavien antrifft.

Kristiansund ist, wie der Name es aussagt, eine könig-
lich-dänische Gründung, doch war es diesmal nicht der
vierte, sondern der sechste Christian, der 1742 die Stadt-
rechte diesem sich über drei Inseln greifenden Ort ver-
lieh. Aber vom 18. Jahrhundert sieht man nichts mehr,
im letzten Kriege wurde die Stadt völlig zerstört und danach sehr modern wieder aufgebaut. Die 1964 von Odd-
Kjeld Østbye errichtete Kirche gehört zu den interessan-
testen neuen Architekturen Norwegens.

Doch nun zurück nach Dombås und zur Straße nach Trondheim. Man kann allerdings auch über Molde und Oppdal die E6 wieder erreichen oder von Kristiansund über Tingvoll Trondheim direkt ansteuern. In Tingvoll findet sich am Fjordufer eine 1180 errichtete Wehrkirche, Schießscharten weisen sie als solche aus. Das bleibt aber in Norwegen etwas Vereinzeltes, denn obwohl es manche Usurpatoren gab und diese auch einmal einen fragwürdigen Heerhaufen wie die Birkebeiner hinter sich bringen konnten, so waren sie keine ständige Gefahr. Selbst in dem Jahrhundert der Bürgerkriege (1130-1240) hatten die Erbkönige meist schon mit begrenzten Aktionen gegen ihre Rivalen Erfolg. Dem letzten Konflikt zwischen Håkon IV. und dem Skule Jarl (1240) hat Ibsen sein Schauspiel »Kronprätendenten« gewidmet.

Auf dem weiteren Weg nach Trondheim braucht man, obwohl es Pilger- und Heerweg war, nicht viel Geschichte zu beschwören. Die Landschaft dominiert. Man fährt von Dombås über die E6, sieht ferne Berge, wie die Snøhetta im Dovrefjell, kommt dann durch das dunkle Dovrefjellmassiv, wird im Drivatal von dichten Fichtenwäldern begleitet, genießt im sich weitenden Tal den Blick zur Fjellandschaft mit reichen Aussichten. Schließlich öffnet sich wieder fruchtbare Landschaft, gute bestellte Felder breiten sich aus, das Sør-Trøndelag, das der Stadt Trondheim die Bedeutung gab, die der von Oslo nicht nachstand.

Doch *Hjerkinn* bald nach Dombås war im Mittelalter ein Rastplatz für die Nidarospilger, und die alte Berghütte soll noch aus König Eysteins Zeiten (1122) stammen, jedenfalls wurde zur Erinnerung an ihn, der die Gesetze des Landes niederschreiben ließ, 1969 noch eine

Eysteinskirche gebaut und ein Denkmal errichtet, das an die 41 norwegischen Könige gemahnen will, die hier über neun Jahrhunderte hinweg nach Trondheim zogen. Über Oppdal, dessen Holzkirche von 1651 schöne Teppiche aus dem 15. Jahrhundert besitzt, kann man in Ulsberg in die Straße nach Tynset einbiegen und Kvikne mit seiner Kirche von 1652 und dem Pfarrhaus Bjørgan erreichen, in dem Björnstjerne Björnson 1832 geboren wurde.

Fährt man dann den Bogen über Tynset aus und folgt dem Glåmdalen nach Norden, kommt man über Tolga mit einigen barocken Häusern, dem Lensmansgård von 1770 mit bunten Schnitzereien, nach dem 1644 gegründeten *Røros,* der ansprechenden Kupferminenstadt, die zwei Museen besitzt, das Rørosmuseum mit zwanzig alten Häusern und die Bergwerksammlung nahe der großen Glocke, mit der die Bergleute zur Arbeit gerufen wurden. Aber die ganze Stadt ist ein Museum, das durch drei Jahrhunderte abenteuerlicher Spekulationen führt. Bauern und Beamte verdingten sich als Bergleute, um an den Kupferminen zu verdienen, auch Ausländer, besonders Deutsche, wurden in diesen abgelegenen Winkel von Sør-Trøndelag gelockt. Der schriftstellernde Bergmann Johan Falkberget (1879-1967) hat das Leben in Røros in der »Vierten Nachtwache« geschildert, und sein Heim in Rugldalen, zwanzig Kilometer nördlich der hochgelegenen Stadt, ist wiederum zum Museum geworden. Diese selbst ist in ihrem alten Teil mit engen Straßen und Gassen bewahrt worden, die Hälfte aller oft schon windschiefen, dennoch bewohnten Häuser steht hier unter Denkmalschutz. Es sind meist dunkel gewordene Holzhäuschen mit Graspolstern auf dem Dach, aber Malven und Feuerlilien in den Gärten. Manche besonders vom Zahn der Zeit gezeichneten Häuser stehen vor den großen Abraumhalden und gewannen von den Kupferschlacken her ihre Farbe. Über allem erhebt sich die stei-

nerne Kirche mit ragendem Turm. 1784 ist der jetzige
datiert und Bergmannsschlegel sind als Signum angebracht. Im Inneren der Kirche mit zwei Emporengeschos-
sen gefallen die Barockorgel über Altar und Kanzel und
die von der Geschichte des Ortes zeugende Bildersamm-
lung. Von der Vorgängerin dieser von einem Røroser
Zimmermann erbauten Kirche hat sich die bemalte Kanzel aus Christians iv. Zeiten erhalten. Die Kirche ist
schlichter als die in Kongsberg, Kupfer brachte offensichtlich nicht ganz so viel wie Silber. Die Erzgrube
»Christian v.« und die »Olav-Mine« können im Sommer
besichtigt werden.

Auf der Weiterfahrt nach Støren kommt man noch an
der Königsgrube vorbei, kann in Haltdalen ein Denkmal
sehen, das an den »Marsch in den Tod« erinnert, den der
schwedische General Armfelt mit fünfhundert Soldaten
antrat, als sein König Karl xii. gefallen und seine Truppe
dänischer Übermacht erlegen war, und auf dem er mit
seinen Männern erfror. Ein fast fünf Meter hoher Grabstein steht auch in Singsås; er geht auf die Völkerwande-
rungszeit zurück. Bei Støren wird dann wieder die E 6
erreicht. In Melhus wird man vielleicht noch einmal anhalten und die dortige Kirche mit ihrer reichen Innenausstattung des 19. Jahrhunderts besehen. Doch dann ist
man schon kurz vor der Stadt, die unser Ziel war, in
Trondheim. Dort pflegen die meisten der motorisierten
Norwegenfahrer umzukehren, nachdem sie diesen be-
deutsamsten Platz der norwegischen Geschichte und den
Dom, das prächtigste Bauwerk, gesehen haben. Andere,
die mit den Postschiffen der Hurtiglinie von Bergen her-
gekommen sind, erleben nun den Norden bis Kirkenes
von der Seeseite her.

Ob zu Lande oder zur See, wozu sich die Hurtig-
Schiffe anbieten – nach Trondheim wird es stiller, Klippen und Berge säumen das Bild. Von der See aus sehen

die nahekommenden, oft auch sich in Buchten zurückzie-
henden Bergwände dunkler aus, aber die davor liegenden
Schären geben oft auch wieder heitere Bewegung. An der
Küste erscheinen wiederum »Sieben Schwestern«, doch
hier nicht als Wasserfälle wie in Geiranger, sondern als
Berge. So sind sie der Welt geläufiger; auch in Südeng-
land strecken sich vor Beachy Head nahe Brighton die
»Seven Sisters« hoch. Da sind es Kreideklippen und den
Menschen näher, was die Legendenbildung fördert. Hier
im hohen Nordland und zwischen Gletschern bleiben sie,
obwohl um die tausend Meter hoch, stummer. Die See
pflegt es mit Schiff und Passagieren gut zu meinen, der
unter dem Polarkreis übliche Firlefanz der Polartaufe
kann freundlich ablaufen.

Fahrt in den Norden

Von Trondheim bis Narvik

Trondheim also ist eine Grenzmarke. Wer darüber hinausstrebt, gerät in polare Zonen. Ihn wird die Mitternachtssonne locken, und das ist in der Tat ein unvergeßliches Erlebnis. Das Land um den Trondheimsfjord ist allerdings noch eine anmutige Mittelgebirgslandschaft mit viel Wald und ertragreicher Landwirtschaft. Die Obstkulturen ähneln denen im Hordaland, denn das Grundgebirge aus Gneis und Granit wurde hier im Kambrium durch Sedimentgestein überschoben, und Kalk- und Sandsteine ermöglichten eine Ackerkrume, die klimabegünstigt zum Ackerbau trieb. Da nun steile Höhen und alpine Fährnisse fehlen, die Spitzen kaum noch tausend Meter erreichen – sie werden nach Norden wieder höher – konnte sich um den Trondheimsfjord wie um den Oslofjord menschliches Leben sammeln. Schon in der Altsteinzeit gab es in diesem Bogen die »Fosnakultur«, von hier aus besiedelten die Nordmänner Island, von England inspiriert faßte hier das Christentum zuerst Fuß, wurde Trondheim erste Hauptstadt für das ganze Norwegen. Wem Trøndelag dafür ein zu schmaler Landstrich erscheint, mag sich erinnern, daß das östliche Hinterland, das schwedische Jämtland, erst im 17. Jahrhundert an den Nachbarstaat verlorenging.

Dennoch, die Veränderung wird offenbar. Nördlich von Trondheim gibt es keine Stabkirchen als Zeichen bäuerlicher Hochkultur mehr, Königsmacht griff aus, auch nimmt die Besiedlungsdichte schnell ab. In Nord-Trøndelag sind es 5,9 Einwohner auf den Quadratkilometer gegen 13,6 in Süd-Trøndelag, in der Finnmark sind es nur noch 1,7 Einwohner. Wenn der norwegische Bauer oder Jäger über Steinkjer am Nordostende des Trondheimsfjords hinaus auf ungesicherten Pfaden Nachbarn suchte, mußte er weit laufen, traf wohl eher auf Bären und Wölfe als auf Menschen, und schließlich sah er zusammen mit halbgezähmten Rentieren breitgesichtige und kleinwüchsige Leute, die eine andere, ihm unverständliche Sprache hatten. Er sprach sie als »Finner« an, sie nannten sich selbst »Samer«.

Die Samen oder Lappen haben sich inzwischen zurückgezogen, in Nordland und Troms sind an den Fjorden kleine Städte entstanden, die nicht nur vom Fischfang vor den Lofoten leben. Aber einsam ist es auf der Landstraße geblieben, selbst da, wo nördlich der Retortenstadt Mo i Rana in Nordland eine Steinsäule mit einer aus Bronzebändern gefügten Kugel darauf den Polarkreis anzeigt und andere Denkmäler an die Opfer des Nordlandstraßenbaus erinnern, pflegt man allein zu sein. In einem Café in der Nähe kann man sich die Urkunde ausstellen lassen, daß man den Polarkreis überschritten hat. Die durchgehende Straße zum Nordkap und nach Kirkenes ist teilweise erst während des Krieges ausgebaut worden.

Aber die Leere ist der Augenblick. Tatsächlich sind schon in der Steinzeit Jäger hier entlanggezogen und haben an ihren Rastplätzen auch hier Tierfiguren in den Fels geritzt, um den Jagderfolg zu beschwören. Solche arktischen Felszeichnungen, von denen wir schon in Østfold am Oslofjord berichteten, finden sich nun besonders bei Steinkjer, und es ist vor allem das in großen Linien gezeichnete Rentier von Bøla (am Südufer des Snåsavatnet) zu nennen, an die sechstausend Jahre hat es sich hier nun erhalten. Bei Korsnes am Eingang zum Tysfjord südwestlich von Narvik sind dann in den Felszeichnungen von Leiknes vielleicht noch früher Elch und

Wal übereinander gezeichnet worden. Wenn man damals mit Pfeil und Speer dem Wal wirklich beigekommen sein sollte, kann es nur im wilden Abenteuer gewesen sein.

Hier in der bis in unser Jahrhundert hin meist nur von den Fjorden her zugänglichen Landschaft, die zwischen Namsos und Grong mit schrofferen Gebirgen unwirtlich wird, werden Kunstdenkmäler immer seltener. Den Reisenden erwarten nun andere Eindrücke. Er wundert sich, wenn er erfährt, daß in der Fischerstadt Svolvær auf den Lofoten, die allseitig von steilen unzugänglichen Bergen eingeschlossen scheint, ein Künstlerhaus von schwedischen und norwegischen Malergruppen gegründet wurde. Eben diese so bedrohlich und dramatisch sich vorstellende Landschaft hatte es ihnen angetan. Im Umkreis des Trondheimsfjords sprach noch das von Menschenhand Geschaffene, hier spricht allein die Natur.

Aber vorerst ist in Nord-Trøndelag noch von Kulturgeschichtlichem zu berichten. Da liegt bei Stjørdal am Trondheimsfjord die Kirche *Værnes,* die wohl noch aus dem 12. Jahrhundert stammt. Es ist ein hochgereckter einschiffiger Bau, dessen Dachstuhl die schönen Scherenverbindungen hat, die wir auch von den späteren Stabkirchen kennen, dessen Dekorformen, besonders am gut erhaltenen Nordportal, aber anglo-normannisch sind, was bei der Nähe Trondheims nicht verwundert. Beachtlich und an Ähnliches in Trondheims Domkirche gemahnend sind die nun in Holz geschnitzten Konsolköpfe unter der offenen Decke. Ähnliches Getier und Menschenähnliches findet sich in Mære südlich von Steinkjer. Die Ausstattung mit der Altarwand und der Kanzel gehört dem 17. Jahrhundert an, aber an den Bogenöffnungen links und rechts des gedrückten Chorbogens zeigen sich Hinweise auf einen einst hier gewesenen Lettner.

Auf gleicher künstlerischer Höhe, zwar umständlicher über Vanvikan mit der Fähre von Flakk nahe Trondheim aus, aber dann durch prächtige Landschaft zu erreichen, liegt das 1978 in Staatsbesitz gekommene Schloß *Austråt,* das 997 schon genannt sein soll, doch als Bau der Mitte des 17. Jahrhunderts (1665) angehört, mit einer eingeschlossenen Kapelle des 12. Jahrhunderts, und als besonderes Zeugnis der norwegischen Spätrenaissance gilt. Es ist aus Grausteinen 1654/56 vom Reichskanzler Ove Bjelke mit Mittelturm, als ob es in Schweden wäre, erbaut worden. Große Wappen zieren den Zugang, ein Hofraum führt zu einer von schönen Arkaden hinterfangenen Freitreppe; die Seiten dieses Hofraums zieren holzgeschnitzt Figuren, die klugen und törichten Jungfrauen, Johannes der Evangelist, Moses u. a. Der »Rittersaal« im zweiten Stock steht roh im Mauerwerk, aber der Kamin ist in Marmor aufgesetzt, und die Türen sind reich geschnitzt. Großartige Schnitzerei zeichnet auch das Gestühl des Schloßherrn von 1654 in der Kapelle aus. Dahinter folgt noch eine Grabkapelle mit den Särgen des Kanzlers und seiner Ehefrauen. Hochmittelalterliche Madonnenfiguren haben sich an den Wänden erhalten.

Wer auf der Landzunge von Ørland, auf der das Austråt-Schloß liegt, bleibt, um auf dieser Seite des Trondheimsfjords nach Steinkjer zu gelangen, trifft in Leksvik und Mosvik noch kleine Freilichtmuseen. Bei Værnes liegt das größere Stjørdal-Museum. Ein Teil der Sammlung wurde im alten Kirchenstall der Værneskirche untergebracht, und im Rektorhof findet man ein Wohnbild, wie es um 1900 galt.

Auf der E 6 kommt man von Trondheim über Skogn, in dessen Nachbarschaft die Kirche Alstadhaug mit frühgotischem Chor und gut erhaltenen Wandmalereien liegt, nach Verdalsøra. Aber da ist die Hauptanziehungskraft wohl nicht das reizvolle Verdal-Museum mit einer ganzen Gruppe von Häusern, die auf verschiedensten Sozialstand hinweisen, sondern die vier Kilometer östlich gelegene Kirche *Stiklestad,* die ein Jahrhundert nach dem gewaltsamen Tod des Königs Olav an der Stelle errichtet wurde, wo er am 29. Juli 1030 unter den Streichen der Trondheimer Bauern verblutete. Da der heimlich an die Nidelv gebrachte Leichnam Wunder tat, wurde der Märtyrerkönig im ganzen Norden verehrt. In Stiklestad steht sogar eine katholische Kapelle, in der alljährlich zu seinem Gedenken am 29. Juli eine Messe gelesen wird. Zur gleichen Zeit findet ein Mysterienspiel über das Leben des Heiligen in vier Aufführungen statt. Diesem Olsokspiel sehen Staatsoberhäupter und viel Volk zu, fünftausend Sitzplätze stehen zur Verfügung und angesehene Spielleiter und Schauspieler werden engagiert, um der Dichtung Olav Gullvaags und der Musik von Okkenhaug zu lauschen. Die kleine einschiffige Kirche von Stiklestad mit kreuzgewölbtem Chor zeigt in der Umrahmung des Südportals, die wohl erst um 1200 entstanden ist, in ihren Zickzackprofilen wieder anglo-normannische Formen, die aber wie aus rohen Holzzweigen entwickelt wirken. Die Präzision, die am Nordquerschiff des Doms von Trondheim um 1160 waltete, fehlt hier. Der Heilige war schließlich in jenen Dom gebettet worden, und in Norwegen wüteten Bürgerkriege, für deren Schäbigkeit die Birkebeiner zeugen sollten. Da blieb nicht viel Kraft für künstlerische Arbeit.

Doch vergessen wir die Episoden. Die Fahrt nach Steinkjer führt durch Wälder und an Seen vorbei. In *Mære* finden wir wieder eine Kirche des 12. Jahrhunderts, deren altes Chorgestühl und deren von der Decke herabschauenden Fabeltiere hervorgehoben werden müssen. Wir sahen das gleiche in Værnes, es gemahnt an Ornamentformen, die in Trondheims Dom vorbereitet sind, aber hiermit endet auch die Strahlung der großen Kathedrale. *Steinkjer* war schon ein Marktplatz, als Trondheim gegründet wurde. Die im Zweiten Weltkrieg

arg mitgenommene und neu aufgebaute Stadt, die einige
Holzindustrie besitzt, hat ihre Tradition nicht vergessen.
Im 1933 gegründeten Steinkjer-Museum stehen Häuser
des 17. und 18. Jahrhunderts, und dieses Museum betreut nun weiter einen dokumentarischen Bauernhof in
Sør-Beitstad, und dort findet man dann in der Nähe,
besonders in Bardal, Felszeichnungen aus den verschiedensten Zeiten, an die fünfhundert lassen sich erkennen:
Elche und Rentiere gehören der Steinzeit, Schiffe, Pferde
und Sonnendarstellungen der Bronzezeit an.

In Steinkjer endet der Beitstadfjord als nördlichster
Arm des Trondheimsfjords, und rasch wird auch das,
was wir Geschichtslandschaft zu nennen pflegen, sehr
viel spärlicher. Doch wenn auf den Straßen mehr Ruhe
herrscht, die Siedlungen seltener werden, sollte man an-
merken, daß sich mancher Wikingerfriedhof anzeigt, daß
um 800 hier offenbar mehr Leben war als ein Jahrtausend danach. Vielleicht entschließt man sich zu einem
küstennahen Umweg über Namsos nach Mosjøen, man
stößt nicht nur auf den Namsfjord, sondern findet am
Rande der Stadt *Namsos* das Namsdalsmuseum, das über
Bauernleben und Fischerei der Landschaft berichtet. Es
stellt ferner eine Schau lappischer Kultur vor. Ausflüge
zu den Inseln Otterøya und Finnanger bieten sich an.

Wir erreichen auf der Weiterfahrt, gleich auf welchen
Straßen, das langgestreckte Nordland. Bei dem Hafenort
Brønnøysund sind zahlreiche vorgeschichtliche Fundstät-
ten, unterirdische Grotten und Seen, und kurz vorher
konnte man bei Torghatten von See her jenes Felsloch
sehen, das ein erzürnter Sagenkönig mit seinem Speer
gebohrt haben soll, aber dem Geologen zeigt, wie sehr
sich das Land gehoben hat und noch hebt. Wir erfahren,
daß im nahen Dorf Tjøtta um 920 der Skalde Øyvind
Skadespiller geboren wurde und sehr nahe dabei steht in
Alstahaug eine Steinkirche des beginnenden 12. Jahrhun-

derts, deren einstiger Chor nun Sakristei und deren Schiff zum Chor wurde. In Alstahaug war Petter Dass (1647-1702) Pfarrer, dort entstand sein Hauptwerk »Nordlands Trompet«. Das klingt sehr barock, aber die wohlklingende Dass-Trompete schildert klar und nahsichtig das damals und noch heute harte Leben der Menschen dieser Landschaft, erzählt aber auch von den dunklen Kräften, weiß von Trollen und Unholden. Petter Dass' Gedichte leben im Volksmund weiter. Auf der E 6 würde man währenddes bei Gartland die Kirche von Gløshaug von 1689 treffen, in der früher die »Finnmesse« zelebriert wurde, zu der die Geistlichkeit von Trondheim alle Lappen aus den Tälern und Bergen rief, und die königlichen Beamten die Gelegenheit nutzten, von den Lappen die Steuergelder einzunehmen.

Zeichnung von Olaf Gulbransson

Die Landschaft ändert sich, das Mittelgebirge ist wieder zu Ende. Rauhe Gipfel steigen auf. Eruptivgesteine brechen durch Urfelsen. Gletscher melden sich neuerlich an. Aber die Senke, durch die die Straße führt, hat weicheren Boden, zerfallenden schiefrigen Glimmer, und nirgends sonst ist es unmittelbar am Polarkreis so warm wie hier. Dank des Golfstromes können hier sogar noch wilde Erdbeeren reifen, die Flora im Tal kann sogar üppig werden. Wir kommen zum Ranafjord und sehen das Svartisen-Massiv mit dem 1599 Meter hohen Snøtinden – Norwegens zweitgrößter Gletscher, dessen Schmelzwasser nun für Kraftwerke genutzt wird, wodurch an seinem Fuß Kartoffeln wachsen können. Wer den Svartisengletscher besteigen will, sollte sich vorher in Mo i Rana nach den Aussichten erkundigen. Auf dem Weg zur Svartisenhytta stößt man auf die Grønligrotten. Solche Höhlen gibt es hier häufiger, aber die von Grønli dürften die bekanntesten sein.

Mo i Rana ist eine Stadt, die 1930 knapp 1300 Einwohner zählte, nun innerhalb von fünfzig Jahren zur »Industriestadt unter dem Polarkreis« mit 26000 Einwohnern, im Ortskern 10000, angewachsen ist und sich anschickt, Großstadt zu werden. Die Straßen und Plätze sind darauf angelegt. Wer sie wegen ihrer Holzhäuser idyllisch nennt, wird das bald aufgeben. Zu Jahrhundertbeginn hatte man nahe dem Holzhändlerstädtchen in Dunderlandsdalen Erzvorkommen entdeckt und nun dort »Norsk Jernverk«, einen riesigen Hochofen und eine 600 Meter lange Walzstraße, gebaut, und Aluminium-, Zink- und Bleiwerke kamen hinzu. Aber nebenher fängt man Lachs und freut sich an der schönen Umgebung. Im Freilichtmuseum Steinneset baut man einen Bauernhof auf, im städtischen Museum geht man auf die industrielle Entwicklung ein, Mos gewichtigster Kaufmann und Grundbesitzer, L. A. Meyer, hat dem Museum neben anderem eine Lappenabteilung beigegeben. Die Landschaft reizt zu Ausflügen nicht nur in Richtung Svartisen, sondern auch an den Ranafjord, zu der Seenlandschaft im Südwesten der Stadt, und Campingplätze sind reichlich vorhanden. Besonderes Touristenziel sind die *Grotten von Grønli,* ein Labyrinth von Höhlen mit abenteuerlichen Stalaktiten und unterirdischen Seen. Man hat bisher sechs dieser Kalkhöhlen vermessen, die über zwei Kilometer Tiefe haben. Die niedrig liegenden Eingänge sind jedoch nicht leicht zu finden. Ein eigener Rana Grotteklubb gibt Auskünfte. Dann kann man den Briten, die hier besonders engagiert sind, folgen und selbst über Tage hinweg Entdeckungen machen. 150 Höhlen sind schon in Listen erfaßt. Man kann sich viel Zeit vertreiben.

Nach der Fahrt durch das Dunderlandstal und Lønstal und Überschreiten des Polarkreises wird man dann bei *Fauske* halten, wo die Nordland-Eisenbahn nach Bodø umbiegt, wo sie endet. Bekannt ist der Ort durch seine Marmorbrüche, und so ist denn auch der blaß-rötliche Fauskemarmor sogar beim Bau des UN-Palastes in New York verwendet worden. In Fauske zweigt auch die Straße nach *Bodø* ab. Dieser Hauptort der Provinz Nordland, im 19. Jahrhundert noch ein Fischerdorf, dann aber durch die Fischindustrie schnell gewachsen, wurde bei einem deutschen Bombenangriff am 20. Mai 1940 zerstört. Jetzt ist daraus eine moderne, allerdings nicht sonderlich schöne Stadt geworden. Man weist auf den großen Neubau der Kirche mit freistehendem offenen Glockenturm. Das Nordlands Fylkemuseum beschäftigt sich mit Heringen und Kabeljau, aber es hat auch gute historische Abteilungen, so zur Fosnakultur und zu den Wikingern. Für jüngere Abenteuer zeugen die Erinnerungen an den Venetianer Pierro Querini, der 1431 von Kreta nach Flandern segeln wollte, aber vom Kurs ab-

kam und auf der Lofoteninsel Røst landete. An der
Straße 81 nördlich von Fauske entsteht ein Freilichtmuseum mit einer alten Poststation in der Mitte und Fischer-
und Handwerkerhäusern drumherum. Doch Bodø ist
auch Ausgang für Bergtouren in das Saltfjell und Sulitjel-
magebirge, und die Hänge des Strandåtindens locken
mutige Alpinisten. Wir kommen auch zum Saltstraumen,
einen 150 Meter breiten und tiefen Sund, durch den im
Wechsel von Ebbe und Flut riesige Wassermengen in to-
bendem Tempo hindurchschießen.

Die nächste Stadt ist Narvik. Doch drei kleine Nester
an der Küste sollen zuvor erwähnt werden. Das sind
Ulsvåg und Tranøy auf der Insel Hamarøy am Vestfjord,
der aber eher ein Meeresarm als ein Fjord ist, und Kjerringøy am weiter südlichen Karlsøyfjord. Nach Ulsvåg
war 1862 Per Pedersen mit seiner Familie, darunter seinem erst dreijährigen Sohn Knut, aus Lom im Gudbrandstal heraufgezogen, um hier eine bessere Existenz
aufzubauen. Der kleine Hof hieß Hamsund. Die endlosen
Sommertage und endlosen Winternächte wurden dort
dem Kinde zu einer unauslöschlichen Lebenserfahrung.
Knut wurde Gehilfe bei einem Dorfkrämer in Tranøy,
aber zog auch im Nordland umher, war Wanderlehrer,
Schreiber bei einem Dorschulzen, Schuhmacherlehrling
in Bodø, aber auch Hafenarbeiter. Dabei schrieb er seine
ersten Bücher, die noch unter seinem Familiennamen erschienen und auf ihn aufmerksam machten. Ein Mäzen
kam ihm zu Hilfe; die Handlung des vermögenden Kauf-
herrn Zahl in Kjerringøy besteht noch heute, und wenn
es nicht mehr so wäre, dann bliebe sie in Hamsuns »Pan«
doch gegenwärtig. Zahl gab Hamsun tausend Kronen,
damit er sich in der Welt versuche, dennoch war im Chri-
stiania-Winter das Hungern sein Los.

Die Zukunft *Narviks,* bis um 1900 ein belangloser Fischerhafen, wurde von einer englisch-schwedischen Spekulationsgesellschaft eingeläutet. Sie begann mit dem Bau einer Bahn, um das Erz vom schwedischen Kiruna und Gällivare hier an einen eisfreien Hafen zu bringen,

Zeichnung von Olaf Gulbransson

da der nächstgelegene schwedische Hafen Luleå im nördlichen Bottnischen Meerbusen halbjährig vereist ist. Die norwegische Staatsbahn übernahm es dann, die Ofotbahn zu errichten und konnte sie 1902 eröffnen. In einem dreiviertel Jahrhundert wurden hier mehr als 500 Millionen Tonnen schwedischen Eisenerzes umgeschlagen.

»Victoria Harbour« nannten die Engländer diesen Hafen, den deutsche Kreuzfahrer auf Nordlandfahrt nicht anzulaufen pflegten. — Aber dann kam Hitlers Krieg; er selbst zögerte zwar, den Norden einzubeziehen, aber seine Generäle drängten, denn Eisen und Stahl schienen kriegsentscheidend. England suchte die Schiffahrtsstraßen zu sperren, es begann der Wettlauf um die norwegischen Gewässer. Im Kampf um Narvik schienen die Deutschen zu unterliegen, Engländer, Franzosen und Polen standen ihnen in Übermacht gegenüber, und der aus dem Wasser schauende Bug eines versenkten deutschen Zerstörers im Rombakfjord hinter Narvik ist ein fortdauerndes Zeugnis verzweifelten Kampfes. Aber dann zogen im Juni 1940 die Alliierten über Nacht ab, weil der Brand bei ihnen im eigenen Land ausbrach. Seitdem ist Narvik, das noch viel Ungemach aushalten mußte, allen Deutschen ein geläufiger Name.

Daß Narvik »eine der schönsten Städte Nordnorwegens« ist, wird man, auf die wiederaufgebaute Stadt bezogen, kaum bestätigen wollen. Skiläufer allerdings wissen die beiden beleuchteten Langlaufpisten innerhalb der Stadtgrenzen zu loben.

Schön ist aber die von Rombaken und Beisfjord umgebene und allseitig sich zu den Fjorden öffnende Lage. Majestätische Gipfel bilden den Hintergrund. Inmitten der Stadt wird das Røde Kors Krigsmuseum genannt und dann aber etwas Einzigartiges empfohlen, die Fahrt mit der Ofotbahn über das Hochgebirge nach Abisko in Schweden. Grenzen zwischen den Ländern wurden hier ohnehin erst spät gezogen. Der Abisko-Nationalpark zwischen Zweitausenderhöhen im Süden und Sechzehnhundertern im Norden liegt zwar im äußersten schwedischen Lappland, aber man soll sich keine Hoffnung machen, hier Lappen zu erleben. Eher trifft man einige neugierige Rentiere oder einen aufgescheuchten Elch. Es ist eine großartige Hochgebirgslandschaft mit weiten Seen, Mooren und kleinen Wasserfällen, mit verkrüppelten und wirr ineinander verwachsenen Zwergbirken, vielen Beeren und Flechten. Es herrscht besonders in Herbstzeiten ein Leuchten von Resedagrün über Chromgelb bis zum hellen Rot und Rostbraun, prächtige, über die Wege wuchernde Gebirgsflora. Es ist dann ein silbrig seidiges Strahlen über den Wassern und es stellt sich allmählich eine beglückende innere Sammlung ein, denn Straßen gibt es hier nicht und somit auch keinen lärmenden Verkehr. Im norwegischen Land der Samen ist diese Farbigkeit und Fülle nicht.

Auf den Lofoten

Von Narvik aus kommt man am günstigsten zur Inselwelt der *Lofoten* und der dahinter gelegenen Vesterålen, Inseln über Inseln, kaum daß einer ihre Zahl zu nennen wüßte. Wieder bestimmen steil aus dem Meer emporgreifende Felsen das Bild, Eruptivgestein, Granit, Syenit und dahinter Gneis, und im Norden meldet sich bei Andøya gar der sonst sich in Norwegen nicht zeigende Kreide-Jura mit Schiefer und Sandstein. Diese Felseninseln lassen dem Menschen nicht viel Platz, und die sich ringsum breitende und tief hineinziehende See nötigt sie oft, ihre Häuser und Schuppen auf Pfählen ins Wasser zu bauen. Das Boot scheint das alleinige Verkehrsmittel zu sein. Aber die Lofoten lockten seit eh und je zum Fischfang, wenn die riesigen Dorschschwärme, der Kabeljau, in der Polarnacht aus den arktischen Gewässern nach Süden ziehen, um sich von dem Heringslaich zu nähren, der in den Klippen vor den Lofoten nun reichlich ist, und um selbst im Gebiet der Küstenbänke zu laichen. Dabei wirken die Lofotenfelsen geradezu wie eine riesige Reuse, und die Beute ist gewaltig. 1947 brachte die Lofotensaison einen Rekord von 200 000 Tonnen Dorsch. Es waren damals noch vorwiegend Ruder- und Segelboote, die zum Fischfang ausfuhren. Die Motorisierung bringt nun die Gefahr des Überfischens, und der Fang ist inzwischen wesentlich zurückgegangen.

Vom Dorschfang lebten die Lofotenfischer schon im Mittelalter. Die gefangenen Tiere wurden geköpft, aufgeschlitzt, eingesalzen und an Holzgestellen getrocknet. Noch heute sieht man diese Gestelle bei den Fischerhäusern. Aber der Stockfisch, getrockneter Kabeljau, im Abendland einst beliebte Fastenspeise und in Schweden heut noch Weihnachtsdelikatesse, machte schließlich dem durch Einsalzen und nun durch Einfrieren leichter zu konservierendem Fisch Platz. Der Tausch Salz gegen Fisch hatte den Hansekaufleuten in Bergen Gewinn und Macht gebracht. Aber verschwunden ist der Stockfisch noch nicht, er wird als Billigkost in alle Welt geliefert, gar nach Afrika exportiert, wo er als Kamelfutter dient. Während der Fangwochen von Januar bis März drängen sich in Svolvær, der Hauptstadt der Lofoten, in Booten und auf dem Land die Interessenten zu Tausenden. Dann aber wird es wieder still, die Gebirgswand ragt dunkel und kahl über den nun vereinsamten Hütten, den Rorbuer, die jetzt gern an Sommergäste vermietet werden, und diese mögen in den Museen in Moskenes, Leknes, Kabelvåg oder Melbu das bleibende Thema der Fischerei studieren. An der nördlichsten Inselspitze ist in Andenes ein altes Doktorhaus, das ein Polarmuseum beherbergt und von norwegischen Expeditionen und Arktisunternehmen berichtet. Eine Reihe kleiner Inseln steht unter Schutz und bietet ungezählten Seevögeln Nistplätze. Dreizehenmöven, Lummen, Papageientaucher, die schon auf der Insel Runde vor Ålesund anzutreffen sind, flattern und schreien hier in Massen. Die große Vogelinsel aber ist Røst an der Südspitze der Lofoten, wo man die lustigen Papageientaucher, die im heftigen Streit mit den Möven leben, auf Hunderttausende schätzt. Auch Seeadler ziehen darüber hin. Von Kolkraben über Eiderenten bis hin zu Odinshühnchen flattert alles auf den steilen graublauen, von Guano überkleisterten Wänden durcheinander.

Aber man darf sich nicht nur kahle Bergwände vorstellen – die Lofotenwand wird mit hundert Kilometer Länge angegeben – auch nicht nur daran denken, daß man, klares Wetter vorausgesetzt, in Ramberg die Mitternachtssonne am besten beobachten kann. Über den grauen Felsen, vor denen die buntbemalten Fischerhütten stehen, schauen Bergspitzen mit phantastischen Formen heraus, und wenn man sich nach dort auf den Weg macht, trifft man grünes, von Schafen genutztes Weideland, kleine Seen und Klüfte, wohl auch Häuser, und allenthalben gewinnt man den Blick in Fjorde und über sie auf das Meer. Denn was von der Ferne Felswand schien, ist ein dichtes Beieinander von ausgeformten Bergen, eher eine Inselkette, denn die Lofoten blieben von der letzten Eiszeit verschont, die Spitzen behielten ihre scharfe Gestalt, sie kontrastieren im Licht zu einer einzigartigen Vielfalt und Farbigkeit. Wer bei solcher Inselfahrt im Nordosten nach Harstad kommt, das vom Heringsfang lebt und im Juni gar ein internationales Fischerei-Festival veranstaltet, wird in dem benachbarten Trondenes die am weitesten nördlich gelegene gotische Kirche sehen können. Auch die erhaltenen drei Altäre stammen noch aus dem endenden Mittelalter. Ereignisreicher ist es im Südwesten der Lofoten. Zwischen Mosken und Værøy stauen sich Ebbe und Flut, welches Phänomen die Weltliteratur beschäftigte. Edgar Allan Poe und Jules Verne haben dieses Naturschauspiel beschrieben.

Zum Nordkap

Inseln werden fortan den Autofahrer begleiten, der zur Straße E 6 zurückkehrt, um von Narvik in die Provinz Troms zu gelangen. Schären und Inseln erblickt natürlich auch der Passagier, der das Schiff vorzieht. Es sind unzählige, hinter- und nebeneinander, die Norwegens Nordflanke begleiten. Wieder und wieder treffen wir auf Fjorde, von steil abfallenden Bergen gesäumt. Aber wir

Hammerfest, Kreidezeichnung von Horst Janssen.

passieren auch breite Täler, von tosenden Flüssen durchzogen, und einsame Hochplateaus. Schnee kann hier
ewig liegen, aber verkrüppelte Birken und Sträucher
bringen eine silbrige Farbenpracht hinein, die besonders
im Herbst in Rot aufflammt. In dieser Landschaft, in der
es oft Mühe macht, sich zwischen den Bergen hindurch-
zuwinden, die noch bis fünfzehnhundert Meter aufstei-
gen, gibt es des landschaftlich Sehenswerten genug, doch
gedeiht hier offensichtlich auch die Landwirtschaft bes-

Mit freundlicher Genehmigung des Künstlers

ser als zwischen Bodø und Narvik. Die Museen von
Bardu und Målselv sind kleine Freilichtanlagen, die nun
wieder das Bäuerliche stärker als die Fischerei in Pflege
nehmen. Im Bardudal siedelten gegen Ende des 18. Jahrhunderts Menschen aus Østerdalen und Gudbrandsdalen.
Um Alta, schon in der Finnmark, gibt es den nördlichsten
Getreideanbau in Skandinavien, sogar die ältesten Spuren menschlicher Siedlungen in Norwegen, und hier endet auch der Kiefernwald, die Baumgrenze wird nach
wenigen hundert Metern erreicht. Wenn ganz im Norden
der Hauptort der Insel Magerøy sich Honningsvåg, wört-
lich »Honigbucht« nennt, dann klingt es hier völlig eu-
phorisch. Aber über Etymologie werden sich Gelehrte am
wenigsten einig.

Der Boden, überwiegend Gneis, ist hier karg und alle
Krume abgeweht. In den kurzen Sommern kann außer
den Heidelbeeren nicht viel reifen. Die Mitternachtssonne, die die Touristen suchen, bringt den unter ihr
lebenden Menschen aufreizende Unruhe, die die zunehmende Dämmerung der Winternacht dann wieder lähmt.
Man lebt weitgehend vom Fischfang und Handel. Die
Orte haben in jüngster Zeit an Bedeutung gewonnen, so
daß man eher Neues als Altes antrifft.

Da gibt es in *Tromsø* die Landskirche mit einer gotischen Madonna und einer barocken Altarwand und in
Tromsdalen gegenüber Tromsø den 1965 von J. I. Hovig
gebauten »Schneedom«, eine gut modellierte Kirche, die
mit elf verschiedenen Glasflächen abgedeckt ist, die
Meer, Eis, Mitternachtssonne, Polarnacht und das
menschliche Leben in dieser Eiswelt symbolisieren sollen.
In dem immer wieder von Unheil heimgesuchten, nun
über eine dynamische Stahlbrücke zu erreichenden *Hammerfest,* der nördlichsten Stadt der Welt und der ersten
Europas, die – so kündet es die Lokalfama – eine öffent-
liche Stromversorgung erhielt und sich damit seit 1890

beleuchtet, wurde die Kirche 1957 in Dreiecksformen und sehr linienbetont neu errichtet. Böse Zungen sprechen davon, sie sei von den Trockengerüsten für Stockfische abgesehen worden. Was dann auch für die neue Kirche von Tromsø gelten könnte, doch ihr Chorblick ist ein riesiges bunt bemaltes Fenster. In lebhaft bunten Farben wie allenthalben in Troms und in der Finnmark sind auch die Häuser in den sich rechtwinklig schneidenden Straßen gestrichen. Wenn man schon die wenigste Zeit des Jahres volles Licht hat, soll die Farbe Licht ersetzen. An der Landspitze Fuglenes im Nordosten von Hammerfest erinnert die *Meridianssäule* mit einer bronzenen Erdkugel an die Vermessungen, die zwischen 1816 und 1852 Norweger, Schweden und Russen unternahmen, um endlich Größe und Gestalt der Erde genauer festzustellen. Doch haben hier schon zur Steinzeit Menschen gewohnt und ihre Siedlungsspuren auf der vorgelagerten Insel Sørøya hinterlassen.

Auch die Museen im hohen Norden sind bald genannt. In Hammerfest unterhält die »Royal and Ancient Society of Polar Bears« ein Museum, in dem man das Fell des größten bisher erlegten Eisbären mit 2,98 Meter Länge bestaunen kann. In Tromsø, das je nach Meinung sowohl »Eismeerstadt« als auch »Paris des Nordens« genannt wird, seit 1803 Bischofssitz ist und 1972 zur Universitätsstadt erhoben wurde, wobei die Museumsarbeit ähnlich wie in Bergen die Voraussetzung abgab, sind es drei. Das Tromsø-Museum, das das Nordland, Troms und die Finnmark betreut, behandelt Geologie, Flora und Fauna, Archäologie, Sozial- und Kulturgeschichte einschließlich Lappenfolklore. Neben diesem großen Regionalmuseum gibt es ein Distriktmuseum im Volkspark mit sieben Häusern, die aber nur zum Teil eingerichtet sind. Das dritte ist ein Ortsmuseum in *Skansen,* einer mittelalterlichen Festung. Sein Thema ist die Stadtgeschichte, aber

daneben werden auch Zeugnisse der Polarforschung gesammelt, denn schließlich ist Tromsø mit dieser verbunden. Viele Schiffe sind von Tromsø zur Fahrt in die Eisge-
wässer am Pol aufgebrochen, viele Opfer hat die Suche
nach der Nordostpassage gefordert. Im Juni 1928 stieg
der berühmte Polarforscher Roald Amundsen von hier
mit einem Flugzeug auf, um nach den Verschollenen der
Nobile-Expedition zu suchen. Er kehrte von diesem Flug
nicht mehr zurück. Man errichtete ihm am Hafen ein
Denkmal, der Blick ist noch immer dem Pol zugewandt.

Östlich von Tromsø gelangen wir zu einem von Norwegens schönsten Fjorden, der von hohen, zerklüfteten
Bergen umfaßte zweiarmige Lyngenfjord. Aus den wilden Spitzen ragt der 1833 Meter hohe Jiekkevarre empor, der »Mont Blanc des Nordens«. Man spricht auch
wohl von Lyngenalpen. Die Höhen gelten als die schwie-
rigsten Klettergebiete Europas, aber weit breiten sich die
Wasserflächen und herrliche Bilder sind der Lohn.

Wer Tromsø erreicht hat, wird auch dem Nordkap
zustreben. Doch sei vor der Nordostspitze der Finnmark
noch *Vardø* genannt. Sigrid Undset beschreibt die Insel in
»Kristin Lavranstochter« als Vargöy. Dort war schon um
1300 eine Festung angelegt worden, um die widerrecht-
lich hier fischenden russischen Nachbarn vertreiben zu
können. Angegriffen wurde sie nie, aber 1737 hat sie
König Christian VI. als sternförmiges Fort modernisiert.
Die dicken Kanonen dämmern vor sich hin, und aus
Vardøhus ist ein Museum geworden, das neben Militäri-
schem nun auch Naturkundliches zeigt, aber nur geöffnet
wird, wenn die Liniendampfer im Hafen festmachen.
Von diesem sonst stillen Hafen nahm 1893 Nansen seine
Polarfahrt mit der Fram auf, die heute wohlbehütet zwei-
einhalbtausend Kilometer südlich in Bygdøy steht. Nun
wird die Insel durch einen Tunnel mit dem Festland verbunden. In *Neiden* findet sich eine griechisch-orthodoxe

Kirche von 1565, an der russischen Grenze in Jakobselv eine 1869 hier vom letzten Unionskönig Oskar II. errichtete Kapelle und schließlich noch eine Farm Bjørklund. Wer dieses Sør-Varanger Museum sehen will, muß den Kapitän K. G. Svestøl in Kirkenes engagieren.

Griechisch-orthodox waren die Skolt-Lappen, und der heilige Tryphon, der sich der Lappenmission widmete, hat diese kleine Kirche in Neiden gebaut. Von den Lappen oder Samen ist also jetzt zu berichten. Sie selbst hören den Namen »Lappen« nicht gern, der dänische Chronist Saxo Grammaticus nannte sie so und beschrieb ihre Zelte. Carl von Linné erläutert 1732: »Das Wort ›Lappen‹ kommt von ›Lappenkleidern‹, da diese Kleidung gewöhnlich aus Lappen besteht.« Wie dem auch sei, die Samen legen auf ihre in Blau und Rot leuchtende angestammte Kleidung besonderen Wert. Sie sind eine über das Nordende Europas ausgreifende ethnische Minderheit, von der der größte Teil in der Finnmark lebt. Möglicherweise hat der Römer Tacitus schon von ihnen gewußt, denn er berichtet von den Fennen, die hinter den Germanen ihr ärmliches Leben geführt hätten. Man schätzt ihre Zahl in Norwegen auf annähernd 30000, von denen die Hälfte in der Finnmark haust und dort zwanzig Prozent der Bevölkerung ausmacht. Aber 1976 haben sich nur 9200 als Samen bekannt, weitere 2600 wußten nicht, ob sie es seien. Damit wird die Problematik dieser von den Touristen gesuchten und fotografierten Volksgruppe offenbar. Heinrich Heine mochte sie, ohne sie zu kennen, offenbar nicht: »In Lappland sind schmutzige Leute, plattköpfig, breitmäulig und klein; sie kauern ums Feuer und backen sich Fische und quäken und schrein.« Aber sie wollen nicht nur als fotogene Rentiernomaden gelten, denn sie sind zur Hälfte seßhaft geworden, haben eigene Zeitungen und ein ganzjährig geöffnetes Museum in Karasjok. Sie wünschen den Norwegern gleichgestellt zu werden, und viele geben ihre Herkunft gar nicht mehr an, während der in Tromsø aufgewachsene Dichter Jonas Lie (1833-1908), einer der Großen der norwegischen Literatur, glaubte, samischer Herkunft zu sein, weil der in ihnen lebendige Animismus auch ihm das Gespür für Naturgeister und tiefe Mächte vermittelte und seinen Erzählungen die eigentümliche Kraft gab.

Möglicherweise waren die Samen die ersten, die sich geschlossen an der Eismeerküste niederließen; sie werden von Ost- und Mittelrußland eingewandert sein. Sie hielten unter härtesten Bedingungen in Dauerdämmerung und Eis aus, fanden als Fischer und Jäger ihre Nahrung und leben heute in der nördlichen UdSSR, in Finnland, Schweden und zum größten Teil in Norwegen. Zu Harald Schönhaars Zeiten waren Samen sogar schon ins Dovregebiet vorgedrungen, wurden aber wieder zurückgedrängt. Samische Heiligtümer sind noch im »Sarastein« vor Tromsdalen, im »Akkanjarkstaben« am Kvalsund bei Hammerfest zu finden, bei Mortensnes ist es der »Transtein«, während lappische Kirchen, wie sie seit dem 17. Jahrhundert gebaut wurden, schon südlich des Polarkreises anzutreffen sind. Um große Rentierherden haben sich die Lappen auch wohl erst seit dieser Zeit bemüht, als Wildtiere kamen die Rene weit nach Süden. Heute kann man ihnen, wenn man Glück hat, sogar im Setesdal begegnen, auch als Kleinherden werden die gutmütigen Tiere den Touristen vorgeführt. Schon in vorgeschichtlicher Zeit war es Jagdwild, das in manchen Felszeichnungen beschworen wurde. Aber die Landschaft der von den Samen in Herden gehaltenen Rentiere ist nun die Finnmark; 1975 wurden noch 119600 Tiere gezählt. Sie zogen über die kärglich bewachsenen Halden, suchten wohl schon im Sommer höher gelegene Schneegebiete, um den Stechfliegen in den Fjordtälern zu entgehen, und die Eigentümer mußten mit ganzer Sippschaft mitziehen, selbst im Winter, weil sich die Rene nicht aufstallen ließen. So stellt sie schon Olaus Magnus in seiner »Historia de gentibus septentrionalibus« 1555 dar, als die Zucht mit kleinen Herden begann. Selbst als Reittier wird das Ren dargestellt. Mitten unter ihren großen Herden mag man die Samen mit Lasso und Messer sehen, wenn sie die zusammengelaufenen Tiere wieder scheiden wollen und die schwächeren Exemplare kurzerhand abstechen. Die mitgezogenen Familien hocken dann in primitiv aufgestellten Spitzzelten um ein offenes Feuer und beschäftigen sich mit Schnitzen und Nähen. Alle tragen ihre eigentümliche Kleidung aus blauem Flauschstoff mit vielen rotbestickten Borten, die Männer Kittel, die bis über das Knie reichen, die Frauen ähnliche, bis unterhalb des Knies gehende Röcke, mit je nach Stammesart verschieden geschnittenen, aber meist hohen Mützen, die auch im Zelt üblicherweise aufbehalten werden, und schließlich mit Schuhwerk, das vorn wie Schlittenkufen spitz hochgeht. Das ist nicht nur aus zäher Tradition festgehaltene Tracht, sondern zweckmäßig, wärmend und über dem Schnee weithin sichtbar.

Aber wie lange noch? Die Zahl der Rentierhalter verringert sich, wenn auch die einzelnen Herden anwachsen und die Tiere als Schlachtvieh gehandelt werden. Die Zeit, wo jeder Tourist ein Geweih erwarb und damit heimwärts zog – man konnte sie auch in Oslo einkaufen – scheint vorbei. Die Souvenirs aus diesem Geweih, die Messerscheiden, Spangen, die Lappenstickereien, die in den Empfangshallen der Hotels massenhaft angeboten werden, sind inzwischen industriell gefertigter Kitsch. Aber auch die Fotoliebhaber haben es schwer. Die Familien sind nicht mehr bei den Herden, sie wohnen nun in festen Häusern nahe den Winterweiden, nur wenige Hirten fahren mit Motorschlitten geschwind um die Herden

VI

LEIF LUNDGREN
(geb. 1945)

Schneetreiben, 1976
Gemälde

Privatbesitz

herum, die wegen ihrer ausladenden Geweihe wie ein
Wald auf Beinen sind. Auch werden die Tierscharen
kaum noch durch Bäche oder Seen getrieben, um die
verschiedenen Weideplätze zu erreichen, denn die Rene
schwimmen nur sehr ungern; Militär transportiert sie
heute auf Lastwagen von Platz zu Platz. Nomadentum
gehört der Vergangenheit an, wird inszenierte Schau.

Man tut gut, wenn man auf Fotomotive aus ist, zu den
Märkten und Sammelplätzen der Samen zu fahren. Man
findet sie in Åseli in Nordland und dann in Alta, Biggas,
Karasjok, Kautokeino am Samevei, in Kvænang, Maja-
vatn, Neiden, Nipivatn, Nordmannset in der Finnmark.
Man wird besonders an den Marktterminen die meist
sehr freundlichen Samen in Scharen finden und auf dem
Wege zum Nordkap auch den Renherden begegnen.
Wenn die Samen Märchen und Sagen erzählen, sind sie
sich zwar der Christianisierung bewußt, aber die Berge
werden noch als heilig angesprochen. Nordlicht und Ge-
stirne sind über den Menschen mächtig und Wildrene
voll Geheimnis geblieben, der Animismus von einst wirkt
noch nach.

Aber man vergesse nicht, die Samen kämpfen um ihr
Minderheitenrecht, sie bekamen zwar staatlich unter-
stützte eigene Zeitungen, in Karasjok sogar ein Gymna-
sium, in dem die lappländische Sprache Hauptsprache
ist, aber das scheint die Probleme der Samen nicht zu
lösen. Sie gründeten 1956 einen »Nordischen Rat der
Lappen« und veranstalten Konferenzen. Es klingt dann
durch, daß sie sich als die Erstberechtigten in Nordnorwegen ansehen, daß sich die Herdenbesitzer durch den
Straßenbau und vermehrte Industrie in den Weidemög-
lichkeiten eingeengt sehen, und daß diejenigen, die in die
Industrie abwandern, ihre Identität verlieren. Wenn man
gesagt hat, daß die Norweger mit den Lappen in die
gleichen gegenseitigen Schwierigkeiten gerieten wie die

Nordamerikaner mit den Indianern, so ist das wohl übertrieben. Die Norweger sind von ihrer Loyalität über-
zeugt, doch gesichert ist die Zukunft der Samen nicht, sie
wollen jedenfalls nicht als Folkloregruppen im internationalen Tourismusbetrieb aufgehen.

So gibt es im Land der Mitternachtssonne und der
Dunkelheiten zwischen Eis und Sturm noch andere Probleme als die, die ein jeder hier in den Einsamkeiten in
sich selbst auszutragen hat, sowohl ethnische als auch
soziale. Samische Schriftsteller, die sich seit Beginn des
20. Jahrhunderts in ihrer eigenen Sprache zu Wort melden, schildern liebevoll die Natur, in der mündlichen
Überlieferung hat sich der »Jojk«, monoton vorgetrage-
nes Liedgut mit Sprechpassagen, erhalten, aber einen sa-
mischen Ibsen oder Björnson gibt es vorerst noch nicht.
Auch die Norweger sind sich über sich selbst noch nicht
einig, Hamsun erfaßt seine Landsleute völlig anders als
Jonas Lie.

Aber in der norwegischen Landschaft, oben auf den
Fjells, in der von weit daherwehenden Kühle des Nordens
kann sich der Mensch von allen Querelen befreien. Im
»Segen der Erde« wird es erlebt, und das mag der Antrieb
sein, in den Norden zu ziehen. Deshalb steht der Reisende, der den weiten Weg macht, dort oben an dem steil
in das Eismeer fallenden Schieferfelsen, am *Nordkap,* wie
ihn 1553 der Seefahrer Richard Chancellor taufte, und
schaut in Richtung Pol, um den sich die Erde dreht, und
wähnt, er sei auf dem äußersten Punkt des Abendlandes.
Freilich liegt noch Spitzbergen davor, und es ist inzwischen ermessen worden, daß nicht das Nordkap, sondern
das westlich davon gelegene Knivskjellodden der nördlichste Punkt Norwegens ist. Doch vor der steilen Einsamkeit gelten nicht physische Daten, sondern das Sich-
Selbst-Bewußtwerden. Das kommt bei einer Reise durch
Norwegen ohnehin nicht zu kurz. Wer schließlich hier

oben steht und das Glück hat, allein der wie aus dem Unendlichen kommenden Bewegung des Meeres entgegenzusehen, dem entfällt die Zeit. Jahrzehntausende sind ein Augenblick. »Die Wellen, die einander jagen, sind wie ewig und wie ein und dieselben«, findet Sigrid Undset in Kristin Lavranstochter.

Aber es pflegt am Nordkap schwer zu sein, sich wie Caspar David Friedrichs Mönch am Meer der Unendlichkeit zu stellen, denn man trifft hier leicht laut sich benehmende Mengen. Man kann dann weiter ostwärts fahren, zum *Nordkinn*. Es ist mit einer Fähre oder der Hurtigroute zu erreichen, und es braucht einen Tag, aber dort ist man tatsächlich allein.

Tausend Jahre Geschichte und Kultur

Die Gestalt der Landschaft Norwegens
hat seine Geschichte bestimmt

Ein Jahrtausend norwegischer Geschichte

Norwegens Geschichte beginnt spät, als es nämlich den Menschen bei den schroffen Felsen zu eng wurde und sie als Wikinger westwärts über See ausschwärmten, zuerst das, was sie an anderen Ufern trafen, plünderten oder zerstörten, dann den Handel versuchten und schließlich erreichtes Gebiet auf Dauer besetzten. Andere zogen von den grünen Ebenen im Südosten der Halbinsel in einsam werdende Regionen und nannten das den Weg nach Norden: Norwegen.

Die Gestalt dieses Landes hat weitgehend seine Geschichte bestimmt. Da gab es die lange Straße von Oslo durch das Gudbrandstal und am Dovrefjell vorbei zum Romsdalsfjord hinaus, oft sehr eng, von Felswänden bis zu 1900 Meter Höhe bedrängt, und eine andere, die bei Hjerkinn abzweigt und nach Trondheim führt. Sonst sperrten Gebirge, und es wird als Heldentat Harald Schönhaars angesehen, daß er, um zu Beginn des 10. Jahrhunderts seine Herrschaft über Trondheim zu erzwingen, mit seinem Heerhaufen das Dovrefjell überwand. Einen Landweg von Oslo nach Bergen gab es schon im 14. Jahrhundert und im Jahre 1647 wurde eine Postroute zwischen den beiden Städten eingerichtet, aber befahrbar wurde der Weg nach und nach im 19. Jahrhundert, und eine Bahnverbindung gibt es erst seit 1909.

In einem so felsigen Land wie Norwegen ist alles bald am Ende: die Anfänge menschlicher Betriebsamkeit waren daher bescheiden. Zehntausend Jahre dürften die ersten Zeugnisse alt sein. Sie stammen aus Komsa in der

Finnmark und aus Fosna in Møre in Westnorwegen. Es gab Jäger und Fischer im hohen Norden wie im Süden, die einen mögen vom heutigen Rußland, die anderen von Mitteleuropa gekommen sein, und begegnet sind sie sich wohl kaum. Die jüngere Steinzeit mit ihrer Viehzucht und dem beginnenden Ackerbau brachte bessere Lebensbedingungen als Jagd und Fischfang, aber die Großgräber der jüngeren Steinzeit, die sich in Dänemark und Schweden zuhauf finden, sind in Norwegen nur einmal östlich des Oslofjords gefunden worden. Die Bronzezeit, deren prächtige Zeugnisse in den Museen von Kopenhagen und Stockholm bewundert werden können, hat sich in Norwegen nicht durch Reichtum präsentiert, denn Gold und Bronze, die eingeführt und gehandelt werden mußten, waren da Mangelware, wo Felle und Bernstein nicht hinreichend in Tausch gegeben werden konnten.

Aber die Menschen hatten sich doch vermehrt. Sie ritzten in die vom Schmelzeis blank gewaschenen Felsen Bilder. Schon in der Steinzeit gab es Helleristninger, Felszeichnungen. Sie zeigten im Gegensatz zu den späteren Felszeichnungen wilde Tiere, die man auf diese Weise zu bannen hoffte. Sie sind besonders im mittleren und nördlichen Norwegen zu sehen. In der Bronzezeit sind es mit Ochsengespannen pflügende Bauern, lebensichernde Sonnen als konzentrische Kreise, Göttergestalten, die aus ihren großen Händen Segen spenden, und dann Schiffe, immer wieder Schiffe mit hohen Steven und zahlreicher Mannschaft. Man kann diese Ritzzeichnungen, die vielleicht die gute Heimkehr der Ruderer beschwören sollten, an vielen Stellen in Südnorwegen antreffen. Die eindrucksvollsten, schier unerschöpflichen, sieht man bei Tanum in der schwedischen Landschaft Bohuslän südlich der heutigen norwegischen Grenze, die aber bis in das 17. Jahrhundert hinein noch zu Norwegen gehörte.

Mit Schiffen geht es weiter, man findet sie nicht nur in

Felszeichnungen, sondern man zog sie an Land, wenn das Leben der Eigner zu Ende war, um die Hochgestellten darin zu bestatten und sie dann mit Erdhügeln zu bedekken. Drei wurden am Oslofjord ausgegraben, in Tune in Østfold, in Oseberg und Gokstad in Vestfold. Oseberg liegt nahe bei Tønsberg, Norwegens ältester Stadt, und das Osebergschiff, in dem um 850 eine Königin mit allem, was sie in einem noch nicht christlichen Jenseits brauchte, bestattet wurde, zeugt von hoher Kultur. Aber schon vorher machen die aus der Vik in der Oslobucht gekommenen Wikinger von sich reden und verbreiten im ganzen Abendland Schrecken. 793 überfallen sie das Kloster Lindisfarne in Northumberland im Nordosten Englands, morden, plündern und haben auch keinen Respekt vor dem bald zum Kaiser des Abendlandes gekrönten großen Karl. »Es sind traurige Zeiten, denn die Zerstörungen durch die Heiden haben überall Verzweiflung hervorgerufen. Die Flüsse sind rot vom Blut der Opfer«, klagt der Bischof von Meaux. Wahrscheinlich war eine Übervölkerung des durch die Natur begrenzten Lebensraums in Westnorwegen der Grund solcher waghalsigen Unternehmen. Norweger und Dänen zogen gemeinsam auf Wikingfahrt, aber die größten Unternehmen bis in die Loire und gar in das Mittelmeer hinein haben offenbar allein die Norweger gewagt. Schwedische Wikinger segelten mehr nach Osten und schufen in slavischen Räumen das Gardarike mit dem Hauptort Nowgorod (skandinavisch: Holmgard) und mit Kiew. Es waren die Rus, die Ruderer, und als Rustsi bezeichnen die Finnen die Schweden noch heute, Roslagan heißt die Küste nördlich von Stockholm.

Norweger, die weiter westwärts fuhren, stießen am Rande des Polarkreises um 870 auf jene große Insel inmitten des Atlantiks, aus der heraus Feuer und Rauch sprühte, auf Island, wo sie sich festsetzten und sich ein

Menschenalter später eine Verfassung, das Allting, gaben. Nach Island kam um 980 Erik der Rote, der aber Island wegen eines Totschlages verlassen mußte und sich an Grönlands Westküste niederließ. Seine Unrast vererbte er seinem Sohn Leiv Eiriksson, der 1002 mit seiner Mannschaft westwärts rudernd ein Land erreichte, das er wegen der guten Wiesen, die er antraf, »Vinland« nannte. Wenn man die Sagas richtig ausdeutet, dürften sie nach der Überquerung der Davisstraße von Baffins Island über Labrador nach Neufundland gelangt sein; ein halbes Jahrtausend vor Christoph Kolumbus haben also die Norweger den amerikanischen Kontinent betreten. Dieses frühe Wahrnehmen und wohl auch Sichniederlassen war aber im 15. Jahrhundert wieder vergessen.

Die meisten Unternehmungen der Wikinger waren nur von kurzer Dauer. Sie erschienen nach den Berichten der Überfallenen wie Hornissenschwärme, plünderten und verschwanden wieder. 855 belagerten dänische Wikinger Paris, erpreßten hohes Lösegeld. Die furchterregenden Überfälle wiederholten sich, so daß König Karl III., der Einfältige, dem Häuptling Rollo – ob Däne oder Norweger bleibt offen – 911 den Ostteil der heutigen Normandie in der Hoffnung abtrat, daß ein seßhaft gewordener Wikinger die Seinemündung verteidigen würde. Wikinger verdingten sich als Soldaten, so die Wäringer beim byzantinischen Kaiser. Harald Sigurdsson (Hardråde), 1047 König von Norwegen, war ihr Anführer. Man begegnete diesen Raufbolden aus dem Norden mit Mißtrauen, schilderte sie aber nicht unfreundlich: »Die Normannen sind schön und von edler Gestalt, gewandt und kühn, sie wohnen auf den Meeren und leben auf ihren Schiffen.«

Norwegen unter einem König zu vereinigen, war angesichts der Gegebenheiten der Landschaft nur den wirklich Mächtigen und Rücksichtslosen möglich, denn die

Siedlungsräume lagen weit auseinander und waren durch Gebirgszüge getrennt. Brauchten die Menschen Ordnungsinstanzen, konnten sie solche in Kleinkönigen finden. Das waren die Jarle. Durch einige Weite und Offenheit zeichnete sich allein die Gegend um den Oslofjord (früher: Foldefjord) aus. Am Oslofjord fand man das Osebergschiff, ein Zeichen von Pracht und Macht; hier erwuchs Norwegens erste Stadt Tønsberg. Der, der ein größeres Norwegen wollte, Harald Schönhaar, vielleicht aus dem in Uppsala beheimateten Geschlecht der Ynglinge, kam vom Oslofjord, zog über das Dovrefjell und unterwarf Håkon Jarl im Norden. Der Jarl von Møre leistete keinen Widerstand, während die Kleinkönige im südlichen Norwegen erbittert kämpften, aber Harald überwand seine Gegner in einer Seeschlacht in der Nähe des heutigen Stavanger. Er gewann die Herrschaft über die Norweger auf den Shetlands und den Orkneyinseln und wurde damit um 900 König über ganz Norwegen. Auf dem Haraldshaug bei Haugesund erhebt sich ein 17 Meter hoher, von 29 kleineren umgebener Obelisk, der auf ihn weist und Haralds Grabstätte sein soll. Dieser erste König besaß keine Residenz, sondern reiste mit seiner Leibwache von Ort zu Ort, nahm seinen Widersachern allenthalben Land und soll auch von seinen Untertanen Schatzung gefordert haben. Harald Schönhaar war nach den Schilderungen der Sagas ein strenger Herr, und manche verließen seinetwegen das Land, zogen weit über das Meer nach Island oder in das Jemtland, das östlich der heutigen Grenzen liegt und nun das schwedische Jämtland und Härjedalen ausmacht. Es wundert nicht, daß nach seinem Tode um 933 sein Sohn Erich Blutaxt wohl als König anerkannt wurde, aber daß der Zusammenhalt verlorenging. Die Dänen mischten sich ein, und obwohl Håkon der Gute den größten Teil Norwegens wieder in die Hand bekam, aber in einem Kampf mit

seinen Neffen, den Söhnen von Erich Blutaxt fiel, konnte
der Dänenkönig Harald Blauzahn auf dem Runenstein in
Jelling im dänischen Jütland um 983 vermerken, daß er
Norwegen gewonnen habe.

Auf diesem großen bildverzierten Runenstein heißt es
vorweg, daß Harald Blauzahn die Dänen zu Christen
gemacht habe. Die Dänen beugten sich aber nur zögernd
unter dem Kreuz, selbst Harald Blauzahns eigener Sohn,
Sven Gabelbart, verweigerte es. In Norwegen hatte Harald der Gute mit der Christianisierung erst recht keinen
Erfolg. Dort galt noch die Welt der Asen, und waffento-
sender Kampf war Lebensart. Odin, der höchste der Götter, war der Gott des Krieges, Thor, der Gott der Ernten,
vermochte Trolle und Riesen zu bezwingen. Dann gab es
den lichten Balder und den bösen Halbgott Loke. Über
Balder fand man schließlich den Weg zu Christus, und
die heidnische Vorstellung von einem letzten Gericht Ra-
gnarock und einer neuen Erde mag vielleicht teilweise gar
von neutestamentlichen Verheißungen geprägt worden
sein, aber von einer Religion der verzeihenden Liebe und
vom Ethos der Demut waren die Entdecker von Island,
Grönland und Vinland weit entfernt, selbst als ihnen die
eigenen Götter fragwürdig wurden.

Eine Christianisierung des unruhigen Nordens er-
sehnte man im ganzen Abendland, schien aber auch den
skandinavischen Königen von dem Zeitpunkt an ratsam,
als der auf Absprachen gestellte Handel mehr Gewinn als
das blutige Rauben brachte. Marktfrieden machte den
Kommerz verläßlicher. Es war Olav Tryggvason (995-
1000), ein Nachkomme des Königs Harald Hårfagre
(Schönhaar), der sich die Christianisierung zur Aufgabe
stellte. Er hatte ein abenteuerliches Leben geführt, bis ihn
der Bischof von Winchester schließlich taufte. Er verließ
England und nahm seinen Weg über den Hardangerfjord, an dessen Eingang er 996 die Mosterkirche in

Sunnhordland gründete, nach Trøndelag, wo die Bewohner ihn als König anerkannten, und bald stimmte ihm
ganz Norwegen zu. Englische Missionare waren schon
früher in Westnorwegen tätig gewesen, jetzt wollte Olav
Tryggvason mit Gewalt christianisieren. Die Tempel der
alten Götter wurden zerstört, und wer nicht freiwillig zur
Taufe kam, wurde ins Jenseits geschickt.

Am Trondheimsfjord baute Olav einen Königshof. Die
Trondheimer verehren ihn als Gründer ihrer Stadt, in der
sein Denkmal auf hoher Säule steht. Die Bauern waren
weniger mit ihm zufrieden.

Olav fiel im Jahr 1000 in der Seeschlacht bei Svolder
im Øresund oder bei Rügen; dies ist das erste feste Datum in der norwegischen Geschichte. Mit seinem Tod
war die Einheit Norwegens wieder zu Ende und die Christianisierung erlitt einen Rückschlag. Doch 1015 erschien ein neuer Olav, Sohn eines Kleinkönigs Harald. Er
war bei seinem Stiefvater in Ringerike aufgewachsen,
hatte an Wikingerzügen in Ost und West teilgenommen,
sich dann in England Namen und Reichtum erworben
und hier auch die Taufe empfangen. Als er erfuhr, daß
einer der Jarle, die Olav Tryggvasons Erbe genommen
hatten, sich dem Dänen Sven Gabelbart zur Eroberung
Englands angeschlossen hatte, nahm er die Gelegenheit
wahr, seinerseits die Herrschaft in Norwegen zu gewinnen. Mit dem Schwedenkönig versöhnte er sich, indem er
dessen Tochter heiratete. Er gewann freie Hand, Kleinkönige zu entmachten und die Teile der Vik, in denen die
Dänen noch herrschten, zu befreien. Nach dem Vorbild
der Wikinger in der Normandie führte er ein zentrales
Verwaltungssystem ein, nahm die Sprecher der großen
Bauerngeschlechter, die ihm Waffenhilfe zu leisten hatten, als »Lendmenn« in Dienst und gab ihnen dafür Einkünfte aus den königlichen Gütern und den gerichtlichen
Bußgeldern. Wiederum mit Hilfe englischer Geistlicher

setzte er, Olav Haraldsson, die Christianisierung fort und
schuf eine Kirchenordnung. Daß sich der König dabei
zum Haupt der Kirche erhob und der von ihm ernannte
Bischof ihn nur beraten sollte, durchkreuzte die Disposi-
tionen Roms, das die norwegische Kirche dem Erzbischof
von Hamburg-Bremen unterstellt hatte, gemäß dem alten
Auftrag, »bis an die Ufer des Eismeers« zu missionieren.
Erst 1104 obsiegten Papst und Anselm von Canterbury
mit der Gründung des Erzbistums Lund, womit Bremens
Befugnisse einige Wegstunden hinter Hamburg an der
Eider endeten. Der tatenfreudige Olav Haraldsson galt
bei seinen Landsleuten viel, was aber nicht hinderte, daß
sich eine Opposition der Kleinfürsten bildete, die unter
einem fern bei den Angelsachsen residierenden König
mehr eigene Möglichkeiten sahen als unter einem ihnen
nahen. Sie setzten auf Knut den Großen, der nun über
Dänemark und England herrschte. Als Knut 1028 mit
einer großen Flotte auf Norwegen zusteuerte, floh Olav
nach Nowgorod, und Knut wurde als König auch über
Norwegen anerkannt. Zwei Jahre darauf, als der von
Knut eingesetzte regierende Jarl auf einer Fahrt nach
England ertrunken war, kehrte Olav zurück. Er sammelte eine bunte Armee und marschierte auf Nidaros,
wie Trondheim damals hieß, zu, traf bei Stiklestad auf
ein weit stärkeres Bauernheer und fiel in offener Feld-
schlacht am 29. Juli 1030.

Das hätte wieder das Ende des eigenen Norwegens bedeuten können. Aber die Norweger waren offenbar
schon gute Christen. Der heimlich an der Nidelv, die bei
Trondheim in den Fjord fließt, beigesetzte Olav verrich-
tete Wundertaten. Sein Leichnam wurde zur Reliquie erhoben und in einem Schrein auf dem Altar der Clemens-
kirche zur Verehrung gestellt. Er wurde der heilige Olav,
Märtyrer und Vorkämpfer der Freiheit, ein zündender
Anführer auch im Tode.

Aber es waren nicht nur die Wundertaten und die Frei-
heitsglorie um den heiligen Olav, sondern auch die Miß-
stimmung gegen die Statthalter, weshalb die Norweger
aus dem weitgreifenden Reich des großen Knut, das nun
Dänemark, England und Norwegen umfaßte, ausscheren
wollten. Nach Knuts Tod im Jahre 1035 entsann man
sich eines von Olav in Nowgorod hinterlassenen Sohnes.
Der kleine Magnus wurde nach Norwegen geholt und als
König ausgerufen. Die Statthalter sahen darin Aufstand
und entflohen. Bevor aber der neue norwegische König
den Beinamen Magnus der Gute verdienen konnte, mit
dem er in die Geschichte einging, nahm er an den Geg-
nern seines Vaters Rache, war auch uneinig mit dem dänischen König Hardiknut, verabredete aber schließlich
mit ihm, daß derjenige, der den anderen überlebte, dessen
Thron erben solle, England eingeschlossen. Hardiknut
brachte es nur auf 24 Jahre, und 1042 wurde Magnus
König von Dänemark, während die Angelsachsen mit
Edward dem Bekenner wieder zur eigenen Dynastie zu-
rückkehrten. Natürlich dachte Magnus, der sich mit rüh-
menden Skalden umgab, auf neue Herrschaft in England,
mußte aber erst einmal die Wenden abwehren, die von
der Südküste der Ostsee Dänemark bedrohten. Dann
machte ihm Svend Estridsen als Neffe Knuts des Großen
den dänischen Thron streitig. Magnus fiel 1047 in einem
Feldzug gegen Svend.

In Norwegen folgte ihm Harald Hardråde, der Harte,
der als Harald Sigurdsson die Wäringer als kaiserliche
Leibgarde in Konstantinopel angeführt hatte und als ver-
späteter Wikinger gesehen werden kann. Er kämpfte mit
Svend Estridsen um Dänemark, erhob Anspruch auf England und sah in den Zwistigkeiten, die nach Edwards
Tod dort ausbrachen, die Möglichkeit des Zugriffs, aber
das norwegische Heer wurde 1066 bei Stamford Bridge
in Yorkshire geschlagen, er selbst fand den Tod. Doch

die Sieger konnten nicht frohlocken, denn von der anderen Seite fiel Wilhelm von der Normandie in England ein, schlug sie bei Hastings und eroberte bald völlig das Land. Die Skandinavier hatten damit auf der britischen Insel ausgespielt, doch die Shetlands und die Orkneyinseln, die Faröer, die Hebriden und die Insel Man wurden dafür enger an Norwegen gebunden. Harald Hardråde gilt auch als Gründer der Stadt Oslo. In der dort von ihm gebauten Kirche wurde der hl. Halvard, ein Verwandter des hl. Olav und künftiger Stadtpatron, beigesetzt.

Der Nachfolger Haralds war Olav III. (1066-1093), der nach dem Brauch, die Charaktere voneinander abzuheben, Olav Kyrre, der Friedliche, genannt wird. Es ist die Zeit, in der die Kurie allenthalben ihre Macht nicht immer besonders christlich zu mehren suchte. Auch in Norwegen bleibt dies nicht verborgen. Der von Kaiser Heinrich III. geförderte ehrgeizige Erzbischof Adalbert von Bremen hatte die ihm verbriefte Missionstätigkeit im Norden verstärkt und allenthalben in seinem großen Bereich Bistümer errichtet, um auf diesem Wege ein mächtiges Patriarchat des Norden unabhängig von Rom zu gewinnen. Auch als auf Drängen der deutschen Fürsten Adalbert fallengelassen wurde, der Plan des nordischen Patriarchats scheiterte und dem Führungsanspruch der Kirche in Papst Gregor VII. ein fanatischer Kämpfer erwuchs, lief die Organisation der Bistümer weiter. Norwegen hatte nun die Bistümer Nidaros, Bergen, Stavanger, Hamar und Oslo. Aber 1104 wurde dem Erzbistum Hamburg-Bremen der große Missionsauftrag entzogen und ganz Skandinavien dem neugegründeten Erzbistum Lund unterstellt. Schon 1152 oder 1153 bekamen die Norweger einen eigenen Erzbischof in Nidaros (Trondheim), 1164 die Schweden den ihren in Uppsala.

Die Gründung von Bergen um 1070 war Olav Kyrres zukunftsträchtigste Tat. Unter seinem Schutz entwickelte sich die im Mittelalter wichtigste Stadt des Nordens, Bergen, die zeitweilig auch Königsresidenz, vor allem aber Handelsmetropole wurde. Der besondere Förderer Bergens war Håkon IV. Aber bevor ein so stattlicher Königspalast wie die Håkonshalle entstehen und ein Handelsvertrag mit Lübeck 1252 den Beginn einer hansischen Wirtschaftsmacht einläuten konnte, war noch manches Chaotische zu überstehen, das eine wesentliche Ursache darin hatte, daß in Norwegen sowohl Erb- als auch Wahlmonarchie galt und es in der Erbmonarchie keine feststehende Thronfolge gab. Der Thron sollte dem Geschlecht vorbehalten sein, alle Söhne, ob ehelich oder unehelich, konnten in der Königswürde folgen. Schon des heiligen Olavs Sohn Magnus der Gute war außerehelich geboren. Auch konnten zwei Könige in Einvernehmen nebeneinander regieren, wie die Enkel Olavs des Friedlichen Øystein und Sigurd, die die alten Gesetze in nordischer Sprache, aber in lateinischen Buchstaben niederschreiben ließen und den Zehnten als Steuer einführten, was vornehmlich der Kirche zugute kam. Auch konnte Sigurd einen norwegischen Kreuzzug unternehmen, der ihm in alter Wikingertradition reiche Beute brachte. Aber nach 1130 tauchten immer wieder Thronanwärter auf, die sich als Söhne dieses oder jenes Königs ausgaben. Es dauerte Jahrzehnte, bis sich die Vornehmen des Landes zusammentaten, um mit dem Erzbischof eine Königserbfolge festzulegen. Fortan sollten nur eheliche Söhne und mit Vorrang der älteste den Thron erben. Aber eben jetzt drohte Norwegen wieder zu zerbrechen. Da war ein Thronprätendent mit einer absonderlichen Garde, den Birkebeinern, die abenteuerlich zerlumpt waren und Birkenrinde um die Beine banden. Sie wurden zwar von Magnus IV. geschlagen, aber der geflohene Rest traf in Schweden Sverre Sigurdsson, der sie nach Norwegen zurückführte und den Thron eroberte. Er war darauf

bedacht, die Herrschaft über die Kirche zu gewinnen. Die
Bischöfe organisierten den Widerstand, und unter dem
Bischof von Oslo bildete sich die Gegenpartei der Bagler
(Bagall = Bischofsstab), die den Magnusnachkommen
anhingen. Der Bürgerkrieg war also mit dem Tode Sver-
res noch nicht erloschen, und Norwegen teilte sich lange
in zwei Teilreiche, dem der Bagler und dem der Birkebeiner. Erst Håkon Håkonsson konnte nach Kämpfen mit
verschiedenen anderen Thronprätendenten die Einheit
wiedergewinnen. Die Kämpfe führte für den König der
Skule Jarl, der aber selbst zum Thron drängte und sich
nicht damit begnügte, daß Håkon IV. ihm den Titel eines
Herzogs und hohe Einkünfte gab. Skule erhob sich
schließlich gegen seinen König, kam aber nach seiner
Niederlage 1240 bei Trondheim ums Leben. Henrik Ibsen hat den Konflikt des Königs mit seinem Herzog in
dem Schauspiel »Kronprätendenten« phantasiereich behandelt.

Håkon IV. dürfte der bedeutendste mittelalterliche König Norwegens gewesen sein. Noch gehörten Bohuslän,
Jämtland und Herjedalen dazu, die heute schwedisch
sind, während die von Lappen bewohnte Finnmark sowohl dem norwegischen König als auch dem Großfür-
sten von Nowgorod tributpflichtig war. Ferner waren die
Inseln im Norden Englands noch aus der Wikingerzeit
herrührender norwegischer Besitz, und Håkon gewann
Island und Grönland dazu.

Um solch weiten Raum wirklich beherrschen zu können und um die geographischen Schwierigkeiten des
Stammlandes zu überwinden, schuf Håkon IV. eine
straffe Verwaltung. Ein Kanzler stand einem Sekretariat
vor, bedeutende Männer des Landadels bildeten einen
Reichsrat, und obwohl Håkon die Kirche materiell för-
derte, kam er ihrem Wunsch nach Unabhängigkeit nicht
nach. Kulturell sah er sich England verbunden, die Hå-

konshalle ist in Anlage und Aufbau englisch, englisch vieles an der Bergener Marienkirche, auch die Kathedrale in Trondheim und der Dom in Stavanger sind englisch geprägt.

Noch ist England der bevorzugte Handelspartner. Aber schon gegen Ende des 12. Jahrhunderts waren Lübecker in Bergen aufgetaucht, um den vornehmlich bei den Lofoten und Vesterålen gefangenen Kabeljau und Dorsch, getrocknet und als Fastenspeise in ganz Europa gefragt, aufzukaufen. Sie ihrerseits lieferten Getreide, das die Norweger immer einführen mußten. 1248 ersucht Håkon Lübeck, vermehrt Getreide zu senden, um nach einem schlechten Sommer eine Hungersnot abzuwenden. Die Lübecker wußten daraus Privilegien zu ziehen. Bergen und Westnorwegen waren von Lübeck ganz abhängig geworden, da die Engländer nun keine Konkurrenten mehr waren.

Während die Lübecker Bergen zunächst nur zum Warentausch anliefen, ließen sie sich in der Folge in Bergen nieder. Schon der Kardinal Wilhelm von Sabina, der zur Krönung Håkons von Rom gekommen war, bekundete seine Überraschung, daß in Bergen so viele Schiffe lägen und es von fremden Kaufleuten wimmelte. Er wertete es als Zeichen hoher Kultur, die der Norden gewonnen habe. Die Lübecker waren bald so mächtig, daß sie 1284 zur Verteidigung ihrer Privilegien eine Lieferblockade verhängen konnten, die den König zwang, die Privilegien sogar zu erweitern. Mit den Kaufleuten waren auch deutsche Handwerker nach Bergen gekommen und der eigenen Gerichtsbarkeit des Hansekontors unterstellt. Man schätzt die damalige Zahl der Deutschen in Bergen auf 20 000, was die Hälfte der gesamten Einwohnerschaft gewesen sein dürfte.

Hatte schon Håkon IV. geordnete Regierungsformen erstrebt und einen Reichsrat berufen, so setzte sein Sohn

Magnus VI., der Gesetzgeber, das fort. Wenn besonders wichtige politische Entscheidungen zu treffen waren, konnten der gesamte Adel und die im Parlament vertretenen Bischöfe berufen werden. Dazu kam eine Rangordnung. Magnus teilte den Adel in Barone, Ritter und Knappen. Die Barone hatten die Pflicht, im Heerbann ganze Reiterabteilungen zu stellen, was dem Vasallenstand im übrigen Europa entsprach. Auch führte er ein für das ganze Reich gültiges Gesetzbuch ein. Außenpolitisch begann mit Magnus aber ein sich bald fortsetzender Verzicht, als er die Hebriden im Norden Schottlands und die Insel Man in der irischen See dem schottischen König überließ.

Magnus' Sohn Håkon V. dagegen bemühte das Parlament nicht mehr, und das Baronat schaffte er wieder ab, weil er in seinem Reiteraufgebot eine Gefahr für die Souveränität des Königs sah. Die Statthalter in den Bezirken überwachte er streng. Er verließ das internationalisierte Bergen, um Oslo zu seiner Residenz und zur Hauptstadt zu erheben. Als schützende Festungen baute er vor Oslo Akershus, in Båhuslen Båhus, in Tønsberg Tunsberghus und im hohen Norden Vardøhus; Bergen und Nidaros wurden befestigt.

Als Håkon V. 1319 ohne männlichen Erben starb, fiel die Krone an den Sohn seiner mit dem schwedischen Thronfolger verheirateten Tochter. Mit ihm bestiegen die Folkunger den norwegischen Thron. Diese erste Personalunion mit Schweden währte 25 Jahre, und als der norwegische Reichsrat auf einen eigenen König drängte, wurde Håkon VI. der letzte König eines selbständigen Norwegens. Dann folgte die 434 Jahre dauernde Union mit Dänemark, in der Norwegen trotz anderer Abmachungen seit dem 16. Jahrhundert zu einer vernachlässigten dänischen Provinz wurde. Denn die großgedachte Kalmarer Union wurde nicht das, was sich Håkons VI.

Ehefrau Margrethe, Tochter Waldemars IV. Atterdag von Dänemark, gedacht hatte; ihr Sohn Olav Håkonsson, noch vor seines Vaters Tod zum König von Dänemark gewählt und rechtmäßiger Erbe der norwegischen Krone, starb als letzter Folkunger 1387, und Margrethe machte den Enkel ihrer Schwester, Erich von Pommern, zum Nachfolger. Erich wurde von den Schweden, die aus Abneigung gegen ihren aus Mecklenburg stammenden König Albrecht auf Margrethe gesetzt hatten, als König gewählt, und 1397 kamen die Reichsräte von Norwegen, Schweden und Dänemark auf dem Schloß Kalmar zusammen, wo Erich zum König aller drei Länder gekrönt wurde. Er vereinte damit drei Kronen und gewann ein großskandinavisches Reich, doch war Königin Margrethe mit den Vereinbarungen nicht zufrieden, wie die Urkunden beweisen.

Bald rebellierten die Schweden. 1433 erhoben sich die schwedischen Bauern unter Führung von Engelbrekt Engelbrektsson, 1448 riefen sie einen eigenen Gegenkönig aus, Karl VIII. Knutsson, der sogar nach Trondheim zog, um die norwegische Krone zu beanspruchen, und 1471 besiegte der Reichsverweser Sten Sture am Brunkeberg bei Stockholm den Dänenkönig Christian I., und unter Gustav Wasa errang Schweden wieder seine Unabhängigkeit. Norwegen jedoch, in der Substanz durch den Schwarzen Tod, die 1349 durch ein englisches Schiff eingeschleppte Pest, stark geschwächt, galt bald nur noch als ein Teil Dänemarks, so daß der dänische König Christian III. erklären konnte, daß Norwegen aufgehört habe, ein selbständiges Reich zu sein. Als die lutherische Reformation in Dänemark eingeführt wurde leisteten die Norweger Widerstand aus nationalen Gründen. Der Erzbischof von Nidaros Olav Engelbrektsson versuchte Akershus und Bergenhus einzunehmen und ein unabhängiges Norwegen zu schaffen, aber 1537 mußte er gestehen, daß es nicht gelungen war. Er hatte auf den Dänenkönig Christian II. gehofft, der seine Position durch das Verharren beim alten Glauben und durch das Bündnis mit seinem Schwager Kaiser Karl V. halten wollte. Als aber der Protestant Christian III. in Kopenhagen einzog, wurde auch Norwegen protestantisch.

Die deutschen Kaufleute in Tønsberg und Oslo hatten schon 1508 ihre Privilegien verloren; die Hanseaten in Bergen wurden 50 Jahre später genötigt, sich den norwegischen Gesetzen zu unterwerfen. Sie mußten fortan als norwegische Bürger den Ertrag ihres Handels dem Gastland zugute kommen lassen. Überdies gewann das Land neue wirtschaftliche Basen aus eigenen, bisher nicht genutzten Quellen, aus den Wäldern und den entdeckten Erzgruben. Zu Beginn des 16. Jahrhunderts waren die wassergetriebenen Sägegatter aufgekommen, die die Bauern selbst bauen konnten. Das geschnittene Holz wurde besonders nach den immer waldärmer werdenden Ländern Westeuropas geliefert. Diese Sägemühlen entstanden allenthalben an den Küsten, wo zum Flößen des Holzes nutzbare Flüsse mündeten. An solchen Plätzen konnten sich sogar Städte entwickeln. Das heute vielbesuchte Arendal und Drammen seien als Beispiele genannt. Das andere Ereignis war im Zeitalter der Schatzgräber und Goldmacher der Erfolg bei der Ausbeute der Erzlager, die schon Jahrhunderte vorher in Norwegen gefunden waren. Die dänischen Könige, besonders Christian IV., der den Schweden die Erzfunde neidete, hofften in Norwegen Erze gewinnen zu können. Kongsberg, von ihm gegründet, und Røros sind die bedeutendsten Fundorte. In beiden Orten wie auch in Larvik befinden sich Bergwerkmuseen.

Als die Hauptstadt Oslo, die immer dichter bebaut worden war, 1624 wieder einmal total abbrannte, nahm Christian IV. an den Planungen zum Neuaufbau persönlich teil und gab der nach Westen verschobenen und durch die Feste Akershus besser behüteten Stadt die Ehre, fortan seinen Namen tragen zu dürfen, Christiania. Sie hat ihn bis 1924 geführt.

Doch das Land konnte sich nicht ungetrübt des wirtschaftlichen Aufschwungs erfreuen, es wurde bald auch in dänische Kriege hineingezogen und mußte territoriale Verluste hinnehmen. Es begann mit dem siebenjährigen Dreikronenkrieg. Die dänischen Könige hatten die Hoffnung auf die Durchsetzung der Kalmarer Union trotz der Niederlage am Brunkeberg noch nicht aufgegeben. Christian II. hatte wieder Oberhand gewonnen, machte aber mit dem grausamen Stockholmer Blutbad, bei dem 82 schwedische Adelige ermordet wurden, jede Hoffnung auf eine Union unmöglich. Frederik II. versuchte es in dem Krieg von 1563 bis 1570 noch einmal, und die Schweden taten das, was sich fortan oft wiederholte. Sie marschierten nach Ostnorwegen und drangen, ohne aufgehalten zu werden, bis Trondheim vor. Die norwegischen Bauern nahmen es hin und schlossen mit den Schweden Sonderfrieden, weil sie vernachlässigt und unterdrückt wurden. Die Kopenhagener Herrscher aber meinten, es sei bei ihren Vasallen kein hinreichendes Vaterlandsgefühl. 1572 wurde deshalb das Amt des Stadthalters für Norwegen geschaffen und von Mitgliedern der Königsfamilie besetzt. Als 1660 in Dänemark der Absolutismus eingeführt wurde, verloren die Norweger jede Selbständigkeit.

Im lokalen Bereich begann die Herrschaft der Bürokratie. 1662 gab ein königlicher Freibrief allen Städten Handelsrechte und besondere Privilegien, das Handwerk schloß sich in privilegierten Innungen zusammen. Als Schweden wieder einmal zum Angriff auf Norwegen ansetzte und sein Heldenkönig Karl XII. in Østfold einfiel, wurde er 1718 vor der Festung Fredriksten von einer

Kugel, die vielleicht aus den eigenen Reihen kam, getötet. Kurz vorher hatte der in Trondheim geborene norwegisch-dänische Seeheld Peter Wessel (1690-1730), der als Tordenskjold geadelt wurde, die schwedische Versorgungsflotte versenkt.

Die Schiffahrt hatte in diesen Jahren eine größere Bedeutung gewonnen, 1807 waren 1514 Schiffe in Norwegen beheimatet, mehr als in Dänemark und den Herzogtümern Schleswig und Holstein zusammen. Auch für die Landwirtschaft kamen bessere Zeiten, viele bisher abhängige Bauern wurden selbständig. Die norwegische Nacht, wie man die Zeit der dänischen Herrschaft empfand, wurde immer mehr verwünscht. Schon 1567 hatte ein Pastor und Geschichtsschreiber gemeint, daß das Land unter Dänemark »seine Manneskraft und Stärke verloren und nun alt und grau« werde. Die Rufe nach einem eigenen Norwegen mehrten sich. Man begann Norwegens Geschichte zu studieren, und Ossianphantasien wurden zwischen Norwegens oft nebelverhangenen Felswänden angesiedelt. Wenn Nicolai Wergeland 1817 – post festum zwar – von »Dänemarks Verbrechen gegen das Königreich Norwegen« sprach, prangerte er an, daß die Sprache seiner Heimat in den Kirchen und Schulen, in den Amtsstuben und der gehobenen Gesellschaft dänisch geworden sei. Aber eben weil Adel und Beamte weitgehend dänisiert waren, vermochte das Bauerntum, das niemals in Leibeigenschaft verelendet war, gewichtig zu werden. Das Volksbewußtsein wuchs. Es zeigt sich in der eigenen und mit viel Individualität geprägten Volkskunst der Rosenmalerei, besonders in Hallingdal und Telemark, der Akanthusschnitzerei vornehmlich im Gudbrandstal, die beide auch zeitlich von einer größeren Lebenskraft waren, als sie sonst Volkskunst zuzukommen pflegt. Auch das Erzählgut wurde jetzt gesammelt und im Druck herausgegeben.

Aber die Norweger lösten sich nicht durch eine Revolution von Dänemark, sondern blieben selbst nach 1807 loyal, als sich Dänemark mit Napoleon gegen England verbündete und Norwegens Handel und Schiffahrt Opfer der britischen Gegenblockade wurden, ja sogar die norwegische Armee gegen die Schweden, die zu England hielten, kämpfen mußte. Aber als Schweden seinen König Gustav IV., der in den kriegerischen Wirren 1809 Finnland an den russischen Zaren verlor, abgesetzt hatte und der neue König Karl XIII. alt und ohne Erben war, wählte der schwedische Reichstag 1810 den französischen Marschall Jean Baptiste Bernadotte zum Kronprinzen, der sich 1813 der Alliance anschloß und schwedische Truppen gegen Napoleon marschieren ließ, allerdings ohne sich dabei stark zu engagieren. Seine Absicht, für das verlorene Finnland Norwegen als Ersatz zu erhalten, konnte er mit russischer und englischer Zustimmung verwirklichen. Im Frieden zu Kiel vom Januar 1814 trat der dänische König Norwegen ab, behielt aber Island, Grönland und die Faröer, die einst die Norweger eingebracht hatten, als nunmehr dänischen Besitz.

Ein Jahr vorher hatte der dänische König Frederik VI. seinen Vetter Prinz Christian Frederik als Statthalter nach Christiana geschickt, um Norwegen für seine Krone zu retten. Zwar konnte die mit dem Königswechsel 1809 verbundene neue liberalere schwedische Verfassung eine Minderheit in Norwegen locken, Norwegens einflußreicher Graf Hermann Wedel Jarlsberg trat für die Union mit Schweden ein. Auch Frederik VI. gab sich wohlwollend, stiftete 1811 eine schon zu Ludvig Holbergs Zeiten gewünschte Universität, doch kam er gegen die Großmächte nicht an. Daher befahl er nach dem Kieler Friedensschluß dem Statthalter, der seine Sympathie für Norwegen nicht verbarg, nach Dänemark zurückzukehren. Aber dieser schloß sich dem norwegischen Widerstand

an, erklärte sich zum Regenten und rief zu Wahlen für
eine verfassunggebende Versammlung auf, die schon am
10. April 1814, zweieinhalb Monate nach dem Bekannt-
werden des Kieler Vertrags, zusammentrat. Am 17. Mai
wurde in Eidsvoll, 64 km nördlich von Oslo, der Verfas-
sungstext verlesen. Die Verfassung folgte weitgehend der
Unabhängigkeitserklärung der Vereinigten Staaten von
Amerika, die die Gewaltenteilung zum Prinzip hatte.
Christian Frederik wurde zum konstitutionellen König
gewählt, Gesetze sollte aber allein das Storting, das nur
aus einer Kammer bestand, erlassen; dem König wurde
aufhebendes Vetorecht eingeräumt. Der Tag dieser De-
klaration ist noch heute der norwegische Nationalfeiertag, der vom ganzen Volk gefeiert wird.

Das Werk von Eidsvoll konnte zum guten Ende gebracht werden, weil Bernadotte, der sich den schwedisch klingenden Namen Carl Johan zugelegt hatte, mit
seinen Regimentern außer Landes war. Christian Frederik versuchte, die Signaturmächte des Kieler Friedens
und besonders England für den Gedanken eines unab-
hängigen Norwegens zu gewinnen. Großbritannien zog
es aber vor, die den Schweden gemachte Zusage einzu-
halten, schloß jedoch eine Verschmelzung beider Länder
aus. Christian Frederik sah das Wohl Norwegens nun
darin, abzudanken. Daß es dennoch zu einem Krieg,
wenn auch nur zu einem kurzen von zwei Wochen kam,
so deswegen, weil die Schweden die Abtretung von zwei
Festungen im südöstlichen Norwegen forderten und das
vom Storting abgelehnt wurde. Dieser Krieg führte zu
mehreren Gefechten, aber zu keiner Schlacht. Carl
Johan, der frühere Marschall Bernadotte, war zum
schnellen Waffenstillstand bereit und sicherte zu, die
Eidsvoller Verfassung zu respektieren. In einem Unionsvertrag wurde festgelegt, daß es zwei Reiche mit jeweils
eigenen Parlamenten unter einem gemeinsamen König

Verfassungsurkunde vom 17. November 1814

gäbe, daß diese Reiche im Kriegsfall gemeinsam kämpfen sollten, sonst aber voneinander unabhängig seien. Da die Eidsvoll-Verfassung kein norwegisches Außenministerium vorgesehen hatte, wurde vereinbart, daß Norwegens auswärtige Angelegenheiten und die konsularischen Vertretungen von der schwedischen Regierung wahrgenommen werden sollten. 1821 erhielt Norwegen eine eigene Flagge, die es heute noch führt. Das blaue Kreuz in der Mitte ist vom Danebrog bestimmt, die Marineflagge war der schwedischen gleich, bis auch sie 1844 rot mit dem blauweißen Kreuz wurde. Um den König nicht ständig in Stockholm zu wissen, wo dann auch ein Teil des norwegischen Kabinetts Domizil nehmen mußte, begann man 1825 mit dem Bau eines königlichen Schlosses in der eigenen, noch wenig repräsentativen Hauptstadt, die nach wie vor den Namen Christiania trug.

Aber wichtiger als die Repräsentation war das Wohl des eigenen Volkstums, das sich in den alten Stabkirchen, den prächtigen Holzbauten auf dem Lande, in Schnitzereien, Bildteppichen und in der Rosenmalerei bewies. Henrik Wergeland (1808-1845), Romantiker und Aufklärer, der die Einheit von Natur und Leben nicht nur behauptete, sondern ihr in seiner Dichtung auch Gestalt gab, setzte sich für das Eigenrecht Norwegens ein. Schon sein Vater hatte bedauert, daß die norwegische Sprache dänisch beeinflußt sei. Jørgen Moe und Peter Christen Asbjørnsen konnten 1842 in ihren Märchen den Bauern abgelauschte Schätze heben. P. A. Munchs Geschichte des norwegischen Volkes, die viel Sagengut enthält, ist von der norwegischen Romantik beeinflußt. Henrik Wergeland war politisch Republikaner, begeisterte sich für die französische Revolution von 1830, verehrte aber zugleich König Carl Johan. Er setzte sich für den 17. Mai als Nationalfeiertag ein, obwohl Carl Johan einen anderen Tag wünschte. Aber der Weg zu einer eigenen nor-

wegischen Kultur war für alle, die begeistert schrieben,
die Frage nach einer eigenen Sprache.

Die eigene Sprache war noch in bäuerlichen Dialekten
bewahrt, aus denen Ivar Aasen, selbst Kleinbauernsohn,
eine norwegische Sprache zurückentwickelte; er ließ sich
von den Städtern, die seinem Bemühen mit Skepsis be-
gegneten, nicht beirren. Er nannte seine rekonstruierte
Sprache Landsmål und fand den Zuspruch von Jacob
Grimm. Aber Henrik Ibsen und Björnstjerne Björnson
wollten sich mit einem lediglich norwegisch gefärbten
Dänisch begnügen, das man Riksmål nannte. Die Regierung hielt es für gut, die Unterschiede zwischen Landsmål und Riksmål zu verringern; es entstand Nynorsk,
Neunorwegisch, »eine norwegische Sprache, aus der alle
dänischen Unreinheiten restlos und für immer verschwunden sind«. Jetzt nennt man die beiden Sprachen
Bokmål und Landsmål oder Nynorsk; sie sind Schriftspra-
chen, aber nicht ohne Einfluß auf die gesprochene Sprache,
besonders in den Städten. Beide Sprachen werden in den
Schulen gelehrt, und bei Universitätsprüfungen wird die
Kenntnis beider Sprachen verlangt. Auch Ortsnamen, deren Schreibweise von den Orten selbst bestimmt wird,
können verschieden geschrieben werden, man halte sich an
die amtlichen Karten.

Norwegen war es also ernst damit, nach langer dänischer Überfremdung seine Identität zu finden. Es begann
mit Henrik Steffens norwegischen Novellen und Henrik
Wergelands Gedichten. Für sie schrieb Björnstjerne
Björnson seine Dichtungen und P. A. Munch die norwegische Geschichte. In dieser Zeit schuf der Maler
J. C. C. Dahl seine großen Gemälde, stellte Stabkirchen
hinein und malte als Symbole die dem Sturm widerste-
henden Birken; Adolph Tidemand und Hans Gude hatten ihre Ateliers zwar in Düsseldorf, setzten sich aber
Norwegen mit seinem Volksleben und seiner Landschaft

zum Thema. Das Mühen um eine norwegische Sprache schien, gleich auf welcher Seite man stand, eine Berufung und Dienst am Genius der Heimat.

In der politischen und wirtschaftlichen Entwicklung hatte man es schwerer. Die Ausfuhr von Holz stieß auf Schwierigkeiten, weil Dänemark hohe Einfuhrzölle erhob und England nun kanadische Einfuhr begünstigte. Der Fischmarkt litt unter neufundländischer Konkurrenz. Der Geldmarkt, durch die Menge schnell gedruckter Banknoten in Unordnung gekommen, machte Sorgen. Erst in der Mitte des 19. Jahrhunderts hatte Norwegen sich finanziell gefangen.

Bis dahin hatte auch die von Wergeland so gelobte Verfassung von Eidsvoll einige Stürme zu überstehen. Carl Johan fand sie zu demokratisch und wollte seine Stellung als König gestärkt sehen, doch das Storting lehnte seine Vorschläge ab. Aber als die norwegischen Bauern über die zu hohen Steuern, die das Storting im Hinblick auf die Finanzsorgen erhob, stöhnten, ließen sie sich von einem Gutsbesitzer dazu anstiften, das Storting abschaffen zu wollen und dem König alle Macht zu geben, weil sie meinten, daß es ihnen unter dem Absolutismus besser ergangen sei. Sie marschierten auf die Hauptstadt zu, kehrten aber unterwegs um, als sie zu dem Beschluß gekommen waren, die Dinge durch stärkere eigene Vertretung im Storting zu wenden. So wurden sie 1833 dort auch zur stärksten Gruppe. Sie erreichten lokale Selbstverwaltung und das Ende der Beamtenhierarchie. Von dort war es nicht weit zu der in Eidsvoll noch ausgeschlossenen Forderung einer norwegischen Beteiligung an der Außenpolitik. Der erste Schritt dorthin war die Errichtung eigener norwegischer Konsulate.

Aber es gab auch Widersprüche. Norwegen strebte zur wirklichen Selbständigkeit, und bei den Feiern zum 17. Mai wurde der Ruf des »Los von Stockholm« immer vernehmlicher. Die Jugend sammelte sich schließlich zu Bergfesten. So wie die dänische Jugend auf Skamlings-banke zusammenkam, um für Dänemarks Glauben an Schleswig zu werben, so fand sich die norwegische Jugend in Maihaugen bei Lillehammer in der Hoffnung auf die norwegische Freiheit. Aber zugleich versammelten sich die Studenten in den Universitätsstädten und beschworen die Ideen des Skandinavismus. Die Herausforderung Dänemarks durch die Schleswig-Holsteinische Erhebung 1848 ließ den dänischen König ein Hilfegesuch an Oskar I., den Nachfolger von Carl Johan, richten, und dessen Mobilisierung schloß auch Norwegen ein. Das Storting gab zwar seine Einwilligung, betonte aber, daß »keine weitere Verbindung mit Dänemark bestehen« solle; die norwegische Teilnahme beschränkte sich auf 114 Soldaten. Als nach dem von den Großmächten erlangten, in Malmö beschlossenen siebenmonatigen Waffenstillstand 1850 die Kämpfe zwischen den Schleswig-Holsteinern und den Dänen neuerlich ausbrachen, war König Oskar nicht mehr dabei. Der Skandinavismus war im Jahrhundert der Nationalstaaten eine halbherzige Sache. Als Carl XV., der dritte Schwedenkönig aus dem Hause Bernadotte, dem Dänenkönig Frederik VII. 1863 wieder ein Militärbündnis mit 20 000 Mann schwedischer und norwegischer Truppen zur Verteidigung der Eiderlinie anbot, tat er es aus sehr durchsichtigen Gründen. Frederik VII. war ohne Erben und Carl gedachte, auf diese Weise Stimmung für seinen Thronerben als König dreier Reiche zu machen. Aber Dänemark war kein Revier für Usurpatoren. Der Glücksburger Herzog Christian bestieg als Christian IX. den dänischen Thron, und den dann ausbrechenden Krieg mit Preußen und Österreich mußte Dänemark allein austragen und verlieren. Der Skandinavismus, für den sich Björnson und Ibsen noch wortreich eingesetzt hatten, war 1864 zu Ende.

Der Liberalismus siegte in Politik und Wirtschaft. In
Norwegens Storting vertrat ihn besonders A.M. Schweigaard, und das Land fuhr gut dabei. Billigere Getreide-
einfuhren führten zu einer Umstellung der Landwirtschaft auf Viehzucht und Milchwirtschaft. In Oslo und
Bergen kam die Textilindustrie auf, und auch die Papier-
herstellung wurde ein wichtiger Industriezweig. Als
Svend Foyn die Harpunenkanone erfunden hatte, wurde
der Walfang zu einem wirtschaftlichen Phänomen. Alles
das führte zu einer ungeahnten Vergrößerung der Handelsflotte von 284000 Registertonnen im Jahre 1850 auf
dreieinhalb Millionen im Jahre 1914. Norwegens Handelsflotte war nun die drittgrößte der Welt, und wenn
auch im Ersten Weltkrieg etwa die Hälfte davon verlorenging, waren es 1939 sogar wieder an die fünf Millionen Tonnen.

Aber trotz dieser Prosperität sah die anwachsende Bevölkerung keine hinreichende Arbeitsmöglichkeit. Schon
1825 wanderte eine Gruppe nach Amerika aus, zwischen
1866 und 1915 waren es fast dreiviertel Millionen, es
drohte ein Viertel der norwegischen Bevölkerung zu werden. In den US-Staaten Wisconsin und Minnesota sind
die Siedlungen der Norweger Legion. 1849 entstand in
Norwegen auch die erste Arbeiterorganisation, bei der
die Ideen der französischen Sozialisten eine Rolle spielten. Kleinbauern und Häusler wandten sich ihr zu. Es
zeichnete sich ein Zweiparteiensystem ab, linksgerichtete
Liberale, die Venstre, auf der einen, Konservative, die
Høyre, auf der anderen Seite. Die einen kämpften für
völligen Parlamentarismus, die anderen blieben bei der
Teilung der Gewalten und bejahten die Union mit Schweden. Ob die Macht beim Volk oder beim König liegen
sollte, war die Frage. Bei den Wahlen 1882 gewannen die
Liberalen, und bald forderten sie einen eigenen norwegischen Außenminister, während die Konservativen nur

das Mitbestimmungsrecht Norwegens für die Ernennung eines Außenministers der schwedisch-norwegischen Union anstrebten. Der Konflikt spitzte sich in der Frage eines von Schweden freien norwegischen Konsulardienstes zu.

Als der folgende schwedische König Oskar II. solche eigenen norwegischen Auslandsvertretungen endgültig ablehnte, trat die norwegische Regierung zurück. Ihr Präsident Christian Michelsen aus Bergen fand, daß der König damit die konstitutionelle Grundlage der Union verlassen habe, und ließ am 7. Juni 1905 das Storting den Fortbestand der norwegischen Regierung und die Auflösung der Union beschließen. Allerdings wurde König Oskar aufgefordert, einen Prinzen aus dem Hause Bernadotte als norwegischen König zu benennen. Das Storting war bereit, eine Volksabstimmung über die Auflösung der Union entscheiden zu lassen. Die Zustimmung war fast einmütig; nur 184 Wahlberechtigte wollten in der Union verbleiben. Der nächste Schritt war die Entscheidung zwischen Monarchie und Republik. Die norwegische Regierung hatte mit Prinz Carl von Dänemark, dem Enkel Christians IX., Kontakt aufgenommen, der wieder eine Volksabstimmung zwischen den Alternativen forderte. Die Abstimmung im November 1905 brachte ihm die Zustimmung von 260000 gegen 70000 Stimmen, und das Storting wählte daraufhin einstimmig Prinz Carl zum König von Norwegen, der den Namen Håkon VII. annahm – der sechste hatte im 14. Jahrhundert regiert – und sich 1906 zusammen mit seiner Gemahlin Maud, der Tochter des englischen Königs Edward VII., in der Trondheimer Kathedrale krönen ließ.

Sensationen, den Aufbruch neuer schöpferischer Leistung des Geistes wie nach dem Ende der dänischen Zeit ein Jahrhundert zuvor, erlebte das nun endgültig selbständig gewordene Norwegen eigentlich kaum. Immerhin erhielten Björnsterne Björnson 1903, Knut Hamsun 1920 und Sigrid Undset 1928 den Nobelpreis für Literatur, überraschende Lorbeeren für ein Volk von nur vier Millionen Menschen, und kühne Forschungsexpeditionen ließen die Welt aufhorchen. Fridtjof Nansen hatte schon 1893 mit dem Schiff »Fram« den Kurs zum Nordpol genommen, Roald Amundsen nutzte das gleiche Schiff und setzte 1911 die Flagge seines Landes auf dem Südpol. Thor Heyerdahl fuhr 1947 mit einem Holzfloß »Kon-Tiki« über den Stillen Ozean, um zu beweisen, daß die Polynesier durchaus in vorgeschichtlicher Zeit von Südamerika über den Pazifik herübergekommen sein können.

Im Politischen beschloß das Storting weitere soziale Schutzgesetze und ging den Weg zum Wohlfahrtsstaat. Die ersten Gewerkschaften waren schon in den siebziger Jahren des 19. Jahrhunderts entstanden und hatten sich 1899 zu einem Landesverband zusammengeschlossen. Nachdem im Storting anfangs die Liberalen abwechselnd mit den Konservativen die Mehrheit hatten und die Regierung bildeten, wurde 1927 die sozialdemokratische Arbeiterpartei die stärkste Partei und stellte mit Christopher Hornsrud erstmalig den Regierungschef. Aber außer den Sozialfragen, die sich aus dem zunehmenden Industriepotential ergaben, wurden die Konzessionsgesetze diskutiert. Norwegen hatte seine Wasserfälle zur Stromerzeugung in Dienst genommen, und privates Kapital wie auch ausländische Gesellschaften strebten die Wasserkraft industriell zu nutzen. Durch ein Reversionsrecht sollten nun Wasserfälle und Elektrizitätswerke nach Ablauf der sechzig bis achtzig Jahre dauernden Konzessionsperioden entschädigungslos an den Staat fallen. Der Streit ging im Storting weiter darum, daß bei der Konzessionsvergabe norwegische Unternehmer bessere Bedingungen erhalten sollten, wobei sich selbst die Liberalen zu so isolationistischen Maßnahmen durchrangen. Aber trotz billiger Energie aus den unerschöpflichen Wasserkräften, trotz Export von Fisch, Holz und Holzprodukten und trotz einer alle Weltmeere befahrenden Handelsflotte wurde Norwegen von weltwirtschaftlich bedingten Krisen geschüttelt. Der Erste Weltkrieg, in dem Norwegen zwar neutral blieb, aber doch von England wirtschaftlich abhängig war, kostete das Land einen Großteil seiner Flotte und brachte Verknappung der Lebensmittel und Inflation. Die Reeder wurden durch das Verchartern des immer knapper werdenden Schiffsraums an die Alliierten reich, die Arbeiter durch die Teuerung ärmer. Dann folgten von 1921 an starke Preisrückgänge und eine durch die Bank von Norwegen gesteuerte Deflation. 1931 war Norwegen auf einem wirtschaftlichen Tiefpunkt, die Bauern verschuldeten und die Zahl der Arbeitslosen stieg auf bisher unbekannte Höhen.

Durch den Beitritt zum Völkerbund glaubte sich Norwegen militärisch gesichert, und da es durch den großen Menschenfreund Fridtjof Nansen vertreten war, genoß es in Genf hohes Ansehen. Man ließ daher den Wehretat schrumpfen.

1939 aber standen in Europa die Zeichen auf Sturm und am 1. September rollten Hitlers Panzer nach Polen hinein. Am 9. April 1940 setzten deutsche Kriegsschiffe kurz nach Mitternacht Truppen in Norwegen an Land, die im Laufe des Vormittags die größten Häfen bis nach Narvik hinauf in ihre Hand brachten. Noch vor Sonnenaufgang übergab der deutsche Botschafter dem norwegischen Außenminister ein Ultimatum, in dem die Regierung aufgefordert wurde, die militärische und administrative Besetzung Norwegens anzuerkennen. Das Ultimatum wurde im Gegensatz zu der Entscheidung Dänemarks wenig später vom Kabinett abgelehnt und der Kriegszustand erklärt. Der König mit seiner Familie und die Regierung verließen Oslo. Im Oslofjord sank der deutsche Kreuzer »Blücher«, der die Hafeneinfahrt erzwingen sollte, durch Beschuß, die Begleitschiffe mußten die Landung weiter im Süden suchen. Der Angriff deutscher Landtruppen auf Oslo verschob sich dadurch um die Stunden, die der Regierung die Flucht unter Mitnahme des Goldbestands der Bank von Norwegen ermöglichten. Der König konnte sich mit seiner Familie dann am 7. Juni von Tromsø aus nach England einschiffen und so dem Beschluß des Stortings nachkommen, den Krieg gegen Deutschland notfalls auch außerhalb der Landesgrenzen fortzusetzen. Die Kämpfe auf süd- und mittelnorwegischem Boden waren schon im Mai 1940 zu Ende gegangen. Nur im Norden, wo britische und französische Truppen den Norwegern beistanden und Narvik zurückerobert werden konnte, dauerten die Kämpfe an, bis der Ausbruch der Kampfhandlungen in Frankreich den Truppenabzug der Westmächte notwendig machte. Den Krieg der Norweger führte nun die für die Versorgung der Westmächte fahrende Handelsmarine. Das kostete viertausend norwegischen Seeleuten das Leben und den Verlust der Hälfte der Flotte.

Die Norweger haben in der Zeit der deutschen Besetzung schwer gelitten, weniger unter den deutschen Soldaten, deren Haltung respektiert wurde, als unter der Nazi-Regierung, die es fertigbrachte, die anfängliche Sympathie für die Deutschen – man fühlte sich von den Alliierten im Stich gelassen – schon nach einem Vierteljahr ins Gegenteil zu kehren. Dazu kam der Hunger, unter dem vor allem die Städter zu leiden hatten, die zum Teil nur überleben konnten, weil die Dänen sie mit Lebensmitteln versorgten. Hierdurch ist die Freundschaft zwischen beiden Völkern so herzlich geworden wie niemals vorher.

Zu Ende des Krieges war der Terror groß, etwa 40000 Norweger wurden arrestiert und 1943 waren etwa 6000 in deutschen Konzentrationslagern, 363 Männer und drei Frauen wurden hingerichtet, 43 nahmen sich im Gefängnis das Leben, 700 Juden wurden ermordet und 2100 Gefangene starben in den Lagern. Bei den Kämpfen nach dem Einmarsch der deutschen Truppen wurden nicht nur in Nordnorwegen, sondern auch in südlichen Gebieten wie z.B. in Åndalsnes ganze Ortschaften zerstört. Als die deutschen Truppen 1945 kapitulierten, waren 400000 deutsche Soldaten im Lande.

Am 9. Mai 1945 war der Krieg zu Ende, die Norweger feierten ihren Nationalfeiertag am 17. Mai wie nie zuvor, und am 7. Juni, genau fünf Jahre nachdem er das Land verlassen mußte, betraten der König und seine Familie wieder norwegischen Boden. Sie wurden wegen der bewiesenen aufrechten Haltung in den schweren Tagen des Krieges bejubelt und verehrt, und die vor dem Kriege nicht kleine Gruppe der Republikaner gab es nicht mehr.

Nach dem Krieg galt es, neu aufzubauen, Wohnungen, Fabriken und besonders die Flotte. Der Wohnungsbau mußte schnell vorwärtsgetrieben werden, Olav Selvaags Billigbauten halfen die größte Not zu lindern. Es gab aber heftige Debatten, ob staatliche Kontrolle und Planwirtschaft oder freie Marktwirtschaft besser dem Wohl des Landes dienen würden. Die meist über die Mehrheit verfügende Arbeiterpartei sprach sich für das erste aus, die Konservativen wollten dem freien Spiel der Kräfte den Vorzug geben. Schließlich setzte sich die Liberalität durch. Die Industrie nahm einen beachtlichen Aufschwung, wobei die wachsende Nutzung der Wasserfälle zur Elektrizitätsgewinnung und billiger Strom eine große Rolle spielten. Wenn jetzt vor Norwegens Westküste die großen Erdölvorkommen erschlossen werden, ist es bei manchen zu einer Art Goldrausch gekommen. Sie sehen Stavanger zum San Francisko des 20. Jahrhunderts werden, aber Norwegens Regierung ist entschlossen, der

Volkswirtschaft des Landes einen angemessenen Anteil
zu sichern, doch einen bedenklichen Boom zu verhin-
dern.

Außenpolitisch setzte man auf die Bewahrung des Friedens und hoffte auf die Gründung der Vereinten Nationen (UNO), 1945 wurde Norwegen einer der Gründer.
Trygve Lie, 1940 Außenminister und Feind jeder Art von
Isolationismus, damals Fürsprecher enger Zusammenar-
beit mit Großbritannien und den Vereinigten Staaten,
wurde 1946 ihr Generalsekretär. Aber der Traum endgültigen Weltfriedens durch die UNO trog. Der von Rußland gelenkte Staatsstreich in der Tschechoslowakei und
der Druck, den Rußland auf Finnland ausübte, führte
Norwegen 1949 in die NATO, während das Land der EWG
fernblieb, womit eine große Minderheit unzufrieden war.
Vorerst arbeitet Norwegen in der Europäischen Freihan-
delsassoziation, der EFTA, und hält im ›Nordischen Rat‹
eng mit Dänemark, Finnland und Schweden zusammen.
Daß nach dem Krieg gegenüber Deutschland tiefe Abneigung bestand, versteht sich, aber das hat sich geändert.
Man kommt Touristen aus der Bundesrepublik überall
hilfreich entgegen, und die Verbindungen werden enger.

Norwegische Malerei

»Dann die Kunst des Malens würd gebraucht im Dienst
der Kirchen und dordurch angezeigt das Leiden Christi,
behält auch die Gestalt der Menschen noch ihrem Ab-
sterben« schrieb Dürer 1513. Im Dienst der Kirchen
stand bis dahin auch die skandinavische Malerei. Die
Apsiden der Gotteshäuser, aber auch die Wände und
Decken davor überzogen immer neue Bildfolgen, in Norwegen wohl abgekürzter als in dem erzählfreudigeren
Dänemark. Aber das Porträt, das Dürer weiter nennt,
war offenbar in Norwegen noch nicht gefragt. Eigene
Könige, die sich der Nachwelt hätten überliefern wollen,
gab es seit der Kalmarer Union nicht mehr, in deren
Folge Norwegen zwar noch als eigenes Königreich angesprochen wurde, doch in Wirklichkeit zur dänischen Kolonie herabgesunken war. Der eigene Adel war untergegangen, die Volkskraft durch die Geißel der Pest, die hier
mehr als im sonstigen Abendland gewütet hatte, geschwächt. Wenn schon die Renaissance, die sich im
Selbstgefühl der nun reichlich Porträtierten bezeugte, in
Dänemark weitgehend importiert war, so gab es sie in
Norwegen überhaupt nicht. Ende des 16. Jahrhunderts
erst sehen wir in Bergens Marienkirche Epitaphien, auf
denen die porträtierten Herren wichtiger im Bild stehen
als der Gekreuzigte zwischen ihnen. Der erste bekannt
gewordene Renaissancemaler war Peter Reimers, der aus
Neustadt in Holstein gekommen war und von etwa
1600-1628 in Stavanger und Bergen porträtierte und
Altäre und Kanzeln bemalte. Etwas später zog Gottfried

Hendtzschel aus Breslau (etwa 1625-1663) nach dort. In Bergen porträtierten währenddes auch die deutschstämmigen Maler Salomon von Haven aus Stralsund und Hans Casper aus Dresden, und es zeigten sich in anderen Orten norddeutsche Maler am Werk, J.F. Schweiger aus Braunschweig, Ezdorf aus Königsberg, H.H. Koch aus Holstein, Weidemann, Heinr. C. Hosenfeller aus Berlin, schließlich Joh. C.C. Michaelsen aus Rendsburg. Sie erfüllten recht und schlecht ihre Aufgaben, es war keineswegs Kunst nach europäischen Maßstäben. Hendtzschel malte auch kirchliche Bilder, und wenn dabei ein landschaftlicher Hintergrund erforderlich war, kamen auch gern Berge in das Bild, aber die norwegischen Felsen und Schlünde waren es nicht. Diese sah mit Verwunderung der Holländer Allaert van Everdingen (1621-1675), als er 1647 durch Schweden und Norwegen reiste. Berge und Klippen, schüttern mit Tannen und Eichen bewachsen, Wasserfälle, Blockhütten, hier und da einige Ziegen,

Allaert van Everdingen
Gebirgslandschaft
Radierung

gar ein in das Tal lugender Elch boten ihm Motive. In den braun-grünen Tönen seiner Palette liegt Melancholie. Mit diesen Bildern hat Everdingen Jacob van Ruisdael (1628?-1682) angeregt, denn er nahm sie mit nach Amsterdam zurück, in Norwegen fanden sie kein Echo. Um 1700 schilderte Jacob Koninck im Auftrag des Kopenhagener Hofes norwegische Landschaften. Diejenigen, die man bildwürdig fand, verwandelten sich in ein irreales Arkadien. Solche arkadischen Landschaften anderer Herkunft ließ Christian IV. schon reihenweise in Antwerpen ankaufen, um sie seiner Winterstube im Rosenborgschloß einzufügen. Christian IV. war es auch, der das 1624 abgebrannte Oslo wieder aufbaute, es nun selbstgefällig Christiania nannte. Aber es schien nicht, daß sich der von ihm dänisch-holländisch geschaffene Rahmen mit neuem Bildwerk europäischen Zuschnitts füllte. Es folgten lediglich einige zahme Prospektbilder, so von dem Kupferstecher Bartholomäus Rocque, von Mathias Blumenthal und J. C. C. Michaelsen.

Um Norwegens Eigensein kümmerten sich die dänischen Könige nicht viel, obwohl sich der Wohlstand dort im 17. Jahrhundert wieder mehrte. Erst als in den neuen Konflikten zwischen Schweden und Dänemark das Selbstbewußtsein der Norweger wuchs und für die dänische Union bedenklich wurde, zeigte man Interesse. 1764 bis 1773 entstand im Schloßpark von Fredensborg bei Kopenhagen das Ensemble Normandsdalen, diese Freilichtschau von 70 Skulpturen norwegischer Bauern in Tracht, die im Sinne Rousseaus das Elementare darstellen sollte. Der in Meissen geborene Joh. Gottfried Grund, der Norwegen wohl gar nicht selbst gesehen hatte, war ihr Schöpfer. 1786 gab der dänische Kronprinz, der spätere König Friedrich VI., ein Stipendium für eine Studienreise des Malers Erik Pauelsen nach Norwegen. Vielleicht hatte J. N. Wilse untertrieben, als er 1769 in Berlin

Kalenderbilder mit »ländlichen Aussichten von Norwegen und Italien« herausgeben wollte und begründete:
»Zwar hat es keine Mahlereyen und Kupfer von ächten
norwegischen Aussichten gegeben.« aber des Kronprinzen Ermunterung hob es hervor. Pauelsens Werk blieb
Fragment, er starb schon 1790, doch hatte er mit schar-
fer Beobachtung die Konturen einer neuen norwegischen
Landschaftsmalerei festgelegt. Nicht nur Ortsprospekte,
sondern die Weiten der Täler, die Schluchten und Wasserfälle waren seine Themen. Er hatte von 1780 bis 1783
das mit der großen Goldmedaille der Kopenhagener Akademie verbundene Stipendium für eine Romreise dazu
benutzt, sich auch in der Schweiz umzusehen. Auf die
Alpenschönheit seines Landes ging auch der Norweger
Christen Henriksen Pram, Dichter und Statistiker, ein,
der die von Pauelsen geplante umfangreiche, in Farbsti-
chen vorgesehene Bildfolge mit einem Text begleiten
wollte. Prams Beitrag erschien nun 1790 gesondert in
»Minerva« und bezeugte, wie sehr diese Bildreihe mit
politischen Hoffnungen verknüpft war. Denn es ginge
nicht nur um die Schönheit, schrieb er, die in der Schweiz
inmitten Europas jedem auf dem Weg nach Italien sichtbar würde, während Norwegen trotz der Schönheit seiner Landschaft, der Lebenskraft seiner Menschen, der
Gastfreiheit und großen Geschichte eben im Norden in
Eis und Nebel verharre. Auch lebe die Schweiz in glücklicher Freiheit, Norwegen in manchem Ungemach. Doch
Pram stellte die dynastische Verbindung mit Dänemark
nicht in Frage, denn schließlich engagierte sich Kopenhagen nun mehr und mehr. 1793 reiste August Lorentzen
vom Sund nach Norwegen, um dort zu zeichnen und zu
malen; der Augustenburger Herzog, Schwager des Kronprinzen, war der Auftraggeber. 1810 war es der aus Lübeck gekommene Maler H.A. Grosch, der sich an die
»königliche Gesellschaft für Norwegens Wohl« um ein

Stipendium gewandt hatte. Auch hier gab der Kronprinz das Reisegeld. Wie Pauelsen und Lorentzen fand Grosch seine Motive in der Nähe von Christiania, bei Fredrikshald (Halden) und am Svinesund, doch er wanderte auch durch das Gudbrandstal, kam über hohe Felsbarrieren nach Stalheim und fand schon die Motive, denen später J. C. C. Dahl mit Vorliebe nachging.

Zur gleichen Zeit wanderte ein weiterer Landschaftsmaler von Dänemark herüber: Johannes Flintoe (1786-1810), und blieb, obwohl 1814 Dänemark zugunsten Schwedens auf Norwegen verzichten mußte. Statt erhoffter Freiheit stellte sich Schwedenkönig Bernadotte zuerst nicht sonderlich freundlich als neuer Herr über Norwegen vor. Mäzenatentum blieb aus und Flintoe mußte aus eigener Kraft weiter kommen. 1818 gründeten Grosch und Flintoe eine Zeichenschule in Christiania, die bescheidene Anfänge für eine norwegische Kunstakademie abgab. 1790 hatte Pram geschrieben: »Dänische und norwegische Künstler! Soll das ganz verloren sein? Vorwärts! Streben wir, es zu erhalten.«

Pram hoffte auf seine Weise das Erbe Pauelsen zu mehren. Aber im gleichen Jahr 1818, in dem Grosch und Flintoe in Christiania die Zeichenschule gründeten, zog ein schon dreißigjähriger Mann nach Dresden, wohl mehr von einer glanzvollen Gemäldegalerie als von der dortigen Akademie gelockt, Johan Christian Claussen Dahl (Bergen 1788-1857 Dresden). Er war in kleinen Verhältnissen 1788 in Bergen geboren worden, hatte das Anstreicherhandwerk und die Dekorationsmalerei gelernt, dann sechs Jahre die Kopenhagener Akademie besucht und bei August Lorentzen gelernt, war aber nicht sonderlich begeistert worden. In Dresden sollte er der Schöpfer einer eigenen norwegischen Kunst werden. Der Osloer Kunstforscher Andreas Aubert, der in Deutschland Caspar David Friedrich wiederentdeckte und den

Italienern eine neue Vorstellung von Cimabue gab, nannte ihn »unseren ersten großen Künstler«.

Was Dahl nach Dresden mitbrachte, waren »Prospekte von Bergen«, nicht weit von den Veduten Pauelsens und Lorentzens entfernt, auch hatte er sich bemüht, Landschaften im Sinne des dänischen Idyllikers Jens Juel zu malen. Einige große Bilder hinterließ er in Kopenhagen, nach seinen eigenen Worten waren es »teils deutsche, teils norwegische Landschaften«, die ausweisen, wie sehr er die Holländer des 17. Jahrhunderts in der Kopenhagener Galerie studiert hatte, Ruisdael, Everdingen, Hobbema und Jan Both, auch einige Landschaften nach dänischen Motiven, in denen er sich um abgestimmte Lokalfarbigkeit bemühte. Diese zeigen, daß er dem 1818 von Rom zurückgekehrten C. W. Eckersberg nahe gekommen war. – Eckersberg schuf 1818 ein sehr gutes Porträt Dahls, nun in der Galerie von Trondheims Kunstverein.

In Dresden stellte Dahl sich mit einer norwegischen Gebirgslandschaft vor. Ludwig Richter schilderte das Bild später noch als Sensation: »Eine große norwegische Gebirgslandschaft von ihm auf der Kunstausstellung machte das ungeheuerste Aufsehen, und schwerlich kann man sich jetzt nur eine Vorstellung machen, welche Wirkung ein Werk von so schlagender Naturwahrheit unter dem Troß der übrigen schattenlosen, leblosen, maniervollen Gemälde hervorbrachte.« Was war geschehen? Berge waren schon oft als Bildthema gewählt worden, doch fand der Kammerherr von Ramdohr vor C. D. Friedrichs Tetschener Altar, der Berg sei nach einer ausgeschnittenen Papierfolie gemalt worden. Friedrichs Berge waren tatsächlich Silhouetten, und auch seinen Kreidefelsen auf Rügen fehlte noch die Körperhaftigkeit, denn Phantomhaftes sollten sie ausdrücken. Auch norwegische Felskulissen bei Pauelsen, selbst in der großartigen Aussicht über Ringerike, erschienen schemenhaft, silhouettierte Repoussoirs aus Bühnenbildern. Bei Dahl waren sie nun körperlich, kantig, spürbares Urgestein, wie es Grosch schon zu zeichnen begann, und so wie es auch Josef Anton Koch zu malen verstand.

Dieses Phänomen bedarf eines Rückblicks: 1775 machte Goethe mit den Brüdern Stolberg eine Schweizreise und zeichnete dabei das St. Gotthard-Massiv, aber eben da kehrte er um, das schneebedeckte Gebirge schien ihm unwirtlich. Der Gotthard und was ihm nahe war, galt dem 18. Jahrhundert nicht als Motiv zum Malen. Der Züricher Salomon Geßner zog das Arkadische, Menschenfreundliche vor, die Landschaft um den Genfer See bot sich an. J. J. Rousseau hatte schon andere Vorstellungen von schöner Landschaft: »Ich verlang Gießbäche, Felsen, dunkle Wälder, Berge, rauhe, auf und ab führende Pfade und recht fürchterliche Abgründe neben mir.« Die Literaten waren agressiver als die Maler.

Aber nehmen wir die Skandinavier als Zeugen. Da war der wie Dahl in Bergen geborene Holberg (1689-1754): »So angenehm Bergens Lage am Vaagen auch ist, so unangenehm ist sein Territorium und seine Umgebung.« Er liebte sanfte Landschaften und nannte dann Fünen »die herrlichste Provinz in ganz Dänemark«, wozu für ihn auch Norwegen gehörte. 1790 schilderte Olaf Christian Olufsen dann zwar die Fjellandschaft: »Für mich mußte der Anblick dieser ungeheuren ewigen Granitmassen ebenso neu wie hinreißend sein«, aber die stets sich wandelnde Natur »folgt nie dem Lauf einer aufgepeitschten Phantasie«. Immerhin, das Subjektive und erregend Verlockende war gespürt und beunruhigte, wenn Olufsen »die ganze Schauerlichkeit« der Fjells notiert, Strøm 1766 die »erschreckende Steilheit« der Felsen von Geiranger beschrieb. Der im ebenen Seeland aufgewachsene Baggesen (1764-1826) nannte zwar die Vierlande vor Hamburg »einen einzigen wohlgepflegten Garten, ein

ununterbrochenes Labyrinth lieblicher lustreicher Landschaften«, würde aber von allen Orten, die er kenne,
diesen zuletzt »zum ständigen Wohnsitz« wählen, die
Monotonie werde ihn auf die Dauer langweilen. »Die
kargste Berggegend ist mir doch lieber als die fruchtbar-
ste Ebene. In dieser habe ich das Gefühl einer Schlange,
aber in jener das eines Adlers.« (Zitate nach A. Aubert,
Die Nordische Landschaftsmalerei und Johan Christian
Dahl.)

Das »Gefühl eines Adlers«, das war das Bekenntnis
zum Freien, Subjektiven, die heroische Landschaft wurde
nun als Lust empfunden, das Befriedende des Arkadischen war abgetan.

Sentimentale poetische Schilderungen, wie sie Dichter
wie Tullin und der in Bergen singende J.N. Brun darbo-
ten, waren Dahls Jugendeindrücke. Aber er hatte sich vor
Ossian bewahrt, dessen nebulose Hymnen in Kopenhagen Abildgaard zu Bildern lockte. Aus eigenen Erlebnissen gewann er sein Norwegen und seine Vieles summie-
rende Form. In Dresden fand er mehr Echo als in Kopenhagen. Caspar David Friedrich, elf Jahre älter als Dahl,
schenkte ihm seine Freundschaft. Carus sah seine Vorstellung vom Erdlebenbild, das ihm selbst kaum gelang,
in Dahls Bildwelt verwirklicht, aber auch Ludwig Tieck
vermochte seine These, daß alle Kunst allegorisch sei, in
Dahl bestätigt finden. Denn Dahls Bilder waren Bekennt-
nisse nicht nur zu Norwegens Landschaft, sondern auch
zu Norwegens Geschichte und Hoffnungen. Er erlebte
das herbe Land, das »wetterzerbissen aus dem Wasser«
aufgestiegen, als einen Auftrag. Er nahm das Bekenntnis,
dem Björnstjerne Björnson in der Nationalhymne Worte
gab, in Bildern voraus, »Ja, vi elsker dette landet.« Ja,
das Land, das lieben wir.

Daß diese Norwegenbilder nicht in der Nähe der Kopenhagener Akademie entstanden, wo mit einem feinen

Ästhetizismus das »Goldene Zeitalter der dänischen Malerei« aufzog, sondern in enger Gemeinschaft mit Caspar David Friedrich, läßt sich erklären. Für Friedrich war das Bild eine herausfordernde, aber erst zu entziffernde Sprache, es erschloß Hintergründe und stand für ein Bekenntnis, für ein religiöses wie für ein politisches. Auch Dahl bekannte sich zu einem romantischen Subjektivismus. Doch sein Wort: »Der Maler malt nicht die Natur selbst, sondern die eigenen Empfindungen, die jedoch müssen natürlich sein«, setzte ihn von Friedrich ab. Er strebte nicht über Metaphern zum Metaphysischen, sondern hielt sich an Realitäten, fand, daß die Natur gerade über ihre Dinglichkeit zu höheren Ebenen hinführe. Das Kunstwerk war ihm »ein aus der Natur geholtes Gedicht«, aber das Dargestellte keine Allegorie. Auch schrieb Dahl: »Eine Landschaft muß uns nicht nur ... in

J. C. C. Dahl, Lærdalsøren in Sogn. Zeichnung. Oslo, Nationalgalerie

eine bestimmte Gegend führen, sondern sie muß das
Charakteristische dieses Landes und seiner Natur haben,
sie muß den empfindsamen Beschauer in einer poetischen
Weise ansprechen, muß einen Hinweis über das geben,
was nicht ausgesprochen, sondern nur angedeutet wird.
Dies ist es, was ich so oft in den sonst recht guten Landschaften vermisse, die von Norwegen gemalt werden –
sie atmen nicht genug die Eigenart Norwegens.« Um solche »poetischen« Landschaften zu malen, kann Heim-
weh als bewegendes Element ins Spiel kommen, fünfmal
fand er in fünf- bis achtjährigen Abständen für wenige
Wochen den Weg nach Norwegen zurück, lehnte aber
1828 einen Ruf an die Kopenhagener Akademie ab, obwohl er in Dresden nur eine Honorarprofessur innehatte.
Er blieb auch in Deutschland, als es einsam um ihn
wurde.

Dahls Bilder sind ernst gestimmt, sie haben nicht das
Spiel zwischen Heiterkeit und Melancholie, das J. Ruisdael zu inszenieren verstand; das Dramatische, das dieser
sucht, ist meist Deklamation. Zwischen Grün und Ocker
liegen die Farben; Effekte, wie die Düsseldorfer Schule
sie bald lieben wird, gibt es nicht. Selten strahlt der Himmel, eher verdunkeln tief hängende Wolken selbst das
Wasser. Aber eben aus solch kosmogonischem Raum erheben sich nahe der Bergwände Stabkirchen, Mühlen,
Speicher urtümlichen Blockbaus; Fichten und Kiefern bestimmen den Farbton. Eine besondere Bedeutung haben
die meist vereinzelt stehenden, vom Sturm zerzausten,
aber sich doch an Abbruchkanten behauptenden Birken.
Sie sind Dahl ein Symbol Norwegens, die Metapher ist
doch nicht so fern. In seinen frühen Dresdner Norwegen-
landschaften findet man sogar Eichen, die es in seiner
Heimat nur selten gab, die aber in C. D. Friedrichs Bildern Widerstand signalisierten. Schließlich gab es auf
norwegischen Bergen auch deutsche Burgen, poetische

Reminiszenzen in Bildern, die doch auf Norwegens Eigenart aus waren.

1820-21 führte eine Studienreise Dahl nach Italien und
bis nach Neapel. Auch hier träumte er von Norwegen.
Schwere Wolken hängen über Castel Nuovo, und das
Meer droht alle Uferpromenaden zu zerreißen. Der Maler erklettert den Vesuv, um dessen Eruption zu erleben;
von tändelnder Folklore unter strahlender Sonne ist da
nichts. Aber dennoch gewann Dahl in dieser italienischen
Episode ein Mehr an Farbigkeit. Wenn, nach Dresden
zurückgekehrt, in seinen Norwegenbildern Erinnerungen
an seine Heimat und Erlebnisse im Elbsandsteingebirge
zusammenflossen, so erschloß sich für die deutschen Betrachter eine trotz Everdingen bisher kaum geahnte
Landschaft, die im Bau der Landschaft, im Atmosphäri-
schen und Volkskundlichen eigenwillig war, verwun-
derte und lockte. 1821 wandte sich Christian Ezdorf diesem Norden zu, 1827 Christian Morgenstern, 1831 Gustav Adolf Bönisch, der das Maritime inmitten der steilen
Bergwände am besten zu treffen wußte, 1831 auch Wilhelm Krause, dann Louis Gurlitt, 1836 Andreas Achenbach, der dem Norwegischen am wenigsten nahe kam,
und viele andere mehr, während Thomas Fearnley, einer
der ersten der Christiania-Zeichenschule und dann in
Kopenhagen weitergebildet, 1829 nach Dresden kam,
um sich Dahl anzuschließen. Fearnley hatte, was Dahl
zwar nicht gut fand, seine Staffelei schon im Freien aufgestellt, doch er vergaß das Komponieren nicht, wenn
auch die Architektur seiner Bilder weniger ausgeprägt als
bei Dahl war und die Tiefe durch die Staffelung der Hori-
zontalen gewonnen werden mußte. Seine Palette war heller als die Dahls. Ein Wandel der Generationen meldete
sich an, und Dahl nannte den ihn bewundernden Fearnley »Professor in Effektmalerei«. So sehr auch Dahl ge-
rühmt, wohl auch als »Naturalist« falsch verstanden

wurde, viele seiner Landsleute zog er nicht an; Baade aus
Stavanger, Frich und Calmeyer sind heute nur noch
Namen.

Die meisten Norweger fanden stattdessen den Weg
nach Düsseldorf. Adolph Tidemand (1814-1876) aus
Mandal kam über Kopenhagen 1837 als erster nach dort.
Der Höhenflug der spekulativen Romantik hatte sich
verloren. C.D. Friedrich malte schon umdämmert 1837
sein letztes Bild, Ludwig Richter, reinen Herzens, aber
geistig bescheiden, lehrte nun an der Akademie. Dagegen
hatte Düsseldorfs Kunstschule unter Wilhelm von Scha-
dows kluger Leitung an Ruf gewonnen. Brillanz der Ma-
che war Trumpf. Thomas Fearnley (1802-1842) hatte
1836 mit Andreas Achenbach, der sich zwar nicht sonderlich mit Schadow vertrug, eine Wanderung durch das
Romsdal unternommen und dabei sicherlich von Carl
Friedrich Lessing, Landschafter und dann Historienmaler, und von Joh. Wilhelm Schirmer gehört. Schadow
hatte Schirmer, der nach einem spitzen Urteil aus den
Kreisen der Düsseldorfer Akademie aus einem einzelnen
Baum ganze Urwälder schaffen konnte, aber in Wirklichkeit ein guter Beobachter und großartiger Maler war,
einen zukünftigen Ruisdael genannt. Man war in Düsseldorf auf dem Weg zu einem poetischen Realismus. Auf
das Malerische gesehen, wagte man später sogar die Bezeichnung »deutscher Frühimpressionismus«. Aber in
Düsseldorf löste sich auch aus der hochgeschätzten Historienmalerei die Genremalerei ab, die Themen reichten
von geschauspielter Weinseligkeit bis zu sozialistischen
Tendenzen, das Ethnographische wurde dabei nicht aus-
geschlossen. Adolf Schroedter hatte schon 1830 die Fischer auf Rügen gemalt, Rudolf Jordan bald darauf das
Leben auf Helgoland geschildert, und H. Ritter tat sich
dieserhalb sogar in der Normandie um. So wandte sich
auch Tidemand, der Historienmaler werden wollte, dem

Genre zu, sogar einem etwas rührseligen, dann aber begann er auf häufigen Studienreisen, die ihn nach Gudbrandsdalen, Sogn und Hardanger, schließlich auch nach Telemark führten, genauer zu beobachten, Bauern bei der Arbeit, Trachten, Stuben, Speicher. Er nannte es seine Aufgabe, »den Charakter, die Sitten und Bräuche dieses kräftigen Naturvolkes« zu schildern. Die Düsseldorfer sahen es als Exotik, und einige Kompositionen sind gestelltes Theater bei eben sich öffnendem Vorhang, die Gesten bereit zur Deklamation. Sein bedeutsamstes Werk, mit dem sich Tidemand über Jahre beschäftigte, die »Haugianer«, 1852 vollendet, in der Nationalgalerie in Oslo, eine Sekte Verzückter, ist ohne Lessings Husbilder nicht zu denken. Aber obwohl die großen Kompositionen in Düsseldorf entstanden, gewann Tidemand in Norwegen Popularität. 115 Bilder und Studien bewahrt heute die Osloer Nationalgalerie. Man hat sie dort studiert, als man an die Einrichtung des Bygdøer Freilichtmuseums ging, und B. Björnson bestätigt, daß er ohne Tidemand seine »Synnøve Solbakken« (1857) nicht geschrieben hätte.

Tidemand inszenierte, wie es in Düsseldorf üblich war, mit ineinandergreifenden Bewegungen und viel Rampenlicht. Seine gemeinsam mit Hans Gude gemalte große Landschaft »Brautfahrt in Hardanger«, 1848, ist strahlender als irgendein Bild von Dahl, hat aber auch weniger Gewicht. Ludwig Richters »Überfahrt am Schreckenstein«, 1835, spricht daraus. Ein anderer, der nach Düsseldorf kam und norwegisches Bauerndasein zum Thema wählte, Olaf W. Isaachsen (1835-1893), wie Tidemand in Mandal geboren, komponierte mit starken Farben. Er zog einige Jahre später nach Paris weiter und fand angesichts der Kunst Courbets zu sich selbst, um 1864 ins Setesdal zurückzukehren und mit einfachen stillebenhaften Motiven aus dem Bäuerlichen den Augen ein Fest zu

bereiten. Doch wir wollen nicht alle Norweger auffüh-
ren, die über Düsseldorf ihren Weg nahmen, 1854 war es
eine vollends skandinavische Kolonie am Rhein geworden, vierzig Maler wurden gezählt. Dänen waren nicht
dabei. Doch der folgenreichste muß genannt werden,
Hans Gude (1825-1903), der als Sechzehnjähriger 1841
von Flintoes Zeichenschule zur Düsseldorfer Akademie
wechselte, dort 1854 Akademieprofessor wurde, seine
Professur aber bald niederlegte und 1864 eine solche in
Karlsruhe annahm, wohin ihm die Mehrzahl seiner
Landsleute folgte, soweit sie sich nicht schon Paris zugewandt hatten.

Schadow hatte 1859 sein Amt als Akademiedirektor
aufgegeben, seine Kartonmalerei galt nicht mehr, man
fand, daß es der Düsseldorfer Schule an Stärke der Farbe
fehle, die Historienmalerei war ausgelaugt, das Genre
platt geworden. Man begann, um Düsseldorf einen weiten Bogen zu machen. Gude war auf Grund einer Emp-
fehlung zu A. Achenbach gekommen, obwohl er eigentlich Historienmaler werden wollte. Aber man kann ihn
nicht, wie es gern geschieht, Dahls Nachfolger nennen.
Er gab Norwegens Landschaft in oft lieblicher Eleganz,
heiterer als es ihr gemäß ist, half manchmal novellistisch
auf. War er zuerst strahlend in der Farbe, so kam er
schließlich zu einer tonigen Malerei, wie er sie während
eines längeren Aufenthalts in Wales bei Engländern und
besonders vor den Bildern Constables kennengelernt
hatte. Sein Sinn für das Schöne und Melodische ver-
schaffte ihm Beifall, so daß er viele Schüler anzog, in
Düsseldorf, dann in Karlsruhe und ab 1880 an der Berliner Akademie. Johan Fredrik Eckersberg (1822-1870)
war der seiner Art getreueste Gefolgsmann in Düsseldorf.
Gudeschüler in Düsseldorf war auch Lars Hertervig
(1830-1902), der aber schon 1852 nach Norwegen zurückkehrte, sich in Stavanger niederließ und dort in Gei-

stesumnachtung starb. Der ihm in der Formart ähnliche
August Cappelen (1827-1852) bietet keine großen pan-
oramahaften Ansichten mehr, er malt den Wald wie ein
apokalyptisches Geschehen, auch wohl romantisch gestimmt. Ist das Werden und Vergehen des Gezweigs auch
nicht so abenteuerlich und geisterhaft wie es in den
Baumsilhouetten auf Hertervigs Bildern erscheint, so
wird das Tragische im Naturgeschehen doch von beiden
ausgekostet; da verflechten sich dann die wirren Zweige
wieder ähnlich, wie sich einst an den Türrahmen norwegischer Stabkirchen die Schlangenlinien verbissen.

Die Norweger, die in Düsseldorf gewesen waren und
in der Heimat ausstellten, fanden zwar mit ihren Landschaften und Genrebildern Beifall, aber auch Kritik.
1859 war B. Björnson der Vorsitzende einer »Norwegischen Gesellschaft« und Ibsen sein Vertreter; auf ihrem
Programm stand der Kampf gegen die sichtbarer werdende Routine der norwegischen Düsseldorfer. Dahl
hatte schon 1846 verstimmt bemerkt, daß die Düsseldorfer Schule »in Norwegen wie die alleinseligmachende
Kirche« gesehen würde und in der Konvention enden
müßte. Auch der Umzug nach Karlsruhe änderte daran
nicht viel. Der Schlesier G.A. Boenisch (1822-1897),
Schüler von Wach in Berlin, traf in seinen norwegischen
Landschaften, die er 1831 auf einer Reise dort malte, die
stumme Monumentalität und regengeschwängerte At-
mosphäre besser als etwa J.F. Eckersberg zwanzig Jahre
danach, der statt der Verhangenheit Dahlscher Bilder zuviel Arkadien malte.

Eine neue Generation, die um 1850 geborenen Frits
Thaulow, Gerhard Munthe, Christian Krohg, Eilif Pe-
terssen, Christian Skredsvig, Erik Werenskiold, Hans
Heyerdahl, kennzeichnet hohe Begabung. Gerhard
Munthe begann zwar noch in Düsseldorf, die anderen
zogen schon München oder Berlin vor und gingen dann

nach Paris. Das führte zu einer anderen Kompositionsart, bei der Flächenbezüge mehr galten als die Linie, und zu einer neuen durchlichteten und zugleich dominierenden Farbigkeit. Auf den Pariser und Münchener Ausstellungen fand man sie aber schnell heraus, denn diese Norweger malten trotz Paris nicht elegant und geschmeidig, sondern stellten ihre Heimat herb vor, malten gar den Schnee und viel See. Die Menschen erschienen in dieser

Der Maler Frits Thaulow. Zeichnung von Christian Krohg

Landschaft, die greller war als das, was die Franzosen im Pleinair banden, wie Riesen, mit schwieligen Händen, keineswegs stumm, aber in ihrer Mächtigkeit manchmal sogar brutal wirkend. Man kann nicht sagen, daß sich die jüngeren Norweger Courbet verschrieben hätten, das hatte eher Olaf Isaachsen getan und doch in warmer Farbigkeit seine eigenen Themen gefunden; sie waren eher von Couture oder Bonnat beeindruckt. Man muß vor allem feststellen, daß sie sehr norwegisch blieben, einfach, oft robust in der Bildanlage, in der Farbigkeit leuchtend und spröde zugleich, der Sachwelt zugewandt. So wurden sie als Naturalisten genommen. In den Themen zeigte sich mehrfach und besonders bei Christian Krohg, daß man sich dem Sozialismus nicht verschloß.

Frits Thaulow (1847-1906) war koloristisch begabt und gründete 1883 eine »Freiluftakademie« in Modum, stimmte die Farben dezenter zusammen als die anderen. Zwar suchte auch er nicht mehr die weiten Räume und »Erdlebenbilder«, die sowohl Dahl als auch Gude zum Zeichen Norwegens gebaut hatten, eher liebte er Ausschnitte und fand seine Motive ebenso in Holland, in der Bretagne und in Venedig; er kehrte schließlich nach Paris zurück. Durch Thaulows frische Bilder wurde gar Claude Monet gelockt, 1895 nach Norwegen zu reisen und im Umraum von Oslo mitten im Winter zwanzig Bilder zu malen.

Christian Krohg (1852-1925), Maler und sozial gestimmter Dichter zugleich, dem auf Oslos Hauptstraße Karl Johan ein mächtiges Denkmal gesetzt ist, schilderte menschliche Schicksale. Er war, bevor er nach Paris ging, bei Gussow in Karlsruhe und Berlin gewesen und stieß auf Max Klinger, der für ihn Bedeutung gewann. Im dänischen Skagen freundete er sich 1878 mit dem Malerkreis um M. Ancher und P. Krøyer an, die Fischer und Schiffsleute bei schwerem Wetter auf stürmischer See

malten. Lotsen und Leuchtturmwärter sind dann auch
Krohgs bevorzugte Themen, die aber, weil sie zu wenig
erzählten, beim Publikum nicht ankamen. 1890 malte er
den »Kampf ums Dasein«, Arbeiterfrauen mit Kindern,
die am eisigen Wintermorgen einen Laden bedrängen,
während ein Schutzmann in der Ferne wie eine Drohung
patrouilliert. Oder er malte 1883 die Mutter, die nach
durcharbeiteter Nacht erschöpft an der Wiege ihres Kin-
des zusammengesunken ist, und »Albertine im Warte-
zimmer des Polizeiarztes« aus dem Milieu der Prostitu-
ierten. Aber alles wurde in lichte Farbigkeit gefaßt, die
soziale Anklage blieb in der Regie des Vorwurfs hängen.
Krohgs Schlagworte »Wahrheit-Menschlichkeit« umrei-
ßen seine Absichten. Die Landschaft, die bisher das
Thema der norwegischen Maler gewesen war, interessierte ihn nicht, und die Bauern Tidemands sind ihm
gleichgültig. Er ist der Maler der Stadt mit ihren Problemen, die auch Hans Henrik Jaeger in seinem bald be-
schlagnahmten Buch »Kristiania-Bohêmen« grell beleuchtet hatte. Wenn Krohg sozialkritisch schriftstellerte,
machte er Aufsehen, sein Roman »Albertine« wurde
gleichfalls beschlagnahmt. In der Zeitschrift »Impressio-
nismus« trat er für den Sozialismus und die Bohèmebe-
wegung ein; doch hatte er nicht die rechte Plattform.

Ein harmonisches Talent war Gerhard Munthe (1849-
1929), der noch nach Düsseldorf ging, als seine Landsleute seit Gudes Weggang nach Karlsruhe am Nieder-
rhein nichts mehr erhofften. Er war einer der besten Ko-
loristen seiner Generation, obwohl er nur kurz in Paris
war. Weiche Grüntöne, gedämpftes Rot und Graublau
gaben seine Skala. Intimes und Weites fanden sich zusammen, und es war kein Bruch, denn so traf er das
Eigene der von Eruptivgestein bestimmten ostnorwegi-
schen Landschaft; den Granitfelsen und Gletschern der
Westseite wäre er nicht gerecht geworden. Poesie war

ihm wichtiger als Naturalismus, als sicherer Zeichner kam er schließlich zu Sagenthemen, die er ohne alle illusionistischen Absichten immer mehr in das Flächenhafte stilisierte. Englischer Präraffaelismus wies ihm Wege. Volkskunst zog ihn an und schließlich begann er, wie einst die norwegischen Bauern, zu weben. Sein Hauptwerk, die Ausstattung der Håkonshalle in Bergen, ist im letzten Krieg untergegangen.

Staffeleibilder und Illustrationen aus dem Bereich der Sagen standen nun oft nebeneinander. Eine hohe Begabung wie die Eilif Peterssens (1852-1928) ist zu nennen. Er diskutierte in München mit seinen Landsleuten über die Zukunft der norwegischen Kunst und dachte selbst Historienmaler zu werden, ging wohl deshalb nach Italien und erst danach nach Paris, aber er überzeugte vor allem mit seinen großartigen lichtumfluteten Portraits, bei denen die Kunst Leibls im Hintergrund stand. Dann schuf er einen Teil der Zeichnungen zu Snorris Königssagas.

Als Zeichner wies sich auch Erik Th. Werenskiold (1855-1938) aus, obwohl er lichte Landschaften im Sinne Bastien-Lepages malte. Sein ausdruckstarkes Bildnis Henrik Ibsens in der Osloer Nationalgalerie ist zwar ein Leinwandbild, aber doch ganz vom Zeichnerischen bestimmt. Seine Märchenillustrationen waren von feinem Humor. Das Zeichnerische schlug dann trotz aller Farbigkeit auch bei Hans Olaf Heyerdahl (1857-1913) durch und damit schließlich das Norwegische, in dessen Kunst die wuchernden Linien immer mehr als die sanften Töne bedeutet haben.

Es sind bereits profilierte Künstler, die genannt werden mußten, ob es mehr im Lande selbst verbliebene und in Thaulows Freiluftakademie in Modum ausgebildete wie der Landschaftsmaler Jørgen Sørensen (1861-1894) oder unverkennbar vom Französischen bestimmte wie Halfdan Strøm (1863-1949) waren, um noch weitere zu nennen. Sie setzten auf ihre Erfolge, brauchten dabei zwar keine überalterte Akademie zu bekämpfen, aber sie sahen doch im Kunstverein der Hauptstadt den Widerstand des Konservativen gegen ihr eigenes Streben. Besonders Werenskiold wollte seiner Generation den Weg bahnen. 1852 eröffneten die Modernen eine unabhängige Ausstellung, 1884 nahm das Parlament sich ihrer Sache an, sicherte jährliche Schauveranstaltungen mit freigewählter Jury unter Selbstverwaltung der Künstler zu. Damit war den Norwegern offenbar, daß die Kunst eine nationale Angelegenheit hohen Ranges war und Selbstverwirklichung bedeutete. So sehr auch in Romanen und Dramen harte Not und Seelenqualen meist einsam gebliebener Menschen geschildert wurden, aus den Bildern der Ausstellungen leuchtete es trotz allem Naturalismus hell auf, und es klang auch hier: »Ja, vi elsker dette landet.«

Dabei galt weiter die sich im Frühlingsleuchten befreiende Landschaft und im Figurenbild die desillusionierende Episode. Edvard Munch (1863-1944), der von detaillierter Landschaft zum symbolisch Vereinfachten und im Menschenbild zum Hinterschauen strebte, schlug zwar erst einmal Hohn entgegen, nachdem er zu sich selbst gefunden und das Konventionelle, das seine vor 1885 gemalten Bilder (Lillehammer Bys Malerisamling) bestimmen, überwunden hatte. Dabei hatte er sich Christian Krohg und Hans Heyerdahl angeschlossen, war zuerst nur kurz, dann 1889 länger in Paris gewesen, hatte Bonnats Atelier gewählt, aber mehr Pissarros Malerei besehen. Wie die anderen malte er im Licht flackernde Straßenbilder, die Karl Johan sogar bei Regen, durchlichtete Innenräume, auch solche voller Schatten, seine Farben brachen sich dabei mehr in Grau. Das Eigene offenbarte sich in seiner Aussage: »Ich male nicht was ich sehe, sondern was ich sah.« Da können dann die Straßen einen beklemmenden Tiefensog gewinnen, und die »Musik auf

der Straße«, 1889, hegt bei allem vom französischen Im-
pressionismus Bekannten viel Traumbild. Da sind keine
sozialistischen Thesen wie bei Krohg, sondern Not und
Angst sind eingeboren, Klagen wären Phrasen, es muß
allein ausgetragen werden. In Bordells fiebert die Geil-
heit, und Sucht endet im Elend. Der Halbakt, den er
Madonna nennt, ist Umschlingen und Erguß, die rote
Glorie hat ihren Reflex in den den Leib umziehenden
Strömen. Da ist in einem Begegnen zage Keuschheit und
unmittelbar danach wieder die Angst vor dem Vamp
oder sich selbst. Es ist nicht mit einem Bild getan. Munch
greift die Themen, die seine Ängste sind, immer wieder
auf. So ist das Bild des »kranken Mädchens«, 1885, Erinnerung an das Sterben in der eigenen Familie – das Mädchen, das schon über alles hinweg in das kommende
Nichts sieht, die Mutter in Schmerz gebeugt – 1896 in
einer Farblithographie wiederholt, schließlich nur das
fiebrig schauende Kind ohne jede Legende. 1889 heißt
das Motiv der Kranken mit der Mutter »Frühling«, Licht
dringt durch das Fenster, das Hoffnungslose höhnt den
Kontrast. Meist pflegt Munch in den wieder aufgenommenen Themen weiter zu konzentrieren, das Motiv gewinnt die Prägnanz des Sigels. Da ist die Angst, die zum
Schrei wird, als ob das Kreischen noch die Wolken zu
Schallwellen werden läßt, nur die vorübergehenden Menschen hören es nicht. Der Schrei hallt auf einer Brücke,
die scharf in die Tiefe führt. Das Weglaufen der Brücken
und Wege wird zur Expression. Daß Munch, der so sehr
innere Gesichter malte, genau beobachten konnte, zeigen
aber seine Porträts, nicht nur Selbstbildnisse und Bild-
nisse seiner Schwester, sondern das Kongeniale des
Schriftstellers der Christiania-Bohème, Hans Henrik
Jaeger.

Aber Munchs Echo in Norwegen war nicht groß. 1892
folgte er der Einladung zu einer Ausstellung in Berlin,

und das Aufsehen war enorm, auch wenn es durch einen Sturm der Entrüstung ausgelöst wurde. Die Ausstellung im Verein Berliner Künstler empörte alle Konservativen. Anton von Werner forderte die Schließung, die dann auch nach wenigen Tagen erfolgte. Aber da bei den erregten Diskussionen sich eine starke Gruppe für Munch

Edvard Munch,
Selbstbildnis mit Hut.
Lithographie, 1932

eingesetzt hatte, stellte er seine Bilder auf eigene Kosten in einem Lokal in der Friedrichstraße aus. Der Streit im Künstlerverein aber ging weiter und führte zur Spaltung und zur Gründung der Berliner Sezession, die ihn 1902 ausstellte. Berlin, wo Munch auf Strindberg und den enthusiasmierten polnischen Schriftsteller S. Przybyszewski traf, wurde ihm trotz mancher Gegnerschaften zur zweiten Heimat. Er fand in Dr. Linde in Lübeck einen Mäzen, Max Reinhardt räumte ihm 1906 einen Saal im Kammerspielhaus ein, wo der mehrfach gestaltete »Fries des Lebens« – zwar wenig beachtet – eine Heimat finden sollte.

Ausstellungen wiederholten sich, und auf der Sonderbundausstellung 1912 in Köln erhielt Munch mit van Gogh, Cézanne und Gaugin einen Ehrensaal und wurde als Wegbereiter der Moderne gefeiert.

Aber Munch war schon auf dem Wege, ein anderer zu werden. Er war 1909 nach Norwegen zurückgekehrt, ging aber zuerst ein halbes Jahr in eine Kopenhagener Nervenklinik, um eine ihn ruinierende Nervosität ausheilen zu lassen. Gesundet ließ er sich in der Einsamkeit des damals noch stillen Kragerø nieder, um die Ausmalung der Universitätsaula von Christiania zu entwerfen. Zwar gab es auch hier Widerstand, bis die Bilder 1916 endlich angebracht werden konnten. Der Kunsthistoriker der Universität, Prof. Dietrichson, sah Munchs Themenwahl als ungeeignet an, andere fanden, daß der Künstler, der sich auf keine Psychoanalyse mehr einließ, sich selbst untreu geworden sei und die Sache der Moderne verraten habe. »Nicht vom Bedeutendsten« kann man noch heute lesen, und »klassisch« und »verblaßt« wird synonym genommen. Sicher kann über den Munch vor 1910 mehr diskutiert werden, er offenbart sich selbst bis ins Letzte; der Munch der Universitätsbilder, der sich selbst gesundet fand, ist auf das Objektive aus. In leuchtenden, in der Bewegung sich findenden Farben – nun auch seinen Landschaften eigen, mehr Ereignis als Symbol – malt Munch in den Universitätsbildern, wie er selbst sagt, »eine abgeschlossene und selbständige Ideenwelt«, »spezifisch norwegisch und allgemein menschlich.« Zentrales Thema ist die Sonne, zu der sich »Forschung« und »Geschichte«, in beiden Fruchtbarkeit, finden. Der »Greis und der Enkel unter der Eiche«, dahinter die Fjordlandschaft, die »Alma mater«, eine Mutter michelangelesker Wucht, dahinter die Heiterkeit Südnorwegens, und in der Mitte über den Wassern, allem immanent und doch sich wie eine Kernexplosion vollziehend, die Sonne. Kein am

Himmel entlangrollendes Gestirn, wie es van Gogh malte, sondern eine den Weltanfang auslösende Geburt. Was Philipp Otto Runge im »Morgen« ansagte, ist hier Ereignis. Strahlen im Gelb, Rot zuckt hinein, Blau und Grün stehen als Himmel dahinter, Violett ist in den Felsen, und die Farben kreisen, um das Kreißen der Geburt darzutun. Verhaltener ist es dann an den Seiten, wo manches noch Anekdotische im Laufe der Entwicklung der Komposition wieder aufgegeben wurde.

Vieles ist bei Munch nun anders geworden, das Selbstquälerische, Triebe und Ängste Auslotende weicht dem Panorama des Kosmischen. Landschaften verlieren das Drohende, und die Menschen bieten sich ohne Provokation und Klage. In den Bildern erkennt man orthogonale Geometrie des Aufbaus, und die Figuren können sogar wie gemeißelt erscheinen. Die Farbe fließt, wird nicht gespachtelt und auch nicht getupft. Sie modelliert geschmeidig einen Kopf, indem sich Rot gegen Gelb stellt, ein Bart grün herabtropft. Es ist ein Neben- und Ineinander von Komplementärem, und viel Violett spielt hinein. Die grellen Töne von 1900 gehen in diesem Farbgeschehen unter. Die Bilder des Sechzigjährigen prägen sich aber auch nicht mehr so ein wie die früheren. Munch hat sich schließlich sehr isoliert, er hinterließ keine Schule, mochte sich nicht von seinen Bildern trennen. Als er 1944 starb, hatte er der Stadt Oslo seine Bilder, Gemälde, Zeichnungen, Graphiken und Skulpturen, insgesamt zwanzigtausend Katalognummern, hinterlassen. Das Munch-Museum, das 1963 am Tøyen errichtet wurde, ist ein Ort, der mehr Einblick in ein Künstlerleben gewährt, als es sonst bei Individualmuseen üblich ist. Aber man wird darüber doch nicht den Weg zur Universitätsaula vergessen.

Munchs Auftreten löste keinen Sog aus, in dem jüngere Norweger schwammen, nur bei Ludwig Karsten (1876 bis 1926) und Nikolai Astrup (1880-1928) schien seine Bildanlage und bewegte Farbigkeit noch fortzuleben. Astrup konnte eine eigene Westlandschule begründen und stand Munch im Rufe nah.

Munch war so in seinen eigenen Geschichten und Nöten gefangen gewesen, daß ihn Moden und Strömungen wenig berührten. Als er seine endgültigen Bildgestalten fand, waren die norwegischen Maler an ihm vorbei auf dem Wege zu einer Neuromantik. Obwohl der mächtige Christian Krohg der Romantik das Ende prophezeit hatte, nahm man in den neunziger Jahren wieder Themen aus der Literatur auf. Gerhard Munthe erregte 1893 mit seiner dekorativ gehaltenen Malerei Aufsehen, er sprach von »rhythmischer Kunst«. Bald hieß es Symbolismus, der sich bei Halfdan Egedius (1877-1899) mit viel Nachtstimmung anders aussprach als bei Harald Sohlberg (1869-1935), der schärfere Perspektiven und in der Farbe Bengalisches suchte. Sein bekanntestes Bild »Winternacht in Rondane« (1914, Nationalgalerie Oslo) steht in intensivem Blau.

Eine neue Periode in der norwegischen Malerei begann 1908, als eine Reihe junger Künstler sich in Paris nicht mehr bei Bonnat oder Carrière anmeldeten. Jean Heiberg, Axel Revold, Henrik Sørensen und selbst Christian Krohgs Sohn Per wurden Schüler von Henri Matisse, der damals noch das Programm der »Fauves« vertrat. Die nächste Generation engagierte sich dann bei F. Léger und hing damit dem Kubismus an. Die »Académie Scandinave« hat manchen Norweger in Paris gebunden, und Aage Storstein galt in den dreißiger Jahren als der Ultraradikale im übernommenen Kubismus. Aber als er 1938 den Auftrag erhielt, im Osloer Rathaus Themen aus der Verfassungsgeschichte zu malen, fand er sich mit den anderen Freskanten zusammen. Sicherlich fallen dem Besucher der modernen Abteilung der Nationalgalerie Erin-

nerungen an Paris allenthalben in die Augen. Während
die einstigen Matisse-Schüler die Bildgesetzlichkeit, die
der Meister lehrte, beachten, kehren die Späteren zum
Eigenen zurück. Jean Heibergs Doppelporträt zweier
Malerinnen oder Axel Revolds Italienerinnen stellen sich
in der Nationalgalerie in kräftiger Kontur und kontra-
stierender Farbigkeit sehr selbständig vor. Per Krohg
malte das humorvolle Bild des »Zeltaufstellers« in der
Galerie und bezeugt, daß er bei allen stilisierten Kontu-
ren naturalistisch malen kann. Das zeigen die großen
Fresken im Restaurant des Grand Hotels an der Karl
Johans gate oder in vielen anderen öffentlichen Bauten
Oslos. 1954 malte er den Saal des Sicherheitsrates der
UN in New York aus.

Damit sprechen wir eine Besonderheit der modernen
norwegischen Kunst an, die schon in Munchs Aulabil-
dern repräsentiert war, die Ausmalung großer Räume
und das Fresko. Im Kreis um Matisse diskutierte man die
Möglichkeit der Wandbilder und ihre eigene Ästhetik. Im
Weimarer Bauhaus übernahm Oskar Schlemmer die
Wandbildklasse. Aber die Norweger verbissen sich nicht
in Theorien, sondern gaben dem Wandbild neue Themen. Axel Revold sprach von »Gedichten über den Alltag«, zugleich sollte sich das Fresko dienend oder kontra-
stierend der Architektur zuordnen; in diesem Sinne malte
Revold 1918-1923 die Börse in Bergen aus, Per Krohg
die Navigationsschule in Oslo und Alf Rolfsen das Osloer Telegraphengebäude. Viele andere Bauten, große
und kleine, Staatsgebäude und Restaurants, folgten. Den
großen Auftrag für alle drei, Krohg, Rolfsen und Revold,
aber brachte das Osloer Rathaus, wo Flächenbindung
und Perspektive, Symbol und Schilderung nebeneinander
und ineinander gehen; das größte Bild steuerte allerdings
Henrik Sørensen bei. Für manchen dürfte das oft zu auf-
dringlich sein; was Munch in der Universitätsaula schuf,

steht jedenfalls über der andernorts herausgeforderten Kritik.

Sozialkritische Tendenzen zeigen sich in der norwegischen Malerei der dreißiger Jahre stärker als sonst in Europa, gegenstandslose Malerei will nicht recht aufkommen, Abstraktes gilt auch weiterhin als nicht viel. Gegen 1930 fühlen sich einige Norweger vom deutschen Expressionismus angezogen, und als 1933 der Schwabe Rolf Nesch (1893-1975) sich in Norwegen niederläßt, zieht er bald die Blicke auf sich. Er erfand die Metallgraphik, lötete Bleche und Drähte auf Kupferplatten, spielte Glas und Steine ein und nannte diese Arbeiten Materialbilder. Aber er beachtete dabei die expressive Form, sein »Heiliger Sebastian« wurde ihm zum Symbol des von brutaler Gewalt bedrohten Intellektuellen. Seine Phantasie schien unerschöpflich und auch Humor fehlte ihm nicht. Er fand besonders in Olav Strømme und in dem in Hamburg geborenen Norweger Sigurd Winge (1909-1975) Freunde. Winge gewann, durch Nesch angeregt, neue Wege der Wandgestaltung, 1939 entstand seine »Fi-

Rolf Nesch, Lofoten. Metalldruck, 1936

scherflotte« im norwegischen Pavillon in New York.
1956 vollendete er den sechzehn Meter langen und vier
Meter hohen mosaikartig und mit viel Terrakotta gestal-
teten Fries im Osloer Handelsgymnasium mit dem
Thema der »Triebkräfte des Lebens«. Auch er arbeitete
bei seinen »Mosaiks« mit Metallauflagen.

Zur vordergründig gegenstandslosen Kunst fanden
sich in Norwegen eher Maler aus der Generation aus den
zwanziger Jahren unseres Jahrhunderts bereit. Aber auch
ihre Bilder pflegen Titel zu haben und erweisen sich oft in
leuchtendem Blau und dunklem Oliv als Paraphrasen des
bekannten Themas Fjord og Fjell. Die Farbe ist allenthalben in starken Tönen aufgetragen und Munch auch heute
nicht vergessen. Immer wieder ist es die heimatliche
Landschaft, die den Norweger inspiriert. Wenn in den
Wandbildern das Figürliche überwiegt, schlägt doch
dunkel oder heftig der Hintergrund durch. Das ist so in
den Osloer Rathausfresken des Per Krohg und wird bei
den Bildern im neuen Osloer Ostbahnhof so bleiben. »Ja,
vi elsker dette landet« ist nicht nur ein Vers in Björnsons
Nationalhymne, die Heimatliebe ist in jedem lebendig.

Einzigartig
und unverwechselbar norwegisch

Stabkirchen

Sie gehören zur Vorstellung Norwegens. Als der Maler J.C.C. Dahl von Dresden aus der Welt seine Heimat wies, fehlten sie in seinen Kompositionen so wenig wie die vom Sturm geschüttelten, aber ihrer Wurzeln sicheren Birken, die ihm als Symbol norwegischen Überlebens galten. Zwar standen von diesen Stabkirchen, deren es im Mittelalter vielleicht bis zu neunhundert gegeben hat, nur noch etwa dreißig, und diese vom Alter meist sehr mitgenommen, da.

Aber nun reist man ihnen nach, obwohl viele abgelegen und oft nur mit Mühe zu erreichen sind. Plötzlich stehen sie dann dunkel, das Holz ausgeloht, am Hang, einer exotischen Pagode ähnlicher als einer uns gewohnten Kirche, sehr kurz und konzentriert im Grundriß, dann eine steile Staffelung geschindelter Dächer bis hin zu einem kecken Dachreiter. Kaum sieht man Fenster, über den engen Zugängen vielleicht ein Kreuz, an den Firsten der Dächer sich hochwerfende, züngelnde Drachen, den Tieren an den Steven der Wikingerschiffe ähnlich, die so viel Schrecken verbreiteten.

Die aufgetürmten Stabkirchen, außen und innen höher als es Zwecke erklären könnten, umfangen den Eintretenden mit Dunkel, und es gibt meist kein oder nur weniges Gestühl. Der Chor ist kurz eingeschnürt, manchmal durch einen schmalen Zwischenraum abgesetzt und dann meist noch durch Stützen verstellt. Emphatische Triumphbögen wie in romanischen Basiliken kommen nicht auf. Das sind keine allgemeinen Bedingtheiten aus

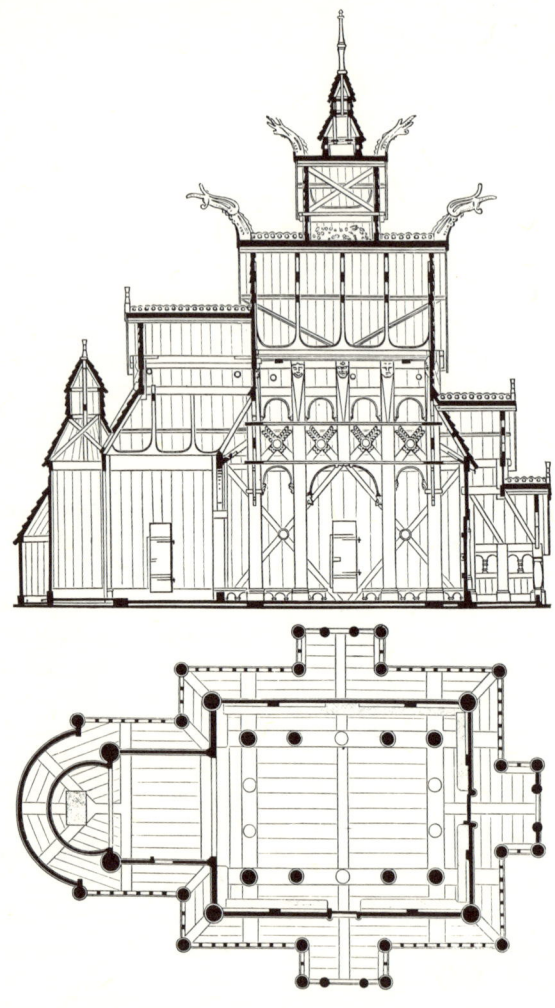

1. *Stabkirche von Gol im Norsk Folkemuseum, Bygdøy.*
Grundriß und Längsschnitt nach Vermessung von Arno Berg, 1925.

dem Holzbau, denn englische Holzkirchen sind Lang-
bauten mit offenem Chor, selbst die um 1013 datierbare,
aus vertikalen Stämmen gefügte Kirche von Greenstead
in Essex ist nach abendländischem Brauch gestaltet. Die
Stabkirchen sind einmalig und unverwechselbar norwegisch. Zwar gibt es in den Dörfern auch aus Quadern
errichtete Steinkirchen, meist in die Tiefe gestreckte Saal-
bauten, die sich eng zum Chor und zur Apsis öffnen. Sie
sehen so wie Dorfkirchen in Jütland und Schweden aus,
belegen mit ihren Zubauten, Vierungsturm und Zick-
zackornament englische Verwandtschaft. Die Städte
strebten auch in Norwegen zu steinernen Basiliken, und
auch bei ihnen wird Englisches bald erkennbar, besonders in Westnorwegen und Trøndelag.

Um das Eigene dieser Stabkirchen zu sehen, sollte man
sie nicht mit Vorstellungen aus anderen Bereichen erklären. Man spricht die Raumform gern als Basilika an,
obwohl es auch Stabkirchen als schlichte Säle gibt. Ein
solcher kurzer Saal ist die nun in das Trondheimer Freilichtmuseum überführte Stabkirche aus Haltdalen (Sør-
Trøndelag). Dann gibt es Stabkirchen mit einem Mittelmast, der zwar auch zur Absteifung der Wände nützlich,
aber nicht primär ist, sondern als Stütze des Dachreiters
dient. Aber das Wesen der Basilika wäre nicht nur das
Hinauswachsen eines Mittelschiffs über räumlich hinreichende Seitenschiffe, sondern auch die eigene Beleuch-
tung dieses Mittelschiffs durch Obergadenfenster. Die
kleinen Löcher, die in den Stabkirchen in den Oberwän-
den eingeschnitten und oft noch verdeckt sind, lassen
kaum Licht in den Raum hinein. Basiliken pflegen auch
in die Tiefe sich erstreckende Prozessionsräume zu sein,
Stabkirchen sind dagegen eigentlich Zentralbauten mit
hoher Mitte und engem, kaum nutzbarem Umgang.
Diese Mitte ist nicht das Ergebnis eines Aufbaus Schicht
um Schicht, sondern das Vorausgesetzte und Primäre. Da

werden die mächtigen Eckständer, die gewachsene Bäume waren, hochgewuchtet, bilden das Pfostenwerk, dem alles andere dann zugetan wird. Solcher Mastenbau ist etwas wesensmäßig anderes als die Mauerung von einer Steinlage über die andere. Erst wenn die Masten stehen, werden Außenwände wie aus Palisaden oder Reißwerk herumgestellt, Verstrebungen zu diesen hin und nach oben eingefügt und schließlich die Dächer aufgelegt. Wenn den Masten Rundbögen eingehängt werden und diese schließlich auf Würfelkapitellen sitzen, dann ist weder das eine noch das andere ein tektonischer Abschluß, sondern eine vom Steinbau übernommene und den Masten beigegebene Zier. Wenn über solchen Bögen oder bei größerem Aufwand zwischen den Bogenreihen eine Galerie mit Andreaskreuzen eingefügt wird, ist das zwar keine Vorwegnahme oder Erinnerung an gotische Triforien, die zwischen Arkaden und Fenstergaden um 1100 in der Normandie entstanden, sondern es sind zusätzliche Verstrebungen. Zimmerleute lieben solche Kreuze heute noch zur Verschwertung, sie sind auch in frühen englischen Holzbauten beliebt. Wesentlicher Halt aber sind in den Stabkirchen die Klemmbalken, »Zangen«, die den Ständern angelegt sind und sie feststellen. Umfallen konnte eigentlich keine, solange das Holz, das man gut ablagern ließ und dann pflegte, sich hielt.

Wir nehmen deshalb die Deutung der Stabkirchen als eine nordische Vorahnung der Gotik nicht an, denn ein Wesentliches der Gotik ist die Auflösung der Wand und die zunehmende Durchleuchtung des Raumes. Das innere Gerüst der Stabkirchen kennt keine Wand, und der Raum in ihnen bleibt im 13. Jahrhundert ebenso dunkel wie vorher. Auch kann man ihre Konstruktion kaum – wie es gern geschieht – vom Schiffbau her erklären.

Die germanischen Schiffe bestehen aus Spanten über dem Kiel und horizontal übergreifenden, mit viel Nägeln angebrachten Planken. Wohl gibt es bei ihnen kurvige Plankenzangen, die wir als Konstruktionselemente zur Absteifung auch in den späteren Stabkirchen kennen, aber in den ersten Stabkirchen finden wir eben diese noch nicht. Das Primäre sind hier die verstrebten und schließlich vom Dachstuhl gebundenen Masten, und mit Nut und Feder ineinandergreifende Planken stehen zwar auf Schwellen, die Eckständer aber greifen tiefer und erinnern daran, daß sie ursprünglich eingegraben waren, was durch archäologische Grabungen erwiesen ist. Die Schwellenrahmen für Ständer und Wände waren nicht von Anfang an da. Sicher sind Schiffszimmerleute die geschicktesten Holzbearbeiter, aber die Idee der Stabkirche entstand nicht auf der Helling.

Eine lange Entwicklung ist anzunehmen, bis sich solche hoch aufgetürmten Gestalten wie in Hopperstad, Borgund oder Gol entwickelten. Einige Eigentümlichkeiten wie die Saumprofile an den Planken zeigt zwar schon in der Wikingerzeit das Gokstadschiff in Oslo. Die Stabkirche von Gol, die um 1250 entstand, steht seit 1884 in Bygdøy bei Oslo und ist nun Attraktion des Norwegischen Volksmuseums, hat aber mehr Atem der Geschichte bewahrt als die von Fantoft bei Bergen, die, um sie zu retten, zur gleichen Zeit von dem einsamen Fortun in die Nachbarschaft von Edvard Grieg kam und dabei sehr erneuert wurde. Erwähnt mag noch werden, daß die viermastige Kirche von Vang in Valdres, um deren Erhaltung sich J. C. C. Dahl besonders bemühte, nur dadurch gerettet werden konnte, daß Dahl sie an den preußischen König Friedrich Wilhelm IV. verkaufte, der sie 1842 in Brückenberg im Riesengebirge mit nicht besonders glücklichen Ergänzungen wieder errichten ließ. Die als Stabkirche gemeinte, dem Eifer eines hannoveranischen Baurats zu verdankende Holzkirche in Hahnenklee im Harz kann übergangen werden; sie ist ein 1907-08 ent-

VII

HARRIET BACKER

(1845-1932)

Stabkirche von Uvdal, 1909
(Kircheninneres mit Rosenmalerei)

Gemälde, 114,7 x 134,8 cm

Rasmus Meyers-Sammlungen, Bergen

standener, wenig beglückender Nachbau mit viel kunst-
gewerblicher Bastelei.

Stabkirchen haben also ihre Geschichte, aber diese sagt
nicht viel über ihr Ingenium. Die nach unserem Wissen
älteste stand nicht in Norwegens Bergen, sondern im Süden Jütlands, in Jelling. Dort hatte sie wohl der dänische
König Harald Blauzahn vor den Grabhügel seiner Eltern
gebaut; um 980 dürfte das gewesen sein, als die Norweger noch nichts von christlicher Demut wissen wollten.
Zwar steht in Jelling heute eine Schwemmsteinkirche des
11. Jahrhunderts, aber darunter fand man die Spuren
mächtiger Pfosten, Zeugen zweier nacheinander errichte-
ter Stabkirchen, die einige Schlüsse erlauben. Es waren
annähernd quadratische Räume mit angefügtem kleinen
Altarraum, die vier eingesetzten Masten trugen wohl ein
sich heraushebendes Dach, die abstützenden schmalen
Umgänge lagen mit Pultdächern dem Mittelbau an. Die
Kirchen von Øye und Vang in Valdres mögen ähnlich
gewesen sein, und man kann sie sich auch so vorstellen
wie die heutige Stabkirche von Urnes, die zwar erst zwischen 1150 und 1200 entstand, aber geschnitzte Planken
hat, die von einer älteren, vor 1100 zu datierenden Holzkirche stammen. Die Ornamentik dieser Urnes-Kirche
aber gemahnt an im Schwedischen gefundene Kirchenre-
ste. Die Art, wie hier Wikingerornament genutzt ist, findet auch in karolingischen und vornehmlich in anglo-
irischen Miniaturen Vergleichbares.

Die Fragmente von der Hemse-Kirche auf Gotland bewahrt das Historische Museum in Stockholm. Sie zeigt
einige aufrechtstehende Balken, deren verbliebenes stark
verschlungenes Rankenwerk dem der Urneskirche in
Sogn sehr nahe kommt. Sie wird um 1060 datiert. Die
von Emil Ekhoff vorgeschlagene Rekonstruktion der
Hemsekirche ergibt einen stubengroßen rechteckigen
Raum mit kleinem quadratischen Chor. Auch von einer

Holzkirche in Blomskog im Värmland fanden sich Portalreste. Sie dürften jünger als die von Hemse sein, aber sie sind in horizontal gelegene Balken gespundet, setzen also einen von norwegischen Stabkirchen abweichenden Aufbau voraus. Es ist die geläufige Art des Blockbaues, den man, auch schon früh, in Norwegen gleichfalls kannte. Schon 1911 wurde in Lund in Schweden am Martinsplatz die Stabkirche Sancta Maria in foro ausgegraben, die man als Verwandte der schon erwähnten Kirche von Greenstead erkannte und nun auch in das 11. Jahrhundert datierte. Sie zeigte außer den Wänden aus halbierten und senkrecht gestellten, durch Nutung verbundenen Stämmen stärkere Ständer im Inneren, aber der Abstand dieser Ständer von der Wand war so gering, daß man bei dem langgestreckten Raum nicht von Seitenschiffen sprechen kann. Emil Ekhoff rekonstruiert deshalb wohl zutreffend, wenn er diese Ständer als Stützen von Deckbalken nimmt, die eine dem Dachstuhl untergezogene Bretterlage tragen konnten; es ist das spätere Prinzip des Hausbaus mit wandnahen Ständern, die Festigkeit vor Unwettern geben. Doch es ist auch noch das unter dem Fußboden der Kirche von Alt-Uppsala gefundene Holzwerk zu nennen. Der gut unterrichtete Adam von Bremen berichtet im 11. Jahrhundert: »Die Schweden haben einen sehr berühmten Tempel, der Uppsala heißt ... Er ist ganz aus Gold gebaut.« Den Holzwänden war offenbar vergoldetes Kupferblech aufgenagelt worden. Alle neun Jahre wurden hier Blutopfer dargebracht, Pferde, Hunde und auch Menschen. Das ist also das sehr heidnische Freyrheiligtum. Um 1130 dürfte die steinerne Domkirche in Alt-Uppsala errichtet worden sein. Ob der damit überbaute Holzbau schon christlich geworden war, steht dahin. Die Vorstellungen von dieser Kirche sind verschieden; die einen wie A. Ohlmark zeichnen ihn als quadratischen, einfach überdachten Bau mit noch

nicht neun Metern Seitenlänge und hofförmigem Umraum, andere wie S. Lindqvist als einen turmförmigen
Mittelraum mit überdachten Abseiten, also der hypothe-
tischen Stabkirche von Jelling ähnlich. Blicken wir
schließlich auf den um 1070 gestickten Teppich aus der
Kathedrale von Bayeux, der die Normannen im Angriff
auf England zeigt, dann sehen wir dort als Burgen hohe,
von abstehenden Palisaden umgebene Turmbauten, etwa
die von Dinant, mit durchbrochenem Dachaufbau, sicherlich als kunstvolles Holzgefüge gemeint.

Aber diese Bauten liegen alle früher als die uns erhaltenen norwegischen Stabkirchen und führen nicht eindeutig zu dem außen gestaffelten, im Innern hochgreifenden,
vielfältig verschränkten und mit einem im Dämmer liegenden Kehlbalken- oder Scherendachstuhl gebundenen
Werk. Das stellt sich in dieser überzeugenden Komposition als eine norwegische Eigenleistung vor. Sigrid Undset spricht es in »Kristin Lavranstochter« an: »Es war
kalt drinnen, aber dennoch strömte es ihr wie Wärme
entgegen aus diesem dunklen und braunen Raum mit den
hochaufstrebenden Holzsäulen, die das Dunkel zu dem
Gebälk des Daches emporhoben. Auf den Altären
brannte kein Licht, aber durch den Türspalt fiel ein wenig Sonne herein und blitzte schwach auf den Bildern und
Gefäßen.« Der welterfahrene Wiener Kunsthistoriker Josef Strzygowski wollte den Stabkirchen dadurch vermehrte Bedeutung geben, daß er sie in größere Zusam-
menhänge stellte. Er sah sie als Leistung im Zusammen-
hang mit frühen slavischen und asiatischen Kultbauten
und sprach von einer nord-euroasiatischen Kunstform
gegenüber der mittelmeerischen. Sicher hat sich mancher
Norweger zur Wikingerzeit bei den warägischen Vettern
in Nowgorod umsehen können und längs des Dnjepr seinen Weg über Kiew hinweg gesucht. Dort konnte er fast
quadratisch umrissene und überhohe Kirchenräume se-

hen. Er hätte heimgekehrt sich über Generationen hinweg daran erinnern müssen. Aber mit dem Sehen ist das
Bauen noch nicht getan. Strzygowski hat im Hinblick auf
das Architektonische trotz immer neuer Thesen nicht
überzeugen können, wohl aber die zugehörige Wikinger-
ornamentik aus großräumigen Zusammenhängen verstehen gelehrt.

Diese Ornamentik mit ihrem zooformen Bandge-
schlinge aus der Grundfigur des S ist noch an der Stabkirche von Urnes und weniger kunstvoll in Bjølstad im Gudbrandstal zu sehen und weist auf ältere, schon an dem
Osebergschiff gefundene Art und ist in Urnes um oder
vor 1100, in Bjølstad vielleicht noch etwas früher zu datieren. Um 1200 wird sie sich ändern, sich dichter in
Kreisen binden und dann an die goldgeschmiedeten Ornamente am Kamm westeuropäischer Heiligenschreine
erinnern. Aber die heutige Kirche zu Urnes ist erst um
oder kurz nach 1200 aufgeführt worden. Sie zeigt nicht
nur Elemente, die aus dem Steinbau übernommen sind,
sondern auch technischen Niedergang. Die geschnitzten
Türumrahmungen sind hier wie in Bjølstad von einem
älteren Holzbau übertragen worden. Ein Akt mittelalter-
licher Denkmalpflege? Alter war Würde und gab Anspruch. Deshalb übernahm man Altes in notwendig gewordene Neubauten. Dafür gibt es Beispiele genug; Karls
des Großen Pfalzkapelle in Aachen ist ein solches. Aber
man sah auch wohl die Schönheit der alten Arbeit, die
man nicht verlieren wollte. Waren es tumbe Bauern, die
hier bauten? Die frühe Ornamentik ist von raffinierter
Artistik. Wußten Bauern um die Sinngehalte, wie sie
schon im 11. und 12. Jahrhundert in den Homilienbü-
chern mit den »Sermones in dedicatione templi« (»Gam-
mal Norsk Homiliebok«, Cod. AM 619) erörtert waren?
Die erste Kirche von Urnes war vermutlich als Bau noch
ebenso einfach wie die schwedischen, ein kurzes Schiff

2. Stabkirche von Hopperstad, Mittelraum und Chor.

wahrscheinlich mit vier Innenstützen als Dachträger, die
ohne Schwellen in den Erdboden getrieben waren, mit
einem quadratischen Chor, das Schiff mit gestuftem, der
Chor mit einfachem Satteldach gedeckt. Auch die nun-

mehrige, wohl um 1200 entstandene Kirche ist gegenüber den anderen Stabkirchen des mittleren 13. oder
schon des 12. Jahrhunderts mit Ausnahme der Kapitelle,
die sogar einen Kentauren zeigen, schlicht. Zur Vorstellung einer vollkommenen norwegischen Stabkirche gehören die nun auf Schwellhölzern stehenden hochgreifenden Masten im Innern, die den steilenden Mittelraum
ergeben, aber nicht die schlichte Art von Røldal in Hordaland oder die von Haltdalen jetzt nach Trondheim
überführte, die wir als Beispiel einfacher Saalkirchen mit
Ständern an den Ecken nennen. Doch die jetzige Urneskirche, die die großartige, noch so wikingisch sich ge-
bende Schnitzerei von ihrer Vorgängerin übernahm, hat
auch Elemente des Steinbaus, die dem Wesen der Stabkirche fremd sind; die Ständer sind nun als Säulen verstanden, sie tragen Würfelkapitelle, und über diesen liegen
profilierte Rundbögen, zwischen denen beschnitzte
Wandvorlagen bis zum Dachansatz hochlaufen. Daß die
Säulenschäfte am Eingang und vor dem Chor dann abgeschnitten sind und nun in der Luft hängen, mag in dem
Umbau des Chors um 1600 seine Ursache haben. Da ist
in Hopperstad trotz der auch hier aufgenommenen Würfelkapitelle die Lösung im Sinne der Stabkirchenkon-
struktion besser, da sitzen die Kapitelle erst oberhalb der
Plankenzangen, Klemmbalken und Andreaskreuze, die in
Urnes fehlen, und belassen den Ständern den Charakter
der hohen Masten. Entsprechend ist es in Lom, während
es in Torpo ähnlich wie in Urnes scheint, aber dort werden die Würfelkapitelle verschliffen, sind die Arkaden
dem Wesen des Holzbaus entsprechend weniger betont,
und das Rund der Masten setzt sich an den Andreaskreuzen vorbei bis zum Ansatz des Dachgestühls fort.

  Schon in den architektonischen Elementen gleichen die
Stabkirchen, wenn man von dem zugehörigen Schnitzwerk noch absieht, keineswegs eine der anderen. Die be-

eindruckendste ist die von Borgund an der Straße von
Valdres nach Lærdal am Sognefjord. Man mag sie bis auf
die enge Einsicht in den Altarraum wie eine Zwillings-
schwester der von Gol in das Osloer Freilichtmuseum
Bygdøy überführten ansehen und der Borgunder Kirche
nur das großartigere Landschaftsbild zugutehalten, aber

3. Stabkirche Borgund, Südseite.

4. Stabkirche von Gol im Norsk Folkemuseum, Bygdøy.

als die Golkirche noch im Hallingdal stand, sah sie nach einer Zeichnung des Malers Hans Gude von 1846 ganz anders aus. Die Reformation hatte die 1309 erstmals genannte Kirche für ihre Ansprüche erweitert. Als König Oskar II. sie 1881 kaufte, um sie in Bygdøy wieder aufzustellen, mußte sehr viel rekonstruiert werden, wofür die

5. Stabkirche von Heddal bei Notodden, Telemark; von Südosten.

Kirche von Borgund das Vorbild gab. Zwar hätte sich in
der Stabkirche von Heddal in Telemark mit ihrem größeren Aufwand an Giebeln und Spitzen ein Beispiel von
höherem Pathos dargeboten, aber es war ein guter Ent-
schluß der schon 1844 gegründeten »Foreninger til norske
Fortidsminnesmerkers Bevaring«, für die Wiederherstel-

lung in Oslo nicht die große Heddalkirche, sondern die abgelegenere von Borgund zu wählen, die auch das für sich hatte, daß sie noch gut erhalten war.

Die zwischen bewaldeten Hängen sich in Staffeln hochreckende Stabkirche von Borgund, von der man zu Berghäuptern hinübersehen kann, wo auch im Sommer der Schnee nicht ganz weicht, ist trotz der Touristenkarawanen immer wieder ein Erlebnis. Man hat sie von allen späteren Zutaten, wie den eingestellten Bänken, befreit. Die alten, doch kaum gerissenen Masten, die gekeilten, sich nach ihrem einstigen Wuchs verhaltenden Bohlen, die Schnitzereien, die Fabeltiere darstellen, aber doch ganz Holz bleiben, sind die Sprache. Die Ständer greifen von unten bis an das Kranzgesims, über dem der in Scherenkonstruktion gefertigte Dachstuhl den turmhohen Mittelraum abschließt. Verbunden werden die Ständer auf mittlerer Höhe durch zwei Lagen von waagrechten Klemmbalken, die untereinander mittels der Andreaskreuze verknotet sind. Da greifen auch die Verstrebungen an, die die umgebenden Wände mit den Ständern in der Mitte verbinden. Bogenfolgen gibt es dann auf zwei Höhen, unterhalb der Planken und dann darüber, wo die Ständer zu der Obergadenwand hinübergreifen. Bögen zu schneiden oblag den Zimmerleuten, aber Säulen mit Plinthe und Kapitell, wie sie in Urnes erscheinen, sind eingestellte Gelenke, additive Elemente stufenweisen Bauens. Sie widersprechen dem Prinzip der als verbundenes Gerüst hochgezogenen Stabkirche. Sie fehlen im Kernbau von Borgund, in Fortun-Fantoft, Kaupanger, Lom; in Gol und Heddal haben die Ständer aber schon hohe, wenn auch teils nur angelegte Sockel, in Torpo, Hopperstad und Urnes sind die Säulen dann da und als ein wesentliches Element der Steinarchitektur in den originären Holzbau eingedrungen. In dem um die Kirche eng herumgeführten Umgang taucht aber auch in Borgund

die Säule auf. Dieser Umgang, der zwar auch in Borgund
nicht mehr ganz erhalten war, ist dann bei den Stabkirchen
von Gol und Fortun-Fantoft rekonstruiert worden. Auch
in Eidsborg, Heddal und Hopperstad gibt es diesen
»Svalgang«; er umzieht die ganze Kirche mitsamt dem
Chor und ist bei der Wiederherstellung im 19. Jahrhundert
vielleicht zu freimütig hinzugegeben worden.

Der Chor dieser Stabkirchen fällt dann auf, wenn er
aus Quadrum und Apsis besteht. Das entspricht zwar
dem Brauch des 12. Jahrhunderts im ganzen Abendland,
aber wir mußten feststellen, daß der Chor der Stabkirchen sich nicht in voller Breite zum davorliegenden
Raum öffnet. Es können ihn Zungenwände wie in Urnes,
Hopperstad, Torpo, Vang (allerdings 1842 in Schlesien
neu erbaut) – um nur Beispiele zu nennen – einschnüren,
oder es kann gar ein eigenes Ansatzstück vor dem Chor
auftreten, mehr noch wird der Einblick durch davorste-
hende Ständer gehindert. Das ist nicht nur in Fortun und
Torpo der Fall, sondern das gilt auch für Borgund. Bei
anderen Bauten sind die Ständer vor dem Triumphbogen
abgefangen, aber auch dabei wird das Fürsichsein des
Chors nicht vergessen. Doch mehr noch kann der kleine
Chorraum eine eigene Betonung von außen erhalten, indem über der Apsis, die sonst doch mit einem bescheidenen Kegeldach abgeschlossen wird, sich ein spitzer Helm
erhebt. Das gilt für Borgund und selbstverständlich für
die Stabkirchen, die nach dem Vorbild Borgunds wiederhergestellt wurden. Das fällt in Heddal und Lom auf, und
auch das Bild, das 1701 von der Kirche in Flesberg, von
der heute nur noch wenig steht, gemalt wurde, zeigt über
der Apsis den in Stufen hochgeführten eigenen Turm.
Wir meinen, daß das allenthalben eine Reverenz vor
Olav Haraldsson, dem 1030 gefallenen Olav dem Heiligen, ist. Ihm wurde um 1200 im Nidarosdom zu Trondheim das dort den Chor abschließende Oktogon geweiht,

ein eigenes, außen mit einem Turm versehenes schmuck-
reiches Bauwerk, das als Besonderheit gesehen wird, obwohl es baulich das ist, was in England – und der Dom
zu Trondheim ist nun einmal ein englisch bedingtes Werk
– die Lady Chapel ist. Die Stabkirchen erweisen aber mit
ihrem Apsisturm dem norwegischen Nationalheiligen
mehr außen als innen Reverenz, und für einen eigenen
Marienkult ist hier wenig Raum.

Zwar stammt eine der frühesten norwegischen Ma-
donnenfiguren aus der Urneskirche. Die in die Mitte des
12. Jahrhunderts zu datierende Sitzmadonna hat nun im
Museum von Bergen ihr Asyl gefunden; sie ist in strenger
Symmetrie geschnitzt und doch von schöner Offenheit.
Eine Sitzmadonna mit segnendem Christuskind aus der
Mitte des 13. Jahrhunderts bewahrt noch die Stabkirche
von Hedal in Valdres. Sie ist von schier französischer
Lockerheit, und auch dem ganz andersartigen Portal-
schnitzwerk in Heddal, einem zerwühlten Geflecht von
Schlangen und Drachen, gesteht der Stabkirchenforscher
Roar Hauglid Eleganz zu. Aber dennoch unterscheiden
sich hier Welten. Schlangen und Drachen werden abge-
wehrt, am Südportal des Trondheimer Doms ist es Mi-
chaels Auftrag, bei den Stabkirchen tut es der aus den
Mythologien der Edda kommende Sigurd. Das in Oslo
bewahrte Westportal der einstigen Hylestad-Stabkirche
zeigt es in einer ganzen Szenenfolge. Auf den Giebeln in
Borgund und an den Holzportalen vermutet man anderes. Wenn tatsächlich diese Drachen- und Schlangen-
schnitzereien der Abwehr böser Geister dienen, haben die
Schnitzer sich mit hoher Lust des Themas angenommen.
Aber nach der germanischen Mythologie bringt die gefes-
selte oder in sich selbst verbissene Midgardschlange der
Menschheit kein Unheil, und beim Götteruntergang wird
Thor sie töten. Das sind dunkle Themen. Ein Marienbild
dagegen lockt Hymnen.

Diese Marienbilder – wir wissen nicht, wie viele es in den Stabkirchen gab – hatten wohl im Chor und auf dem Altar ihren Platz, die Drachen bleiben den Eingängen draußen vorbehalten. Aber auch der »Bischofsstuhl« aus

6. *Sitzmadonna
aus Urnes.
Mitte 12. Jahrhundert,
Historisches Museum,
Bergen.*

Lom (heute Universitätssammlung Oslo) zeigt an der rechten Wange, wie Sigurd den Fafnesdrachen tötet, der von Heddal hat auf der Rücklehne ein Sigurdthema, auch zähnefletschende Drachenköpfe sind dabei. An der

Wange des Stuhls aus Torpo soll offenbar Odin im Rachen des Fenris-Wolfes sein Ende finden. In der Stabkirche von Urnes, die bei ihrem Umbau, um 1200, Säulen aufnahm, nisten sich die Untiere, dabei deutlich wieder Drachen, in den Kapitellschilden ein. Der unheildrohende Drache ist offenbar von den Erbauern der christlichen Stabkirchen wieder als der Schreckende in Dienst genommen worden, wie es die sehr unchristlichen Wikinger schon an ihren Schiffen getan hatten. Sonst befänden sie sich nicht am First der Dächer und lechzten Angriffe abweisend in das Land hinaus. Allerdings sind diese nun wohl als Schutz gemeinten Drachen zum größten Teil denen an der Kirche von Borgund nachgeschnitzt, und dort waren sie schon Kopien des 18. Jahrhunderts. An Unholdes wurde beim Bau der Stabkirchen auch dann gedacht, wenn man die Nordseite, von der Böses kommt, in der Regel ohne Zugang ließ.

Im Inneren der Borgund-Kirche sind am oberen Ende der hohen Ständer Köpfe ausgeschnitzt, gleiches finden wir in Gol, Høre (Hurum), Hegge und Ål. Meist sind es wild dreinschauende Männermasken, seltener Tiere. Der einäugige, mit der Zunge schnalzende Kerl in der Hegge-Kirche wird als Odin angesprochen. Jedenfalls erinnern die kopfverzierten Ständer an archaische Pfahlgötter. Möglicherweise sind sie in christlichen Dienst gezwungen, sie fänden dann einen Genossen in dem sich an die Säule klammernden Mann in der Krypta des Doms zu Lund, dem Riesen »Fin«. Über gebannte Abgötter an Säulen hat sich Erich Jung in einem zwar oft zu phantasievollen Buch »Germanische Götter und Helden in christlicher Zeit« schon vor mehr als fünfzig Jahren angesichts süddeutscher Zeugnisse verbreitet. Herausgestreckte Zungen weisen auch in den Stabkirchen Unholde aus, die nun bezwungen sind. H. Phleps weist darauf hin, daß die die Eingänge der Stabkirchen flankierenden beschnitzten Säulen ohne tektonische Bögen an Pfahlgötter und freistehende Bildsäulen erinnern, die wir als Odinsmale kennen.

7. Stabkirche von Urnes, ehem. Haupteingang der Vorläuferkirche, um 1100.

Aber was hier im Innern roh gegeben ist, erreicht an den Portalen außen höchste künstlerische Feinheit, fast im Übermaß und doch gebunden. Wir sprachen diese Schnitzereien, die in Knoten verschlungenen Drachen und Schlangen, als Abwehrmotive an, und die oft von Türbögen herabhängenden Köpfe entsprechen den Glotzköpfen, die an manchem niederdeutschen Haus mit derber Beischrift an Deutlichkeit nichts zu wünschen übrig lassen. Daß aber die hohen Schwellen der engen Stabkirchenzugänge, über die man oft sogar mühsam hinwegtreten muß, »Geisterschwellen« seien, die dem Gottseibeiuns und seinem bösen Gefolge den Zugang wehren, möge offen bleiben, denn sie sind auch konstruktive Mittel der an den Türen erwünschten Schwellenverstärkungen. Wenn wir bemerken, daß sonst Kirchenportale, zwar vornehmlich auf Tympana, die bei den Stabkirchen entfallen, auch in Skandinavien christologische Zeichen, das Kreuz oder die Deesis, zeigen, so fehlen sie doch an den Portalen der Stabkirchen völlig. Da erscheint in Urnes um 1100 noch die Art modellierter Tiere mit der Eigenheit der Gelenkmarkierung und verflechtender zarter Ranken, wie wir sie bei den Oseberg-Schiffen kennen lernten, und wie sie B. Salin schon 1904 als wikingische Stilform analysiert; sie sind an der wohl gleichzeitigen Kirche von Bjølstad in Gudbrandsdalen bandförmiger, wie aufgelegt und weniger elegant verspielt; der Rankenzug verliert das Zooforme.

Aber dann folgen die Portale mit betonten Pfosten und breiten Gewänden, deren tief ausgeschnittenes Rankenwerk in Kontinuität über beides greift. Köpfe, Flügel, Blattwerk und Ranken verschlingen sich, und immer deutlicher formen sich Kreisbewegungen aus, als stünden Arabesken im Sinn. Da können sich dann die Szenen der Eddasagen einspielen, wie es in dem aus der abgerissenen Stabkirche Hylestad stammenden Portal in der Osloer

Universitätssammlung mit der Sigurd-Saga in sechs Akten geschieht; in dem Portal von Austad im Setesdal, das ebenfalls nach Oslo überführt wurde, ist es die Gunnarsaga. Bedenken wir, daß nur etwa dreißig von neunhundert nachgewiesenen Stabkirchen geblieben sind, so können wir wohl sagen, daß die Edda hier im Schnitzwerk lebendig geblieben ist.

Aber die Ornamentik der Türrahmen wird im 13. Jahrhundert immer lichter, und die Schmuckrolle scheint den Aussagewert zu überwuchern. Auch bei fortlaufender Bewegung und Gegenbewegung fügen sich die Ranken immer mehr zu Kreisen, die wie mit Dolden dicht gefüllt sind. Wenn dann die Eckverkröpfungen zu Ecksäulen werden und Kapitelle erhalten, der Rundbogen darüber gar wie ein durchflochtener Rosettenkranz erscheint, ist eine Form ausgebildet, die im 13. Jahrhundert auch im übrigen Europa auftritt. Die Universitätssammlung in Oslo zeigt solche Beispiele an geborgenen Stabkirchenportalen. Ein dort bewahrtes Portal von Ål hat auf diesen Kapitellen freistehende Löwen, es gibt sie ebenso am Nordportal der Kirche zu Lom, am Westportal in Eidsborg und fast possierlich am Südportal der Stabkirche Heddal. Der Löwe aber kommt nicht aus dem Kreis der Wikingerbestien, man wird eher von Begegnungen mit lombardischer Kunst sprechen wollen, und diese konnte man schon im Dom zu Lund finden. Sie können Abwehr und Glaubensstärke bedeuten. Doch das Norwegische, das sich in der an den Stabkirchen bezeugten Phantasie darbietet, ergibt sich damit nicht dem Südlichen. Welch vielschwänzige Ungeheuer Löwen im Norden werden können, zeigt der Markuslöwe am Taufbecken von Barlingbo auf Gotland. Bis in das 14. Jahrhundert dürften Stabkirchen so gebaut worden sein, bis der Schwarze Tod 1349 von Bergen aus das Leichentuch über Norwegen warf.

8. *Portal der abgerissenen Stabkirche von Hylestad,*
jetzt in den Universitätssammlungen in Oslo.

Aber nicht nur die bis dahin lebendige Kunst der Schnitzer sollte man sehen, die sich an den Portalen, aber auch an den Dachaufsätzen, den Dachreitern in Borgund und Gol und an der Kirchhofspforte in Høre (Hurum) als in Kreisen ausgeschnittenes Tierwerk zeigt. Bei den Eisenbeschlägen der Türen, wo wieder Drachenformen auftreten, kamen die Schmiede zu Wort. Das reichste Beschlagwerk, das fast die ganze Tür mit Ranken- und Blumenmotiven überzieht, befindet sich wieder in den Osloer Universitätssammlungen; es gehörte einer Kirche von Fåberg im Gudbrandstal. Aber auch der Eisenbeschlag am Westportal der Stabkirche Gol oder der in Hopperstad lohnen studiert zu werden. Schließlich wird man da, wo sie sich noch findet, auch die frühe Ausmalung, etwa die am Baldachin über einem Seitenaltar in Hopperstad oder in Torpo, beachten. Die umfangreichere Bemalung des Chorgewölbes aus Ål kam wieder nach Oslo, aber diese Malereien gehören alle schon der Gotik an und sprechen deren weltläufige Sprache. In die Ursprungsform der Stabkirchen gehören sie nicht hinein, sie hat den offenen Dachstuhl. Wohl mag sich die Frage stellen, ob nicht die Ranken und Masken farbig hervorgehoben waren, wie ja auch die Wikinger einst ihre Runen, Rankengeschlinge und figürlichen Formen durch Farbe zu intensiver Sprache brachten, ohne daß sich etwas von ihrem Geheimnis verlor.

Geheimnisse und Fragen bleiben trotz allen Bemühens der Historiker um die Stabkirchen auch jetzt noch genug. Denn so sehr das Dunkel des zu betretenden Raumes auch beeindruckt und so verwunderlich die hier in den Schnitzereien noch lebendigen Eddamotive sind, befragt man diese Bauten nach ihrer kirchlichen Funktion, werden die Antworten problematisch. Man hat gar gemeint, sie seien ursprünglich heidnische und dann von Missionaren adaptierte Kultstätten, doch die strenge Ostorien-

9. *Altes Portal der umgebauten Stabkirche von Hedal, Valdres.*
1. Hälfte des 13. Jahrhunderts. Holzstich aus Lorentz Dietrichson
»Die Holzbaukunst Norwegens«, 1892.

tierung der Stabkirchen spricht für christliche Gründung.
Obwohl mit Ausnahme von Høre, wo eine Inschrift auf
das Jahr 1179 verweist, an keiner Stabkirche ein Datum
eingeschnitten oder eine hinweisende Inschrift überliefert
ist – die Runen an der Heddaler Stabkirche sind umstrit-
ten –, dürfte vor der Mitte des 11. Jahrhunderts keine
gebaut worden sein, und die Mehrzahl gehört wohl dem
späteren 12. und dem 13. Jahrhundert an, als die Christianisierung bereits vollendet war. Die Stabkirche von
Jelling in Jütland rührt zwar aus der Zeit um 980 her,
aber ihr Erbauer ist Harald Blauzahn, der sich der Ein-
führung des Christentums in Dänemark rühmt. Damit
wird auch die Meinung, daß dort, wo der Christenglaube
vom König verfügt worden sei, Basiliken entstanden, die
Bauern im Hinterland aber bei ihrem alten Tempelbau
geblieben seien, widerlegt, denn eben Harald Blauzahn
errichtete die Stabkirche. Ob der von Adam von Bremen
beschriebene Heidentempel von Alt-Uppsala schon Stab-
kirchenform hatte, steht dahin. Die diesen Kirchen einge-
brachten Darstellungen aus der Edda können vertraute
Legenden sein, die christliche Ausdeutung zulassen, die
Sigurdgestalt weist dann auf den Heiligen Georg, Gunnar
in der Schlangengrube auf Daniel in der Löwengrube.
Altes Bildgut verschwand nicht mit der Christianisierung.
Auf einem englischen Schrein aus Walfischknochen
(Franks' Casket im Britischen Museum) ist neben der
Anbetung der Drei Weisen unter dem Stern von Bethle-
hem die Wielandsage dargestellt, und Sigurd-Siegfried ist
nicht nur auf den in Runenschrift erläuterten nordschwe-
dischen Bildsteinen bei alten Kirchen zu sehen, sondern
lebt christianisiert im 13. Jahrhundert im Nibelungenlied
fort. Gunnar in der Schlangengrube, den wir in den Resten der Hylestad-Stabkirche sehen, ist auch auf dem
Taufstein der Norumskirche im schwedischen Bohuslän
zu finden.

Noch anderes muß erwogen werden. Die Stabkirchen sind bei aller bewiesenen Kunstfertigkeit und Betontheit der Höhe räumlich sehr bemessen. Der nutzbare Raum vor dem engen Altarplatz mißt in Borgund 42 Quadratmeter, in Torpo 63, in Hopperstad 76, in der größten Stabkirche in Heddal 110, davon geht der Platz für die mächtigen Stützen noch ab, und wenn sich in Hopperstad 100 Menschen hineindrängen, herrscht qualvolle Enge. Dabei ist an eine liturgische Funktion vor dem seitlichen Ziborienaltar noch nicht einmal gedacht. Nach oben führt keine Stiege, die dann Sitze erlaubt hätte, auch der oft so schön gestaltete Dachaufsatz ist nicht erreichbar, ein Geläut, wie es im Bayeuxteppich dargestellt ist, kann hier nicht angenommen werden. In Borgund, Reinli, Lom und einst auch in Årdal sind später Glockenstapel vor der Kirche angebracht worden. Wie hat sich der Gottesdienst in den Stabkirchen überhaupt vollzogen? Welche Bedeutung hat der bei den meisten zwar rekonstruierte, aber doch besonders in Borgund und in Resten anderswo bewiesene Umgang? Ihn gibt es auch an einigen mitteleuropäischen Kirchen, aber bei den Stabkirchen diente er kaum Prozessionen, denn keine zwei Menschen haben hier nebeneinander Platz, ohne zu stolpern. Einblick in den Innenraum gewährt er nicht. Nicht einmal als Waffenablage ist dieser Umgang praktikabel. Ist er nur eine schützende Umfassung, eine Umkränzung des sakralen Orts, um diesen zu einem Tabu zu machen? Der Umgang gibt der Kirchenwand freilich einen gewissen Schutz und dient der Absteifung des Zentralraumes.

Man vermag sich des Eindrucks nicht zu erwehren, daß das Malhafte des Außenbaues, der gern in der Landschaft erhöht dasteht, um das Staffelwerk der Dächer zu betonen, den Erbauern ebenso wichtig war wie der dunkle Innenraum, der für eine größere Gemeinde nicht hinreichte und mehr einer Krypta, in der man der Ahnen

gedachte, glich. Wer waren die Erbauer? Der König war
der Initiator der Christianisierung, und auf ihn geht vielleicht ein Teil der Kirchenbauten zurück, aber sicher gab
es auch Bauern, die die Stabkirchen für ihre Familienge-
meinschaft in Auftrag gaben. Denn diese Bauern mußten
vermögend sein, um so viele Schnitzarbeiten als Prunk an
den Portalen in Auftrag zu geben, sie mußten aber auch
aus langen Traditionen leben, um noch mit den Edda-
mythen vertraut zu sein. Daß es bei den Stabkirchen um
Eigenes ging, dürfte bei der von Hopperstad deutlich
sein, denn sie steht doch nur Schritte von der Kirche
Hove entfernt, die eine hinreichende in Stein errichtete
Gemeindekirche abgab. Wahrscheinlich waren alle Stabkirchen Eigenkirchen mächtiger Bauerngeschlechter gewesen und regten weitere an. Einige waren noch nach
dem großen Sterben in der Mitte des 14. Jahrhunderts in
privatem Besitz, und auch von Geistlichen, die von Bauern berufen wurden, ist die Rede. Aber andererseits hören wir, daß ganze Gemeinden verpflichtet waren, die
Kirchen zu pflegen. Es bleiben der Fragen genug. Was
nun als Bischofsstühle angesprochen wird, war kaum für
einen solchen reserviert, eher Sitz des Sippenältesten.
Denn welche Mühe hätten sich die Bischöfe von Bergen
oder Stavanger machen müssen, um die kleinen Stabkirchen zu erreichen, und um am Altar Platz zu nehmen,
wären Stühle mit Throndarstellungen, Abraham oder
David, angemessener gewesen als solche mit makabren
Eddamotiven. Auch im Norden kommt dem Bischof der
Mittelplatz eines Dreisitzes zu.

Einiges wissen wir inzwischen von den Menschen, die
diese Stabkirchen aufsuchten. Im Bryggens-Museum in
Bergen fand 1979 eine Ausstellung sorgfältiger Kopien
der Zeichnungen statt, die die mittelalterlichen Menschen an den Wänden der Stabkirchen eingeritzt haben.
Diese Kritzeleien waren nicht als Schmuck gemeint, son-

dern wohl Beschäftigung während des zu langen Ausharrens. Vielfach entstanden sie schon auf dem Zimmererplatz und wurden dann in die Wände des Chores eingebracht. In diesen Ritzereien offenbaren sich Phantasien. Über das, was sie aus den Evangelien hörten, haben diese Kirchenbesucher nicht lange reflektiert, aber auch die an den Portalen angesprochenen Themen aus der Edda gingen ihnen schließlich wenig durch den Sinn, kühne Wikingerfahrten auf den schnellen Booten mit den Drachensteven waren vergessen, obwohl doch die Drachenköpfe an den Firsten der Stabkirchen expressiv lechzten. Aber Reiterzüge, Balgereien, Tun und Erfolg in der Fischerei und Landwirtschaft beschäftigten immer wieder. Offenbar ging in Ringebu den zum Glauben Aufgerufenen das Wonnegefühl vor, das die Gedanken an die grunzenden Borstentiere auf ihrem Hof auslösten. Täglicher Schweinebraten war schon den alten Recken in Walhall verheißen. Das sind überaus menschliche Inhalte der unbeabsichtigten Beichten, während wir Heutigen mit Bewunderung die Mythen aus den Portalschnitzereien ablesen. Aber auch in den im farbigen Licht sich wandelnden Chören gotischer Kathedralen sahen die Gläubigen nicht nur das himmlische Jerusalem vor sich; die beschnitzten Misericordien an den Chorgestühlen beweisen auch hier, daß es zugleich Irdischeres gab. Aber eben deshalb zeigen diese Stabkirchen ihre Großartigkeit, und bedenken wir dann, wie wenige der einstmals so vielen heute nur noch stehen, wird dieser Ausdruck der norwegischen Wesensart um so strahlender.

Bauernhäuser

Norwegen erscheint in den Romanen Björnstjerne Björnssons und in Knut Hamsuns »Segen der Erde« als das Land von Bauern, die herber Natur widerstehen. In den Städten lebten 1850 nur zwölf Prozent der Menschen, heute sind es fünfzig Prozent. Fährt man den Straßen oder Fjorden nach, stehen ländliche Häuser zwar noch da, meist in kleinen Gruppen, aber viele sind leer oder werden an Sommergäste vermietet. Von alter Odalskultur, wie sie sich in den gedrungenen, aus mächtigen Kiefernstämmen gefügten Blockbauten oder in aufragenden zweistöckigen Gaden mit hochgreifendem Loft und umziehendem Svalgang bezeugt, ist in der freien Landschaft nicht mehr viel geblieben. Jetzt sind es meist gebretterte Häuser, hell gestrichen, mit großen, weiß abgesetzten Fenstern, und die Dächer bestehen nicht mehr aus dichtem Graswuchs über Birkenrinde, sondern allzuoft nur aus gewalztem Blech. Doch der Norweger wollte auch das Alte wahren, und besonders die Freilichtmuseen boten sich hierzu an. Im Handbuch der europäischen Freilichtmuseen sind 27 norwegische genannt, aber es gibt ihrer sehr viel mehr, man trifft sie allenthalben und in den verschiedensten Formen.

Freilichtmuseen gelten als schwedische Erfindung, der Direktor des Nordischen Museums in Stockholm, Artur Hazelius, eröffnete nach einigen Vorbereitungen 1891 ein erstes in den aufgelassenen Schanzen (Skansen) Stockholms. Doch wenn man will, kann man den letzten Unionskönig Oskar II. nennen, der 1888 die Stabkirche von Gol und ein Wohnhaus aus Heddal in Telemark,

zwei Speicher (Loft), einen mittelalterlichen aus Gudbrandsdalen, einen anderen aus der Zeit um 1750, und
eine Sennhütte als årestove (Wohnhaus mit offener Feuerstelle und Rauchabzug durch ein Loch im Dach) in den
königlichen Park von Bygdøy versetzen ließ. Ein öffent-
liches Freilichtmuseum entstand 1902 in der Nachbarschaft und 1907 wurde dann auch die königliche Sammlung einbezogen.

Bygdøy stellt ganz Norwegen vom Setesdal bis zum
Nordland dar; Siedlungsart und Lebensweise der Lappen
allerdings, die im schwedischen Skansen so viele Besucher und Fotografen locken, sind hier im Freilichtmuseum nicht bedacht. Dieses Thema hat sich Trondheim angenommen. Während es in Bygdøy, Lillehammer,
Trondheim und anderen meist um das ländliche Bauen
geht, hat Bergen sich um die Erhaltung alter Bürgerhäu-
ser bemüht, aber kleine Stadtviertel trifft man nun auch
in Bygdøy, Kristiansand, Skien und in Trondheim. In
einigen Museumshäusern werden besondere Erinnerungen an Norwegens Dichter wachgehalten, etwa an Henrik Wergeland in einem Gartenhaus in Bygdøy. In der
Hammervollstua im Freilichtmuseum Molde wird
Björnstjerne Björnson beschworen; dort, in dem von
ihm besuchten Haus der Familie Hammervoll, wohnte
nach seiner Aussage ein schönes Mädchen, das ihm Vorbild für Synnøve Solbakken wurde. In Bygdøy treffen wir
dann wieder Henrik Ibsens letztes Arbeitszimmer, im
Fylkemuseum von Skien sein Schlafzimmer, das von Oslo
überführt wurde. Die Apotheke in Grimstad, in der der
Provisor Ibsen 1850 sein erstes Drama »Catilina«
schrieb, wird als Museum gezeigt.

Diese meist gut gepflegten Freilichtmuseen erlauben
dem Reisenden, norwegische Bauernhäuser und das einstige Leben in ihnen intimer kennen zu lernen. Sie reprä-
sentieren, von dem großen in Bygdøy abgesehen, jeweils

ihre Landschaft, aber auf den ersten Blick ähneln sie einander sehr. Das aus Rauland in Uvdal (Numedal) stammende und in Bygdøy wieder aufgebaute Haus gilt als eines der ältesten Blockhäuser in Norwegen, man datiert es u. a. wegen der Art seiner Runeninschrift in die zweite Hälfte des 13. Jahrhunderts. Diese Inschrift: »Torgautr Fivil machte mich« läßt das Haus wie eine Person sprechen, es ist damit mehr als ein totes Ding. Das aus dicken Stämmen gelegte Haus hat keine Fenster; es ist an den Ecken verschränkt und weist seitlich der am Ende der Längswand ausgeschnittenen und an den Pfosten mit dichter Rankenornamentik versehenen Eingangstür innen noch eine Querwand auf, wodurch ein Vorraum entsteht, von dem hinten nochmals eine Kammer abgeteilt ist. Von dem Vorraum aus führt eine Innentür in den mit

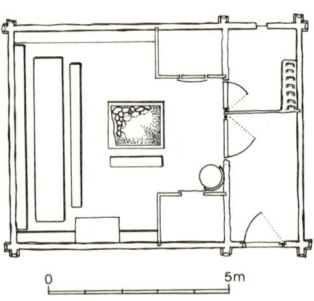

10. Schema des Dreiraum-Grundrisses

einem Lehmfußboden versehenen großen Raum, und erst von diesem erschließt eine zweite Tür in der Querwand die Kammer. Damit haben wir den sehr verbreiteten Dreiraum-Grundriß. Außen an der Giebelwand, über die das flache Dach hinweggreift, war einst noch ein Laubengang, in dem wohl Gerät abgelegt werden konnte. Die

Einrichtung des großen Raums würde man sich wiederhergestellt wünschen. Tisch und Wandbänke waren bestimmt vorhanden, von der ursprünglichen Feuerstelle ist
nichts erhalten geblieben, weshalb sie nicht rekonstruiert
wurde. Der Rauch zog unter die Decke und entwich
durch ein im Dach offen gebliebenes Loch ins Freie. Dieses Loch im Dachfirst war zugleich die einzige Lichtöff-
nung. Sehr hell war es daher in dieser Raulandstube
nicht. Zwei Querbalken waren als notwendiger Verbund
unter die Decke gezogen. Die Raumanlage und das offene Herdfeuer in der Mitte behielten in Norwegen das
ganze Mittelalter hindurch Geltung.

Die offenen Herdfeuer sind aber wohl selten so lange
in Gebrauch geblieben wie im Setesdal und am Hardan-
gerfjord, wo Tidemand sie vor 1850 noch in Valle und
Voss zeichnen konnte. Neben dem offenen Herd war in
Westnorwegen auch der in der Raumecke stehende
Rauchofen üblich. Zwar qualmte auch aus ihm im
Herbst oder bei Regen beißender Rauch, aber im Ofen,
selbst wenn er schornsteinlos war, speicherte sich die
Wärme, während das Herdfeuer auf der Steinbank die an
ihm Sitzenden nur so lange wärmte, wie das Feuer
brannte. Im Ofen hielt es sich möglicherweise die ganze
Nacht hindurch.

Das norwegische Gehöft ist aber wohl in historischer
Zeit nie ein Einzelhaus gewesen, wie lange Zeit hindurch
das niederdeutsche, und wie es in Bygdøy, wo zufällig
Erhaltenes zusammengetragen ist, scheinen mag, sondern
es bestand aus einer Gruppe von Häusern, ähnlich den
Bauernsiedlungen im schwedischen Jämtland, das ja bis
in das 17. Jahrhundert norwegisch war, und den bekann-
teren in Dalarna. Jedes Gebäude hat eine eigene Funktion, wenn zum Beispiel der Hof funktionell zweigeteilt
war wie in Østerdalen. Der Stuegard, die Wohnstätte des
Bauern, pflegt die Mitte einzunehmen, Ställe, nach der

Tierart unterschieden, schließen sich als Nautgard an, dazwischen liegen Scheunen und Schuppen, die Uthus. Dadurch kann man das Vieh, das den Norwegern meist mehr als die Ackerwirtschaft bedeutet, vom Wohnhof fernhalten.

Theodor Mügge, der 1844 in »Skizzen aus dem Norden« von seinen Erlebnissen berichtet, erstaunte, als er die Fülle der in den Speichern geborgenen Vorräte sah. »An den Wänden standen ungeheure Stöße von Haferbrot, getrocknetes Rindfleisch hing in ganzen Seiten an den Wänden, daneben Speck und Hammelschinken; kurz, es war hier genug vorhanden, um die Familie auf Jahr und Tag hinaus vor Hunger zu sichern. Über dieser reich versorgten Vorratskammer war noch ein Stockwerk [Loft], wo Kleidungsstücke aller Art, Pelzwerk, Pferdegeschirr, Kisten mit Leinen und Strümpfen, Schuhe, und an den Balken aufgehängt wohl fünf oder

11. Holzbauten aus Gudbrandsdalen im Norsk Folkemuseum in Bygdøy.

12. Loft, vielleicht von Stave, Ål, vor 1350.
Hallingdal Folkemuseum in Nesbyen.

sechs Dutzend verschiedenartiger Woll- und Pelzdecken, auch Gästebett, sich befanden.«

So sind das Bur und, zweigeschossig um das Loft überhöht, das gesetzte Stabbur Dokumente des bäuerlichen Wohlstandes, aus schweren Stämmen gefügte Bauwerke, auch äußerlich durch besondere Form ausgezeichnet. Noch eindrucksvoller als die mit der Traufseite zum Hof stehenden Beispiele aus Gudbrandsdalen sind die mit der Giebelseite sich vorstellenden Speicher aus Telemark. Sie finden sich in Bygdøy in ganzen Reihen, aber der mächtigste wird wohl der von Ål im Hallingdal-Freilichtmuseum in Nesbyen sein, dem manche sogar das Datum 1340 zugestehen wollen. Tidemand malte 1848 ein Stück winterliches Brauchtum um ein solches Haus. Sein Bild »Juleskikk«, heute in der Galerie der Trondheimer Kunstvereinigung, sei Anlaß, auf diese Speicher näher einzugehen. Denn so urnorwegisch sie scheinen, sie entsprechen im gestuften Aufbau Speichern in der Schweiz, manchem Kornkasten in Österreich, und auch im Schwarzwald findet sich ähnliches.

Klaus Thiede hat sie in seinem Buch »Erbe germanischer Baukunst« 1936 abgebildet, Albrecht Dürer gibt einen zweigeschossigen Speicher gleicher Form, aber in Fachwerk, auf seinem Kupferstich um 1497 »Madonna mit der Meerkatze« wieder. Solche Speicher entstanden somit nicht nur als Blockbauten im waldreichen Gebirge, sondern sie waren auch in Nord- und Mitteleuropa verbreitet, aber nirgends sind sie so wuchtig wie in Norwegen, und hier besonders schmuckreich in Telemark. Etwa seit 1700 sind sie auf Pfosten so gestelzt und mit abgesetztem Stufenzugang versehen, daß vierbeinige Räuber nicht herankommen können. Der Kern ist rustikaler Blockbau, sowohl Unter- wie Obergeschoß, das Loft; die an der Stirnseite liegende Eingangstür aber schon ausgeformt und geziert. Eine Treppe führt hinauf und in einen verschalten Laufgang, den Svalgang, hinein; erst durch diesen erreicht man den oberen Raum. Der Laufgang ist meist durch eine Arkadenfolge erhellt. Diese Arkaden, die wie aus der Formsprache der Romanik gewonnen wirken, haben geschnitzte Rahmen mit altertümlichen Ornamenten auch dann, wenn sie dem 18. Jahrhundert entstammen, die Eckpfosten des Obergeschosses schwellen gern zu barocker Wulstung an.

Die Bedeutung der Loftbauten wird durch die füllige Formsprache des Obergeschosses hervorgehoben, denn hier waren nicht nur die kostbaren Kleidungen aufbewahrt, wie es Theodor Mügge beschrieb und Olaf W. Isaachsen malte, während die täglich benötigten Lebensmittel unten lagerten, sondern dieser Oberraum wurde auch dem geehrten Gast als Schlafstätte eingeräumt. Hier konnte auch die flügge gewordene Tochter nächtigen, wenn die Burschen auf Brautschau gingen und die Ruhe der Eltern störten. Auch dieser Brauch findet sich im

Alpenland wieder, und die strengen Ordnungen der
Jungmannschaften wahren hier wie dort die Einhaltung
der dabei gebotenen Sitte. Die Speicher von Brottveit und
Ose aus dem Setesdal aus dem 17. Jahrhundert und besonders die vom Gehöft Rofshus und Søndre Tveito aus
dem Telemark – der eine von 1754, der andere runenbe-
schriftete von etwa 1300 – sind prächtige Beispiele in
Bygdøy. Die Speicher im Freilichtmuseum Kristiansand,
das sich der bäuerlichen Baukunst des Setesdal annimmt,
sind weniger imponierend herausgestellt. Deutlicher aber
ist die Verteilung der einzelnen Gebäude eines Setesdal-
gehöftes in langer Linie und Parallelität, während sonst
freiere Gruppierung üblich ist.

In Gudbrandsdalen mit seinem ständigen Durchgangs-
verkehr gibt es so alte Zeugnisse nicht mehr, Mittelalter-
liches hat sich kaum erhalten, und in Maihaugen wird
neben den alten Teilen der Garmokirche nur die Tolstad-
Hütte mit einem Datum nach 1437 genannt. Sie stellt
sich als primitives Haus mit dem Herdfeuer inmitten des
Raumes vor. Die Speicher in Gudbrandsdalen haben ihren Zugang oft an der Traufseite, dafür können Lauben-
gänge oben und unten liegen, die Fülle der zum Gehöft
gehörigen Gebäude erforderte nicht das trotzig Abgeschlossene des einzelnen Hauses. Die traufseitige Er-
schließung gilt selbst für den bemessenen Blockbau im
Freilichtmuseum Maihaugen, der den Namen Peer Gynt-
Hütte führt. Der Name wiederholt sich aber in Gudbrandsdalen. Dort am Südhang des Tales hat ein Peer
Gynt als Jäger gelebt, und es soll auch einen Peer Åker-
bryter gegeben haben, einen Ackerbrecher, der im
Schweiße seines Angesichts Wald für sich und andere
rodete. Er wäre wohl eher ein Held für Hamsun als für
Ibsen gewesen. Die Voraussetzungen für das Siedeln werden zwischen Setesdal und Trøndelag wohl allenthalben
die gleichen gewesen sein, die Traditionen des Bauens

und Lebens waren aber in den beiden Landschaften offenbar doch verschieden.

Das bezeugen schon die Trachten, die heute noch in Ehren gehalten und an Sonntagen und zu Festen wohl auch von jüngeren Frauen noch getragen werden. Wer sich nicht dem Zufall anvertrauen will, wird sie vor allem in Bygdøy suchen müssen, wo die Betreuerinnen der Häuser sie tragen und wo darauf geachtet wird, daß sie den dargestellten Hauslandschaften richtig zugeordnet sind. Auch wer bei der Fülle des Dargebotenen die jeweilige Eigenart nicht immer sofort zu erkennen vermag, dem prägen sich die dunklen Festtagskleidungen aus dem Setesdal, wo Mädchen und Frauen nur bis zum Knie reichende, sehr abständige Trägerröcke mit leuchtend rotem Besatz tragen, doch sofort ein. Der Besucher wird bald sehen, daß die aus längerem Rock und Mieder bestehenden und mit Blumen bestickten Trachten des Gudbrandstals den städtischen Moden verpflichtet sind, mögen nun Rock und Mieder farbig kontrastieren oder gleichfarbig sein. Sicherlich aber ist das über die weiße langärmelige Unterbluse gezogene Mieder kein Modeelement, sondern der Schnitt mit vor der Brust stehenden Ecken wieder landschaftsgemäß. In Gudbrandsdalen kann die Tracht eine Eleganz gewinnen, die weder im Setesdal noch im Hallingdal, wo wieder der Trägerrock vorherrscht, erreicht wird. In Telemark wird die reiche Stickerei an den Frauenkleidern bewundert, sie findet sich an den meist zinnoberroten Jäckchen und an den Schürzen; Gürtel und Bänder sind als Brettchenwebereien entstanden und weisen schon von der Technik her auf uralte Traditionen. Auch in Trøndelag werden noch Trachten getragen, wenn auch hier wie anderwärts der Brauch wiederbelebt und die Tracht nachgeschneidert wurde. Im Setesdal gilt es wie auch sonst in Trachteninseln, daß sich mit wachsendem Wohlstand die Zahl der

von den Frauen übereinander getragenen Röcke mehrt.
Im Setesdal können es fünf werden.

Landschaftliche Variationen, wie sie die Trachten bezeugen, kann man auch in den Stuben finden, die die
Häuser der Freilichtmuseen bergen. Allen gemeinsam
war wohl zuerst die Stube mit dem freien Feuer in der
Mitte, dessen Rauch durch ein Loch im Dach abzog. Mit
dem Aufkommen des Kochofens in der Stubenecke und
besonders mit dem Kaminbau konnte man an bessere
Raumausstattung denken. Doch immer noch war das
Haus im Blockbau errichtet, und die nur geschälten,
nicht gehobelten Stämme waren außen wie innen zu sehen. Aber im Hallingdal, in Østerdalen und Gudbrandsdalen entschließt man sich schließlich auch zu geglätteten
Balken, und in Gudbrandsdalen wird dann die Wandverbretterung bevorzugt. In Gudbrandsdalen bewundern
wir denn auch die vielen Möbel, die mit Akanthusschnitzerei reich belegten und gekrönten Stubenschränke, die
die Nachfolger J. B. Klukstads entwickelten und die sich
noch vielfach erhalten haben. Da gibt es dann auch
Schrankbetten, meist bemalt, Eckschränke mit zwei
Schauseiten und Truhen. Die konventionelle Stubenaufteilung mit dem langen Tisch vor der Giebelseite und den
Bänken um ihn herum kann dann aufgegeben werden.
Die besondere Rolle Gudbrandsdalens liegt nicht in einer
von der Frühzeit überkommenen Tradition, sondern in
einem eigenwüchsigen barocken Prunk.

Anders die Stuben z. B. des Sunnfjords. Hier wird die
Blockbauart und die Folge der rohen Stämme der Wände
nicht verdeckt. Die davor stehenden Möbel lassen mit
ihrem Leistenwerk mehr an Renaissance als an Barockes
denken, und die Himmelbetten und die vielen Truhen
erinnern an deutschen Möbelbau. Es mag der Einfluß der
nahen Hansestadt Bergen sein, aber der Hardanger ist im
Süden nicht weiter davon entfernt, und dennoch sind die

Möbel dort sehr viel einfacher. Im Gegensatz zu den reichen Trachten mit viel Rot, mit Perlen und Broschen, bleibt das Möbel schlicht und ist noch zu Beginn des 19. Jahrhunderts nicht weit über das Mittelalter hinausgekommen.

Das Setesdal blieb lange beim alten Wohnbrauchtum. Da brannte noch im 17. Jahrhundert das Herdfeuer inmitten der Stube, dahinter stand der lange Tisch quer im Raum, von Bänken umgeben. Soweit die Rücklehnen geschnitzt sind, können sie noch im 18. Jahrhundert unförmige Tierornamentik zeigen oder in den Darstellungen an Apokalyptisches mahnen und dabei Kostümliches aus dem 16. Jahrhundert bewahren. Im Numedal finden sich in den Stuben verbretterte Partien neben den sichtbar gebliebenen Blockbauwänden, die Möbel pflegen wohl einfach, aber nicht urtümlich zu sein.

Das nördlich des Numedal gelegene Hallingdal, in dem sich mehr gebretterte als aus Stämmen gefügte Wände finden, ist eine Landschaft der Rosenmalerei. Aber die Rosenmalerei ist nicht so eindeutig lokalisiert wie die Akanthusschnitzerei in Gudbrandsdalen. Rosenmalerei findet sich ebenso in Telemark, der Landschaft, die sich in Bygdøy durch die prächtigen zweigeschossigen Speicher ausweist. Man findet auch noch im Lande, etwa bei Møsvatn oder in Rauland, schöne Zeugnisse mit Erdgeschoß und dem Loft und Svalgang. In den Stuben mit Blockbauwänden stehen in Telemark meist viele Möbel, mehr als im Setesdal. Die Schränke sind mit Rahmen und Füllung gearbeitet und hell bemalt. Dann findet man in Telemark die Kubbestühle, diese aus einem Baumstamm gehöhlten, nicht gerade bequemen Sessel, die so urtümlich wirken und in denen der Maler Tidemand seine alten Bauern sitzen läßt, die aber doch erst im 19. Jahrhundert entstanden sein können.

Die südnorwegischen Landschaften haben also im Bauen und in der Stubenausstattung nicht nur viele Traditionen bewahrt, sondern zeigen auch innerhalb dieser noch überraschende Vielfalt. In den Tälern waren hinreichende wirtschaftliche Voraussetzungen dafür gegeben, aber die Fjorde gestatteten mit ihren schmalen Siedlungsrändern nur bescheidenen Weidebetrieb. Daher sind die Häuser hier klein, nur mit dem Notwendigsten ausgestattet und nun meist verlassen. Auf der Höhe von Trondheim und schon bei Molde ist der Ertrag günstiger und erlaubt den Bau größerer Häuser, aber sie bleiben schlichte Blockbauten oder können auch hier wie in den Fjorden verbrettert sein. Doch sie sind meist eingeschossig, seltener zweigeschossig, und haben den Zugang an der Traufseite. Das Schnitzmesser wird nicht mehr bemüht, im Innern mögen sie bemalt sein, aber es ist nicht mehr der dekorative Überschwang der Rosenmalerei.

Im großen und ganzen ähneln die Verhältnisse denen Schwedens auf gleicher Breitenlage. Ein gutes Beispiel ist in Bygdøy das Haus aus dem Ende des 18. Jahrhunderts aus Stiklestad-Verdal in Nord-Trøndelag, das zwar schließlich als Pfarrhaus diente, aber doch ein typisches Bauernhaus ist. Im Trondheim-Freilichtmuseum, wo besonders Süd- und Nord-Trøndelag vorgestellt werden soll, sind Traufenhäuser in stattlicher Zahl zu sehen. Da diese Häuser meist jüngeren Datums sind, jedenfalls nicht älteste Traditionen bewahren, fehlt der Rauchofen, den wir in Molde noch sehen. Die Herde haben einen Kamin und auch der eiserne Hinter- oder Vorderladeofen ist daneben in den Stuben gebräuchlich geworden.

Wikingerkunst, Akanthusschnitzerei und Rosenmalerei

Norwegische Volkskunst

Wer die Säle des »Norsk Folkemuseum« in Bygdøy durchwandert hat und dann im sich anschließenden Freilichtmuseum die beschnitzten Speicher, die in den Häusern geborgenen Stuben sieht, die bei allem Dämmerlicht doch in ihrer dichten Farbigkeit wahrzunehmen sind, der meint, kein anderes Land Europas mit wichtigerer Volkskunst nennen zu können. Ihr Grundzug ist großzügige Ornamentik und wenig figürlich Erzählendes, vieles wirkt mittelalterlich und verwundert, wenn man die späte Datierung liest. Wenn die Zier, die den uns fremdartig anmutenden Geräten aufliegt, von gleicher Art erscheint, dann erkennt man doch zuletzt, daß das eine den Kerbschnitt aus der Renaissance zur Voraussetzung hat, obwohl man Daten 1773 oder 1804 lesen kann, daß das andere die Akanthusschnitzerei, die um 1700 Mode war, übernommen hat. Diese blühte dann in Gudbrandsdalen im ganzen 18. Jahrhundert und erinnert in ihrer Dichte doch auch an die Zier von Stabkirchenportalen des 13. Jahrhunderts. Daß die berühmte Rosenmalerei zwar dem Rokoko entwachsen ist, aber barocke Fülle erreicht, ist eine weitere überraschende Feststellung. Schließlich erkennen wir, daß die einzelnen Landschaften Norwegens sich sehr unterschiedlich verhalten. Im wohlhabenden Gudbrandstal, durch das die königliche Heerstraße von Oslo nach Trondheim führte, blüht die Volkskunst wahrhaft im Sinne des Wortes, und hier ist die Akanthus-Arabesken-Schnitzerei füllig und locker zugleich. In Telemark und im Hallingdal wird mehr die vom Rokoko

angeregte Rosenmalerei gepflegt. Im Setesdal lebte die
geometrische Zier lange nach, und durch die Abgelegenheit des Tales konnte das Mittelalterliche nicht nur in
den Zierformen weiter wirken. Auch liebte man dort die
Brandmalerei stärker als anderwärts. Bei dem Besuch der
zahlreichen örtlichen Museen wird die kulturelle Eigenheit der verschiedenen Täler offenbar.

Wikingerkunst

In Norwegen, dem Land nur weniger urbaner Zentren,
könnte also die Volkskunst von der Schnitzerei des Ose-
bergfundes über die Jahrhunderte hinweg bis zur Kirche
von Lesja im oberen Gudbrandstal als die alles bestim-
mende künstlerische Aussage erscheinen. Doch das trifft
natürlich nicht zu. Das Schiff von Oseberg mit seinen
vielen Beigaben galt um 950 der stolzen Fahrt einer Königin ins Jenseits, die Schnitzereien in Lesja neunhundert
Jahre später sollten Bauern an die mosaischen Gesetze
und an die Leiden der Passion erinnern. Die Oseberg-
kunst ist keine Volkskunst, sie stand im Dienst der
Mächtigen und nahm vielleicht von insularer Buchmale-
rei und von alter Skythenkunst, vom nahen Westen und
ferneren Südosten Anregungen. Es zeigen sich sehr indi-
viduell geprägte Meister, die im Dienst der Königin standen. Da erkennt man die kunstvoll in Schleifen gebundene Tierornamentik und spricht vom »Schiffmeister«,
da ist der elegantere »Akademiker«, den man mit der
Schnitzerei an einem Schlitten in Verbindung bringt, end-
lose Rankenverknüpfung scheint seine Lust. Und da sind
dann stupsnasige und glotzäugige Greiftiere, eng ineinander verbissen, Formen, die sich auch an einem am Varan-
gerfjord gefundenen, heute in der Osloer Universitätssammlung bewahrten Schmuck wiederfinden, und man
erdenkt sich einen »Meister des karolingischen Drachen-

VIII

ADOLPH TIDEMAND

(1814-1876)

Bauernstube im Setesdal, 1848

Gemälde, 36 x 38,5 cm

Nationalgalerie, Oslo

kopfes«. Der erfindungsfroheste scheint der »Barockmeister«, der die zwei Zugstangen der Schlitten und die Drachenköpfe schnitzte, die wie kunstvoller Metallguß wirken. Schließlich war auch ein Schnitzer tätig, dessen Ornament, etwas sperrig und schlicht, wie Riemenwerk
wirkt. Er ist der einzige, der erzählt: die Eddageschichte
von Gunnar im Schlangenhof, Gunther heißt er im Nibelungenlied. Man hat in der verknoteten Ornamentik dieser Wikingerkunst Ausdruck wilder Phantasie gesehen,
den Gegenpol von allem mittelmeerisch Klassischen.
Aber B. Salin konnte in seiner Schrift »Altgermanische
Tierornamentik« die Verflechtungen lösen und die raffinierten Formgesetze, aus denen sie sich fügen, darlegen.
Das Ornament erweist sich als tätige Gebärde, die nicht
Dingliches, sondern Aktion ausdrückt. Wilhelm Pinder
fühlte sich an die Kunst der Fuge in der Musik erinnert.

Diese Wikingerkunst lebte noch mindestens drei Jahrhunderte weiter. Die Gunnargeschichte wird auch in den
Stabkirchen erzählt, so auf einer Kirchenbank in Heddal
(heute in der Stabkirche Gol, Bygdøy), an Portalen in
Hylestad und Austad (heute Universitätssammlung
Oslo). Drachenköpfe erscheinen an ihren Firsten allenthalben, mehrfach zwar erst nach den Vorbildern von
Borgund im 19. Jahrhundert ergänzt. Der Stil in seiner
ganzen ausgemachten Feinheit aber ist an der Stabkirche
von Urnes bewahrt. Was sich hier um 1050 oder 1100
zeigt, die verflochtenen Tiere, Pferde mit Spiralgelenken,
die die Sprunggewalt zeigen – der Drache auf dem Jel-
lingstein aus Ostjütland hat sie auch – das Ineinander
feiner überspielender Linien und auf- und abschwellen-
der Körper, wirkt noch um 1200 im Drachenportal von
Hopperstad nach, verliert aber nun das Erregende. Doch
trotz des langen Nachlebens und der Ferne von der europäischen Stilentwicklung ist das von 800 bis 1200
Entstandene kaum Volkskunst, denn Volkskunst sucht

keine Kontrapunkte und mag keine raffinierten Kapriolen.

Wenden wir uns nun dem in Bygdøy sorgsam gepflegten Raulandhaus aus Numedal zu, einem der ältesten Bauernhäuser Norwegens, das um 1250 zu datieren ist. Der Eingang ist von geschnitzten Pfeilern flankiert, das dichte, in Kreisen geführte Ranken- und Palmettenornament steht als Pflanzenornament nicht mehr in Wikingertradition, sondern entspricht dem um 1200 im Abendland Üblichen. Daß die Form eingeebnet ist und das dem Floristischen eigentlich gemäße Blühen verloren hat, würde eher dem entsprechen, was wir unter Volkskunst verstehen. Aber von einem Gegensatz zwischen Volkskunst und einer den Ansprüchen höherer Stände entsprechenden Stilkunst mag man in Norwegen nicht sprechen. Sieht man von dem ab, was man in und um Trondheims Kathedrale findet und was sich an den Portalen und im Inneren der Stabkirchen zeigt, ist das hochmittelalterliche Kunstschaffen dürftig. Manches ist nur wie ein dürres Zeichen für ein Motiv. Anderes gemahnt von fern an französische Vorbilder, wie die hohe Schnitzfigur der Muttergottes mit Kind in der Hedal-Kirche in Valdres (um 1250), oder an Englisches, etwa bei den wenigen alten Skulpturen am Trondheimer Dom, am deutlichsten bei dem gemalten Antemensale des endenden 13. Jahrhunderts, das aus Trondheim stammen wird, sich heute aber im Kopenhagener Nationalmuseum befindet. Das Königshaupt, das jetzt im Lapidarium des Trondheimer Doms zu sehen ist, läßt mehr an den Naumburger Meister denken. 1316 stirbt in Trondheim der Baumeister »Matias Cais filius de Colonia«, Deutsche waren bei dem sonst so englischen Unternehmen also auch beschäftigt. Im 15. Jahrhundert kommen Lübecker Schnitzwerke nach Norwegen, allerdings nicht von der Qualität, die sich in Dänemark und Schweden findet. Erwähnenswert sind immerhin der Hauptaltar der Marienkirche in Bergen, um 1490, der Altar aus der Kvæfjord Kirche in Troms, nun in der Universitätssammlung in Oslo, nach 1510, den man Benedikt Dreyer aus Lübeck zuspricht, und aus der Halvardskirche zu Oslo der Altar, der aus der Werkstatt des Claus Berg stammt und dessen Mittelmotiv des Gnadenstuhls auf Dürers Holzschnitt von 1511 zurückgeht. Man kann darauf hinweisen, daß Claus Bergs Enkel Franz Berg evangelischer Bischof in Oslo wurde. Auch findet sich ein beachtlicher geschnitzter und gemalter Antwerpener Flügelaltar aus dem Anfang des 16. Jahrhunderts in der Ringsaker Kirche südlich von Lillehammer. Er wurde noch bewundert, als man sich sonst vom Mittelalter abwandte. Der Osloer Bischof Jens Nilssøn schrieb 1594 in seinem Visitationsbuch über die »sehr schöne Tafel auf dem Altar, daß man nichts Schöneres in Norwegen findet«, und 1651 heißt es in »Norvegia Illustrata«, daß die Altartafel in Ringsaker an Größe, Schönheit und Kunst weder in Dänemark noch Norwegen Vergleichbares fände. Wir können das nicht mehr bestätigen.

Mit dem 16. Jahrhundert, als man nicht nur an Jenseits und Sündenvergebung dachte, sondern auch auf einen geachteten Platz im diesseitigen Leben pochte, kam die Porträtmalerei auf. Darüber wird im Kapitel über die norwegische Malerei berichtet. Manches kann in dieser Porträtmalerei wie norddeutsche Volkskunst gesehen werden, etwa die beiden Herren v. Bølsving und Christiansen auf dem gemeinsamen Epitaph in der Marienkirche in Bergen von 1585. Aber einmalig ist das nicht bürgerlich, sondern wie mit einem Holzschaber gemalte Bild der deftigen Bauernfamilie des Bjørn Frøysaak von 1699, das aus der Stabkirche Gol stammt und nun im Folkemuseum hängt. Die Übergänge von Bauern- und Bürgerkunst sind fließend, Kostümgeschichtliches interessiert die Maler mehr als Physiognomisches, und alles tut sich schwer. Im Rahmenwerk treffen wir seit der Mitte des 17. Jahrhunderts den in Norddeutschland und Dänemark geliebten Knorpelstil, etwa am Epitaph Witte von 1652 in Bergens Marienkirche. Aber diese Stilform, die bei dem Deutschen Hans Gudewerdt d. J. oder dem Seeländer Abel Schröder so spielerisch ranken kann, ist bei Anders Smith in Bergen ohne große Einfälle.

Akanthusschnitzerei

Doch dann kommt vom Süden her eine neue Dekorationsart in die Schnitzerei, der Akanthusstil; krautiges, großformatiges Blattwerk greift aus, rundet sich in Dolden und hat das Pathos des Hochbarock. Knospen und Blumen spielen hinein, und doch erkennt man in der Rankenführung die auf Symmetrie zielenden Linien. Diese Dekoration erscheint, vielleicht von Holland inspiriert, 1699 an der Kanzel der Erlöserkirche in Oslo. Eben diese enorm vegetabile Art wird nun mit Wollust vornehmlich in Gudbrandsdalen von den Bauern aufgenommen, obwohl sonst das Linienbetonende und in der Fläche Gebundene als Volkskunstart angesprochen wird. Es ist, als ob die Rankenfülle und Bewegtheit der Schnitzerei an den Stabkirchen wieder auflebte, wieder zu neuer Gestalt erweckt sei. Vorausgesetzt ist der neu gewonnene Wohlstand der Bauern, hauptsächlich eben im Gudbrandstal nach 1660, der durch den Verkauf der Krongüter entstand und die karge Pächterexistenz beendete. Da wollte man zuerst neue Kanzeln, zylindrische Körbe in krautisches Ornament eingesponnen wie in den Kirchen von Veldre, Heidal oder Kvikne im Gudbrandstal, dann breit ausladende Altäre, wie den der Kirche von Lesja, im Figurenwerk zwar grob und unbeholfen, in der Lebendigkeit der Akanthusdekoration aber phantastisch. Bald

13. Kanzel mit Akanthusschnitzerei. Kirche in Lesja, Gudbrandstal.

nehmen die Bauern diese Schmuckform in ihre Häuser
hinein, und da das offene Herdfeuer den Kaminherden
weicht, kann man sich auch bemalte Möbel leisten; der
große Speiseschrank kommt in Gebrauch. Man holt die
kostbaren Kleider aus dem Speicher und kann sie nun im
Hause in Truhen bewahren, deren Felder von der auftra-

genden Akanthusdekoration gefüllt und deren Gesimse
von ihr überspielt werden. Akanthus findet sich schließlich an den hölzernen Schüsseln und Biergefäßen und
eigentlich sehr zweckwidrig an den Mangelbrettern, aber
Mangelbretter sind nicht nur Geräte zum Wäscheplätten,
sondern auch Brautgaben, und so kann statt des Griffs in
Gestalt des Pferdes gar ein Löwe als Hinweis auf die
Kraft des Bräutigams erscheinen.

Diejenigen, die diese Dinge von den Kanzeln über die
Speiseschränke bis hin zum Mangelbrett schnitzten, waren nun nicht mehr aus Deutschland oder Dänemark gekommene Spezialisten, sondern Bauern, die damit zu

14. Altar mit Akanthusschnitzerei, Lesja.

Ruhm kamen. Johan Skråstad, der im Gudbrandstal, in Dovre und im Folldal schon um 1680 schnitzte, war Bauer. In Hedmark arbeiteten Erik Kolstrup und Lars Pinnerud. Pinnerud schnitzte im Anschluß an das, was er in Oslo gesehen hatte, Altarbilder und Truhen. Im Gudbrandstal folgte man nach. Dort war es der Kirchendiener Kristen Listad, der Kruzifixe gotisch, Grabsteine und Mangelbretter noch verhalten mit Blumenmotiven beschnitzte, so auch die Kanzel von Sødorp. Der bedeutendste ist Jakob Klukstad, der nie weit über das Gudbrandstal hinausgekommen ist, aber von der bisherigen flachen Form zum Hochrelief überging, dem Akanthusstil damit eine besondere Fülle und Üppigkeit und so besondere Zukunft gab. Klukstad füllte 1749 die Kirche von Lesja mit reichen doldigen Ornamenten. Auch sein Grabstein bei der Kirche ist mit Akanthus geschmückt. Ole Olsen war sein Schüler, der die Ausschmückung der Gudbrandstaler Speiseschränke entwickelte, in der die Asymmetrie der Formen, die bei der Dichte ihrer Plastizität kaum bemerkt wird, das Rokoko ankündet. Diese prächtige Schnitzkunst lebt im Gudbrandstal bis in das 19. Jahrhundert hinein, und wenn die Formen auch herbstlicher und müder werden, bleibt es eine Lust, gezierte Bierkrüge zu heben, denn es ist nicht nur die Schnitzerei, die ihre Schönheit ausmacht, sondern auch die Farbigkeit. Doch gibt es auch einen Aufstieg zu europäischen Ruhm: der Bauernsohn Magnus Eliassen Berg aus dem Gudbrandstal oder Hedemark (1666-1739) wurde vom Statthalter Ulrik Gyldenløve als Schnitzer entdeckt, erwarb sich dann in Kopenhagen als Elfenbeinschnitzer großen Ruf und machte in Paris und München Furore.

Mit Erwähnung der Farbigkeit kommt ein anderes Phänomen norwegischer Volkskunst zur Sprache, die Rosenmalerei. Diese besonders im Süden des Landes, in Hallingdal und Telemark blühende, aber z.B. auch in Rogaland aufgenommene Art, die daher auch im Museum von
Stavanger zu finden ist, kommt um 1700 als Bauernkunst
auf und war bis 1850 voll lebendig. Heute wird sie noch
geübt, kleine Holzgeräte werden mit ihren traditionellen
Farbfolgen bemalt und Touristen angeboten. Daß aber
wie einst ganze Räume mit ihr überzogen werden, trifft
man vielleicht noch gelegentlich in Gaststätten an, die
sich landschaftsgeprägt vorstellen wollen.

Die Voraussetzung für die Verbreitung der Rosenmalerei war die rauchfreie Stube. Solange das Herdfeuer noch
inmitten des Raumes brannte, waren die Wände verrußt,
und auch als die Feuerstelle in der Stubenecke gebaut
wurde und einen Rauchhut erhielt, änderte sich daran
nicht allzu viel. Erst der verdeckte oder mit vollem Abzug
versehene Ofen erlaubte das Bemalen der Wände, und
das war in den Bauernhäusern kaum vor dem 18. Jahrhundert der Fall. Aber auch dann ist die Bemalung keine
bäuerliche Erfindung, sondern im Bürgerhaus schon seit
dem 16. Jahrhundert Brauch. Weil die Holzhäuser der
norwegischen Städte leider von Zeit zu Zeit abzubrennen
pflegten, muß man schon nach Dänemark sehen, wo der
Steinbau häufiger war und die frühen Beispiele bemalter
Wände noch zahlreich sind. Dort findet man die großfor-
matigen Arabesken von barockem Duktus zwischen den
Deckenbalken, die ebenso gewichtigen Rankenmalereien
an den Wänden über den Sockelverkleidungen, und solche krautigen Arabesken aus Akanthusblättern finden
sich dann auch in den Bauernstuben.

15. Stube mit Rosenmalerei aus Haukeli, Vinje, Telemark. Aquarell.

Die voll entwickelte Rosenmalerei, die sich keineswegs nur Rosen, sondern auch Tulpen und bescheidene Wiesenblumen zum Vorwurf nimmt und sich auch in den Farben nicht streng an die Botanik hält, liebt innerhalb all der bunt gestreuten Blütenblätter Stengel, oder was man dafür hält, in der schönen Kurve des C, der munteren Asymmetrie des Rokoko, und von der Rocaille kommen denn auch diese gar nicht naturalistischen Ranken her.

Wenn sich dann die Motive isolieren und geschrumpft in der Fläche stehen, wird man an den Zopfstil erinnert. Bei aller Verschiedenheit der Stilformen bleibt jedoch ein Eigenes, und in der Farbe ist es weder das kompakte Barock oder das Verwischte des Rokoko, noch die Schärfe des Empire. Gleich, ob der Zinnober in den Blüten oder Rocaillen auf schwarzem oder weißem Grund steht, immer ist es ein frohes Leuchten.

Es ist kaum möglich, aus solchen Abfolgen zu datieren. Dichtes Formgefüge und Ineinanderspiel von leuchtendem Blau und Zinnober vor dunklem Grund erfreute noch um 1830, und spärliche, farbig voneinander abgesetzte Motive können älter sein. Gern werden an Decken und Wänden den ausgreifenden Ranken Bilder, religiöse oder profane, eingefügt, Musiker- und Reiterthemen aufgenommen. Sie sind von Rocaillen auch noch 1820/30 eingefaßt. Rechtwinklig absetzende Rahmen gibt es dort, wo Türen die Rechteckigkeit nahelegen. Man wird auch ältere Formen in Verbindung mit heraldischen Motiven antreffen, denn auch diese setzen sich fort. Der Elefant als dänisches Ordenstier kann noch 1833 auf einem Schrank aus dem Hallingdal im Museum von Drammen erscheinen, aber der norwegische Hellebardenlöwe ist natürlich häufiger.

Es sind wahre Farborgien, die schließlich sich über ganz Norwegen ausbreiten. Zuerst werden es wohl vom Bürgertum verpflichtete Handwerker gewesen sein, die unbefangener darauf losmalten als die eingewanderten Konterfeier, dann folgten ihnen Bauern, die wie die Akanthusschnitzer die gesehenen Formen variierten und dabei zu Meistern wurden. Als Begründer der »Hallingdal-Schule« gilt Kittil Rygg (ca. 1727-1809), der mit breiten Pinselstrichen die barocken Ranken durcheinanderzieht. Jünger ist Kristen Aanstad (1746-1832), der vom Gudbrandstal in das Hallingdal zieht. Er legt den

Untergrund nicht mehr in Rot, sondern in Blau oder
Grün an, geht vom Rokokodekor aus und dürfte das C-
Motiv eingebracht haben. Dann bestimmt Herbrand Sata
(1753-1830) die Szene, die leuchtende Farbe geht ihm
über die Form, die Skala erweitert sich um Gelb. Seine
Söhne Embrik und Niels Baera arbeiten noch nach 1850
mit Rokokoelementen, in ihren Bildeinschüssen mühen
sie sich um Perspektive. Von Niels Baera gehen viele aus.
Torstein Sand malt im Numedal, Talleiv Maalar in Telemark. Dort hatte schon Thomas Blix, der Maler und
Schnitzer zugleich war, gewirkt. Seine Bierschalen ziert er
mit Porträts der großen Herren, die am Nordischen Krieg
teilgenommen hatten, während Ola Hansson Fabeltiere
liebt. Als Schnitzer und Maler zugleich wirkte auch Kir-
sten Listad im Gudbrandstal, wo die Schnitzerei mehr als
die Malerei galt und die Maler die Akanthusmotive übernahmen. Thomas Blix und Aslak Nestestog malen in Telemark ganze Kirchen aus, während Tore Risøyne die
Kirche von Grindheim in Vest-Agder mit Ranken und
Blumenarrangements dekoriert. Wer alle die Namen erfahren will, wird zur norwegischen Literatur greifen,
dort mehr über die wechselnden Farbskalen erfahren,
von breiten und sehr feinen, nur aus wenigen Schwanz-
haaren eines Eichhörnchens bestehenden Pinseln lesen.
Hier sei nur noch Peder Aadnes (1739-1792) genannt,
der in Ostnorwegen eine sehr üppige und zugleich gepflegte Rosenmalerei betreibt.

Die in den verschiedenen Tälern in Motiv- und Farb-
wahl sich unterscheidende Rosenmalerei, die ein gutes
Stilgefühl bei Malern und Auftraggebern bezeugt, fand
nach 1850 ein Ende. Auch in Norwegen begann man die
Stuben in »Eichenholzfarbe« zu setzen und Maserung zu
imitieren, oder man überstrich die bisherige frohe Bunt-
heit einfach weiß. Nur in der Andenkenindustrie gibt es
noch eine magere Erinnerung. Dosen und Gefäße werden

in einem Pseudo-Hallingdalstil dekoriert. Was an Feinheit in Telemark gelang, kann man von Manufakturen
nicht erwarten.

Webkunst

Das Holz ist in Norwegen mehr als andernorts das Mate-
rial, aus dem der Bauer alles schnitt oder drehte, was er
benötigte. Daneben diente der Speck- und Seifenstein als
Rohstoff, Keramik spielte keine große Rolle. Eher fertigte man Teller, Kannen und Leuchter aus Metall, norwegische Silberarbeiten haben Rang. Ein norwegisches
Spezifikum aber ist die Webkunst. Das bunte Weben war
der Stolz der norwegischen Bäuerinnen. Gewichtige Webereien wurden zu festlichen Anlässen hinter der Sitz-
bank des Bauern an die Wand der »Storstue« gehängt
und gaben bei flackerndem Herdfeuer eine besondere Lebendigkeit. Webereien dienten als Bettdecken, als Braut-
teppiche und lagen auf der Bahre des gestorbenen Haus-
herrn. Auch die Kirchen wurden mit Wandteppichen
ausgeschmückt. Die Bildweberei der am Hochwebstuhl
entstandenen »åklær«, wollener Schuß in Leinenkette,
hat eine lange Tradition, ob die Themen Brautzüge, die
Braut und ihr Gefolge zu Pferde, die Anbetung der Könige oder die Klugen und die Törichten Jungfrauen sind.
Schon im Osebergschiff fand sich ein schmaler Teppich,
nun in der Osloer Universitätssammlung, mit der Darstellung eines Kultzuges, offenbar mit von Priestern und
Kriegern begleitetem Opferwagen. Aus dem endenden
12. Jahrhundert stammt der Rest eines prächtig durch-
komponierten Teppichs mit Monatsbildern, der beim
Abbruch der Stabkirche von Baldishol unter den Fußbo-
denbrettern gefunden wurde und nun das Prunkstück des
Osloer Kunstindustriemuseums ist. Vornehmlich die
Bildwebereien des 17. Jahrhunderts sind dann wieder

Zeugnisse ausdrucksstarker Volkskunst. Die Techniken wahren die Tradition der åklær, die besonders an der Westküste gepflegt wird. Die Bildweberei erfreut sich natürlich auch im Gudbrandstal großer Pflege, im Museum Maihaugen imponieren die Bestände. Das Einfärben der Wolle geschieht mit den natürlichen Farbstoffen, die die Landschaften jeweils liefern, etwa das Korkmoos für ein Weinrot, der Waid für Blau, die Wurzel des Laubkrauts für Gelb. Die Forschung versucht, die bevorzugten Muster zu lokalisieren, etwa Würfelmuster im Westen, Rosenmuster in Hardanger, horizontale Streifen mehr in Nordhordland, Rauten im Sørland. Neben den »åklær« gibt es die Doppelgewebe, die im 17. Jahrhundert »Flens-Weben« genannt werden. Man hat den Ausdruck als verstümmelt angesehen, glaubte, »Flensburg-Weben« sei gemeint, und das wiese auf die Beiderwandweberei, die im 17. und 18. Jahrhundert im Herzogtum Schleswig gepflegt wurde. Wenn sie dort und in Dithmarschen heute wieder geübt wird, dann ist dies dem Norweger Dr. Friis zu danken, der in den neunziger Jahren des vergangenen Jahrhunderts dem Hamburger Museumsleiter Justus Brinckmann von der »Norske Husflidsforening« und ihren eifrig betriebenen Webereien berichtet hat. Brinckmann ermunterte seine Tochter, eine Bildweberei in Scherrebek in Schleswig zu eröffnen, und Beiderwandbetriebe entstanden damals wieder in Flensburg, Meldorf und Altona.

Aber man kann das nicht mit dem verwechseln, was die norwegische Bildweberei auszeichnet. Diese Arbeiten stammen aus dem 17. Jahrhundert und später: Die Kostüme der Dargestellten weisen sehr modisch das endende 16. oder das 17. Jahrhundert aus. Aber die Kompositionen der Szenen betonen das Flächige, kennen kaum Landschaften oder Perspektive und kümmern sich nicht um flämische oder französische Gobelinkunst. Es sind alttestamentliche Szenen, wie die Begegnung Salo-

*16. Der Bauer Bjørn Frøysaak aus Gol im Hallingdal
mit seiner Familie. Gemälde von 1699. Norsk Folkemuseum in Bygdøy.*

mos, der wie Christian IV. ausschauen kann, mit der Königin von Saba, meist aber neutestamentliche, das Mahl
des Herodes, das norwegisch anmutet, und der Tanz der
Salome, die Heiligen Drei Könige. Die Drei Könige scheinen im Gudbrandstal besonders beliebt zu sein; wenn der
Teppich in vier Felder geteilt ist, sind sie auf dreien hoch
zu Roß zu sehen, und auf dem vierten knien sie vor der
matronenhaft bekleideten Maria, in achteckig eingeschlossenen Feldern sitzen sie links und oben munter zu
Pferd und stehen dann unten in langen Gewändern mit
Blumen in den Händen vor Maria mit dem Kind, aller-
hand Lebensbäume füllen die Lücken. Fabeltiere beset-
zen den Rahmen, wobei der norwegische Löwe mit der
Hellebarde und der dänische Elefant nicht fehlen. Das
sind mittelalterliche Bildweisen in der Neuzeit. Auch die
immer wieder erscheinenden klugen und törichten Jungfrauen, als breithüftige Renaissancedamen kostümiert,
sind häufig erscheinende Motive. Wenn es zwar auf ei-

nem Teppich aus dem Setesdal heißt: »Himmeriges Rige
lignes ved de ti jomfruer saa bolde«, (das Himmelreich ist
mit den zehn Jungfrauen zu vergleichen) und die fünf
törichten gleichermaßen aufgenommen werden, ist das
unbiblische Toleranz (Beispiel aus dem Volksmuseum in
Bygdøy). Aber diese prächtigen farbstarken Webereien
bewahren nicht nur die Teppichebene, mögen die Kom-
positionselemente auch noch so heterogen sein, sie haben
bei aller Eckigkeit der Konturen, der die Fläche ergreifen-
den Figuren, eine klangvolle Gebundenheit und eine
eigenartige Monumentalität.

Das ist hochqualifizierte Volkskunst mit ihren eigen-
sten Prinzipien. Der Oseberg-Teppich war dagegen von
lockerer Form, in mittelalterlichen Fragmenten bleibt
auch noch viel Spiel und Arabeske, Hintergründe können
noch als Raumandeutung vermutet werden. Im 17. Jahrhundert waltet dagegen eine schier hierarchische Ordnung und prägt sich wie ein heraldischer Vorwurf ein.
Geht der Blick von dieser Textilkunst zu den Schnitzereien des bäuerlichen Akanthusbarocks im Gudbrandstal
oder zur Rosenmalerei in Telemark hinüber, dann ist die
Schnitzerei dagegen elegantem Modestil verbunden, obwohl auch sie sich zeitlich von diesem entfernt und immer dichter wird. Die Malerei bleibt bewegter, und wenn
sie auch die Helden aus alten Chroniken, Kaiser Karl und
Holger Danske darstellt, ist es nicht zufällig, daß ein Rosenmaler wie Peder Aadnes zum bürgerlichen Porträt findet, und daß die Dekorationen immer wieder Zeitmoden
variieren. In der Textilkunst, die vom Mittelalter, von Ein-
blattdrucken und von Armenbibeln, ihren Ausgang nimmt,
wird ganz Eigenes erreicht. Sicherlich ist die museale Vor-
führung der Bauernteppiche im Nationalmuseum in Hel-
sinki in ihrer dichten Fülle packender als die aufgelockerte
Vorstellung in Bygdøy und Oslos Kunstgewerbemuseum,
aber man kann sich hier in die einzelnen Stücke verlieben.

Anhang

Verzeichnis benutzter Bücher in Auswahl

Aubert, Andreas: Johan Christian Dahl. Kristiania [Oslo] 1920.

Brües, Otto: Land der Wasserorgel. Beitrag in »Merian« Heft 3/XXI, »Norwegens Fjordland«.

Buch, Leopold von: Reise durch Norwegen und Lappland. 1810.

Dahl, J. C. C.: Denkmale einer sehr ausgebildeten Holzbaukunst. Dresden 1836/7.

Ekhoff, Emil: Svenska Stavkyrkor. Stockholm 1914-16.

Fabricius, Johann Christian: Reise durch Norwegen. 1779.

Gulbranssen, Trygve: Und ewig singen die Wälder [dt.]. München 1935.

Gulbransson, Dagny Björnson: Das Olaf Gulbransson Buch. München 1977.

Gullvaag, Olav: Es begann in einer Mittsommernacht [dt.]. Berlin 1939.

Hallberg-Broich, Karl Theodor Baron von: Reise durch Skandinavien. Leipzig 1818.

Hauglid, Roar: Norwegische Stabkirchen [dt.]. Oslo 1970.

Janssen, Horst: Norsk Skissebok. Oslo 1976.

Jung, Erich: Germanische Götter und Helden in christlicher Zeit. München 1922.

Klose, Olaf, und Lilli Martius: Skandinavische Landschaftsbilder. Neumünster 1975.

Mügge, Theodor: Skizzen aus dem Norden [Reise durch Skandinavien, 1. Abt.]. Hannover 1844.

Myrberget, Lasse: Tranen. Oslo 1966.

Naumann, Carl Friedrich: Beyträge zur Kenntnis Norwegens. 1824.

Ohlmarks, Åke: Lebenserinnerungen. Göteborg 1965.

Phleps, Hermann: Die norwegischen Stabkirchen. Karlsruhe 1958.

Reese, Fritz: Die Stabkirchen Norwegens [Kgl. Norw. Außenministerium]. Oslo 1978.

Salin, Bernhard: Die altgermanische Thierornamentik. Stockholm 1935.

Simonnæs, Per: Norsk Kunst i Bilder, Bd I u. II. Oslo 1978/79.

Thiede, Klaus: Das Erbe germanischer Baukunst im bäuerlichen Hausbau. Hamburg 1936.

Undset, Sigrid: Kristin Lavranstochter [dt.]. Frankfurt
a.M. 1926/27.
Wolf, Jens Lauridsen: Norvegia illustrata. Kopenhagen
1654.

Shetelig *in* Osebergfundet.
Hrg. v. A.W. Brögger, Hj.
Falk und Haakon Shetelig.
5 Bde. Kristiania [Oslo]
1917-1928, hauptsächlich
die Bände I u. III.

Dank

DER VERLAG dankt den Herren Arne Berg, Chefkustos des
Norsk Folkemuseums in Oslo, Professor Dr. Olaf Klose, Kitze-
berg, und Frau Elke Anton, geb. Kamphausen, Rendsburg,
herzlich dafür, daß sie anstelle des während der Drucklegung
seines Buches verstorbenen Autors freundschaftlicherweise die
Fahnen gelesen haben. Daß nicht alle Vorschläge berücksichtigt
werden konnten, hat der Verlag zu verantworten. Frau Anton
besorgte außerdem das Register. Der Verlag dankt weiterhin
dem Norsk Folkemuseum und dem Königlich Norwegischen
Außenministerium für die liebenswürdige Überlassung von Ab-
bildungsvorlagen. Die Norwegenbücher des Verlags Grøndahl
& Søn in Oslo waren bei der Auswahl der farbigen und einfar-
bigen Abbildungen eine große Hilfe. Wir danken unseren norwegischen Kollegen ferner für vielerlei Unterstützung und danken den norwegischen Museen für die Erlaubnis zur Reproduk-
tion der Bilder und Zeichnungen in ihrem Besitz, desgleichen
Frau Dagny Gulbransson und Herrn Horst Janssen.

Register

NORWEGEN

LAND
STÄDTE

OSLO
OSLO

AKERSHUS

ØSTFOLD
HALDEN
SARPSBORG
FREDRIKSTAD
MOSS

HEDMARK
HAMAR
KONGSVINGER

OPPLAND
LILLEHAMMER
GJØVIK

BUSKERUD
RINGERIKE
DRAMMEN
KONGSBERG

VESTFOLD
HOLMESTRAND
HORTEN
TØNSBERG
SANDEFJORD
LARVIK
STAVERN

TELEMARK
PORSGRUNN
SKIEN
NOTODDEN

AUST-AGDER
RISØR
ARENDAL
GRIMSTAD

VEST-AGDER
KRISTIANSAND
MANDAL
FARSUND
FLEKKEFJORD

ROGALAND
EIGERSUND
SANDNES
STAVANGER
HAUGESUND

HORDALAND
BERGEN

SOGN OG FJORDANE
FLORA

MØRE OG ROMSDAL
ALESUND
MOLDE
KRISTIANSUND

SØR-TRØNDELAG
TRONDHEIM

NORD-TRØNDELAG
STEINKJER
NAMSOS

NORDLAND
BODØ
NARVIK

TROMS
HARSTAD
TROMSØ

FINNMARK
HAMMERFEST
VARDØ
VADSØ

SVALBARD
LONGYERBYEN

UTENRIKSDEPARTEMENTET, OSLO - (ROLF HOEL).